阅读成就思想……

Read to Achieve

JUST
ORDINARY
ROBOTS

Automation from Love to War

人机共生

当爱情、生活和战争都自动化了，人类该如何自处

[荷]朗伯·鲁亚科斯　瑞尼·凡·伊斯特/著　粟志敏/译

Lambèr Royakkers　Rinie van Est

中国人民大学出版社

·北京·

机器人时代的来临

美军的无人机在阿富汗上空搜寻恐怖分子。与此同时，一个装有人工嘴唇的机器人使用小号吹奏出了美妙的乐曲。在欧洲，研究人员正在开发能帮老年人清洁身体的仿生机器人。机器人不再只用于工厂内，它们正迅速地成为我们日常生活中不可或缺的一部分。照顾老人、驾驶汽车，甚至是缠绵缱绻和杀人这些人类活动都可能被机器人取代。本书将让我们看到，这些新型机器人正在让从关爱到战争都变得自动化。推动这一切的是一个终级工程学梦想：开发拥有社交和道德能力的自动机器。

机器人化并不只是制造拥有社交能力的仿生机器人，更为重要的是推动社会上各种机器人系统的崛起。日本经济产业省预测将出现新机电一体化的社会。在这种社会内，机器人会为我们人类提供众多日常服务，例如清洁、安保、康乐设施以及照顾老人。美国预见到了从互联网向机器人的发展趋势，并且在机器人的开发中力争领先地位，例如开发能与人类合作且在医疗卫生、农业、能源、国防和太空航行中协助人类完成任务的智能机器人系统。欧盟对机器人技术的未来发展也热情高涨，并且在该领域大力进行投资。

机器人会让我们的生活变得更加美好。家庭自动化和护理机器人提供的远程看护将可以让人们更长时间地独立生活。汽车机器人化将让我们的道路交通更加安全。机器人将逐渐替我们完成大量肮脏、危险和枯燥乏味的工作，机器人早已经被用于拆除炸弹。有些人认为，机器人最终也将被用于性服务行业，作为一种科技手段来应对该行业众多从业人员感到颇为羞辱的一些情况。

机器人的新发展也会让事情变得更加复杂，因为我们被迫要去思考机器人领域的快速发展带来的政治、伦理、哲学、司法和社会问题，就此进行讨论，并形成自己的观点。我们是否能抓住机器人发展带来的创新机遇？我们是否思考过如何负责任地进行创新？我们如何创造条件让公众能信任这些新技术？何时才是最佳时机，可以消除所有的法律障碍，引入有益的机器人系统？

我们是否早已经思考过，从道德上来说我们是否有义务去使用机器人？我们是否有义务借助机器人技术让交通系统尽可能地安全？使用远程控制的武装军用无人机是否会让操作者在情感上难以意识到他们的行为可能带来的影响，从而削弱他们在道义上的认知？支持者们认为，这些机器人可以减轻军事人员在心理上的负担，从而最终促使他们做出更为理性的决策。而一位年轻操作员的一番话则让批评者们担心不已。这位战士在谈到自己的工作时说："这就像是视频游戏。它可能会有点嗜血，但酷毙了。"因此，核心的挑战就是要阻止机器人系统潜在的去人性化效应。

本书探讨了新一代五大类机器人可能带来的社会影响。这五大类机器人分别包括家用机器人、护理机器人、警用和私人无人机、汽车机器人和军用机器人。本书的出发点在于创新只是发展科技，难点则在于如何及时地理解和预见到新型机器人技术可能带来的机会和风险，因为最终必须由人类来决定如何打造从关爱到战争的自动化。

本书汇集了荷兰拉特瑙研究所（Rathenau Instituut）多年研究的成果。该研究所是荷兰重要的研究中心，致力于社会、科技和科学领域的研究。本书英文版在荷兰语版的基础上进行了更新和大幅修改，中文版则由英文版翻译而来。

法兰斯·布罗姆（Frans Brom）
拉特瑙研究所，技术评估负责人

J U S T
O R D I N A R Y
R O B O T S
Automation from Love to War

目 录

JUST ORDINARY ROBOTS

Automation from Love to War

第1章

无处不在的机器人

电影《机械公敌》一开始就呈现给大家非常神奇的一幕。摄影机慢慢扫过2035年芝加哥热闹的商业街。慢慢地，你发现在购物的人群中也有机器人在走动。他们酷似人类，为大家提供公共服务。这些机器人会遛狗、收拾垃圾，并且可以与邻居们轻松地聊天。智能机器人似乎已经完全融入了这个社会。它们得到了大家的信任。这种公共信任的基础在于机器人都遵循阿西莫夫（Asimov）三大定律。阿西莫夫在1950年以《我，机器人》（*I, Robot*）为名撰写了一系列短篇科幻小说。书中的机器人不仅聪明能干，而且拥有道德能力。当然，此后某个方面突然出了差错。

- 第一定律：机器人不得伤害人类个体，或者目睹人类个体遭受危险而袖手旁观。
- 第二定律：在不违反第一定律的前提下，机器人必须绝对服从人类给出的任何命令。
- 第三定律：在不违反第一定律和第二定律的前提下，机器人必须尽力保护自己。

机器人可以在社会的各个领域提供服务，而不只存在于科幻小说中。在最近数十年里，机器人已经大幅改变了商品制造和工厂运转的方式。不过在众多机器人专家、公司和政府看来，是时候在工厂之外的领域对机器人技术加以运用了。例如，比尔·盖茨就希望到2025年，家家户户都能配备智能移动设备。自动化不再仅仅局限于生产流程。家政、娱乐、运输、护理和战争等活动都日渐自动化。毫无疑问，这种新的机器人解决方案将会给我们的社会带来巨大的影响。这种现象已经初露端倪。想想看，美国在阿富汗战争中使用了无人机来侦察和攻击塔利班。在《联网作战》（*Wired for War*）一书中，彼得·辛格（Peter Singer）认为军队的机器人化是新的"军事革命"。机器人用于医疗卫生领域也被视为是美好的未来。人们已经针对拥抱机器人进行了大量的实验，该机器人可以让养老院的老年痴呆症患者生活变得更美好。日本人也坚信，外表和行为都酷似人类的仿生机器人未来将在老年人护理领域发挥重要的作用。

这类憧憬和发展通常会带来许多不同的情绪反应。我们似乎已经接受使用机器人来做那些枯燥、肮脏和危险的工作，但我们到底在多大程度上接受使用自动化技术来照顾孩子和老年人、消灭恐怖分子或者是享受性生活？如果我们接受这类自动化，就是将人性置于不顾了吗？本书希望能够从社会角度对新机器人有一个清醒的认知。未来将会出现哪些机器人技术？它们可以干什么？它们会带来哪些伦理和监管方面的问题？我们会逐一分析五类新型机器人的社会影响，它们分别是家用机器人、护理机器人、警用和私人无人机、汽车机器人以及军用机器人。我们先从家里着眼，最后再放眼遥远的战场。

在前文中，我们先介绍了对于机器人将会在社会中得到大量运用的预测。接着我们分析了机器人学的重要技术特征。机器人是哪种机器？在我们谈论机器人时，尤其是社交机器人时，我们究竟讨论的是哪类技术？现代机器人被用于社会实践中，因此也改变了这些社会实践。为了让读者了解各章的基本情况，我们列举了影响机器人干预社会实践的四种基本元素：（1）机器人是一种信息技术；（2）机器人的逼真外形；（3）机器人的自主程度；（4）机器人化是一种合理化的方式。现代机器人的这四个关键特征带来了各种各样的社会和道德问题，从而使社会认可度也出现了问题。这四大因素为读者提供了阅读本书各章内容的工具。

新机器时代的破晓

机器人标志着一个新时代的破晓，人类将机器人变成了无处不在的帮手，为我们的家、办公室和公共空间提供高效的服务，提高我们的生活质量。

欧洲机器人技术平台（European Robotics Technology Platform，EUROP）

在第二次世界大战刚刚结束之后，并不是只有阿西莫夫这些作家梦想着机器人在社会多个领域发挥作用。物理学家约瑟夫·恩格尔伯格（Joseph F. Engelberger）也有这种想法。1956年，这位“机器人之父”成立了第一家机器人公司。他设计了第一台工业机器人尤尼梅特（Unimate，见图1-1）。这是人类的大帮手。第一台工业组装机器人在通用汽车公司的汽车工厂内找到了自己的位置。直到现在，汽车工业一直都是机器人最大的市场。该行业内半数以上的工作都已经自动化。但最终究竟会怎么样？我们还看不到。长久以来，

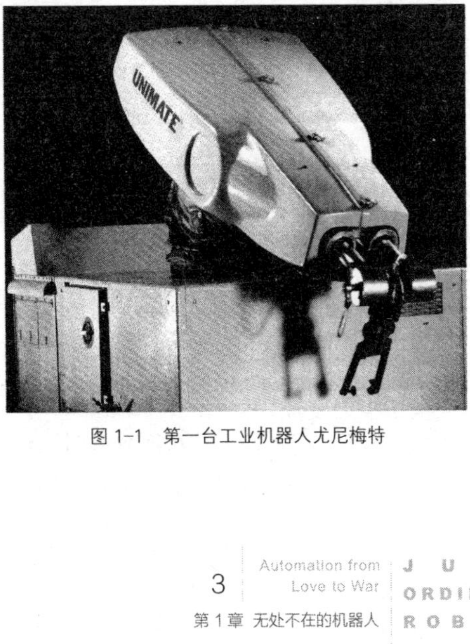

图1-1　第一台工业机器人尤尼梅特

机器人主要被用来点焊和喷漆。20 世纪 80 年代，机器人逐渐不再仅仅被用于在汽车工厂内运输辅料（装货和卸货），同时也被用在其他工种上。此外，机器人也被用于清理环境污染，以及在外太空和深海进行探索。

机器人技术逐渐掌握了越来越复杂的操作。这是因为机器人的视野得到了改进（通过 3D 视觉系统），导航和移动性更好，语音识别能力更强，而且与人类之间的互动更加智能化。论及机器人在工厂内的渗透之深，日本一直处于领先地位。1980 年，日本的机器人密度（也就是每 1 万名制造工人中的工业机器人数量）达到了 10。2010 年，机器人密度超过 300。自 21 世纪以来，世界各地修建了各种完全自动化的工厂，工作现场不需要人类存在。例如，日本机器人公司发那科株式会社（FANUC）运营了一家所谓的"熄灯工厂"，即完全自动化的工厂。这里的机器人每天可以生产 50 台机器人，并且可以一个月内自动运行，无须监管。使用机器人进行更为复杂的操作，这点对就业市场、制造企业和相关人员产生了重要的影响。

20 世纪 70 年代，自动化在劳资谈判中是一个相当敏感的话题。尽管这个话题已经在人们面前消失了数十年，但计算机化和机器人学给就业市场带来的重大影响，使这方面的担忧再次变成重要的政治问题。关于这个话题，大家的观点出现了严重的两极分化。国际机器人协会（International Federation of Robotics，IFR）希望在 2012 年到 2020 年期间，机器人能够在全球创造 200 万到 350 万个新工作岗位。在这种憧憬下，欧盟和美国都正在大力支持再次工业化，即机器人会将制造业再次带回欧洲和美国。但弗雷（Frey）和奥斯本（Osborne）以及艾略特（Elliott）的研究则描绘了另一番景象。弗雷和奥斯本分析了智能机器在未来能做些什么，并且将这些与人类现在完成工作所必需的技能进行了对比。他们发现，在未来 20 年里，美国当前所有的工作中，几乎半数都有可能被计算机或机器人取代。

早在 20 世纪 60 年代，恩格尔伯格就倡导在工厂之外对机器人技术加以应用，例如在服务和医疗卫生领域。为了向大众证实尤尼梅特的能力，恩格尔伯格在 1966 年带着自己的机器人朋友走上电视，让大家看到它也可以倒啤酒和指挥乐队。但直到 20 世纪 90 年代中期，机器人专家们才接受了机器人能够在办公室、学校、医院、餐馆和家里发挥作用这个观点。机器人将成为一种批量生产的产品，而我们这些普通人则会成为终端用户。人们所说的服务机器人（service robot）被定义为"拥有感知、思考和行为能力的机器人，能够扩充或完善人类的能力，提高人类的生产力"。

与此同时，机器人未来将会在社会的方方面面发挥重要作用，这个观点被众多机器人研究人员和机器人公司大力传播。他们指出，机器人领域最近数年内实现了一些重大的技术进步。这推动了机器人在难度较大的生产工艺、物流和医疗卫生等领域的各种应用。2009 年，美国大学的精英们在《从互联网到机器人学》（*From Internet to Robotics*）一书中提出了对机器人未来发展的憧憬。在这份路线图中，机器人学被视为是“不远的将来能够打造新公司和创造新工作的少数技术之一”。奥巴马政府已经完全接纳了这份建议，并且在 2011 年 6 月推出了国家机器人计划（National Robotics Initiative，NRI）。美国希望能够在最新一代机器人，即所谓的协作机器人的开发中占据领先地位。协作机器人是指能够在医疗卫生、农业、新材料探索、国防和航空航天等领域与人类进行大量合作的智能型机器人系统。从长远来看，机器人技术将成为一种重要的力量，为美国日渐老龄化的人口提供帮助。

此外，据欧洲机器人技术平台的数据显示，机器人产业正在进入一个重要阶段。该平台预测从 2020 年起，机器人市场将会快速转变为消费者市场。套用欧盟委员会副主席尼莉·克洛斯（Neelie Kroes）的话来说，欧盟委员会也赞同这种观点。她表示，欧洲是机器人研究和工业应用领域的领导者。自 2002 年以来，欧盟委员会的研究项目一直大力投资认知系统和机器人学。目前，FP7-ICT 认知系统和机器人挑战项目（FP7-ICT Cognitive Systems and Robotics Challenge）正在为约 100 个研究项目提供资金资助。

此外，多国政府也在支持机器人社会的憧憬。韩国信息通信部预计到 2020 年，韩国家家户户都会拥有一台机器人。日本政府则将机器人技术在各种社会环境下的应用视为一个重要的发展市场。日本经济产业省甚至预见到所谓的“新机电一体化社会”的崛起。之所以有此憧憬，一种主要的推动力在于各种机器人技术价格的骤降。日本经济产业省预计到 2025 年，机器人技术的家用市场规模为 6 万亿日元（约合 500 亿美元）。预计机器人将在解决人口老龄化导致的护理行业劳动力短缺等问题上发挥重要作用。正是基于这个原因，日本大力投资医疗卫生行业的机器人开发。美国则主要投资航空航天和军事领域的机器人。

从技术角度来看问题

“Robot”（机器人）这个词语的创造者是作家卡雷尔·恰佩克（Karel Čapek）的哥

哥。该词源于捷克语“robota”，意即“劳役”或“强迫劳动”。在恰佩克 1920 年的舞台剧《罗素姆的万能机器人》(*R.U.R.*，*Rossum's Universal Robot*) 中，一开场就是一个生产人造人，即生产机器人的工厂。自古以来，哲学家和艺术家们就在不断想象这种人造的生命（包括人和动物）。

从自动装置到机器人

对人造生命的需求在 19 世纪出现，而且相当强劲。当时大家的努力重点在于生产自动装置。自动装置是一种自主操作的机器，可以在没有外界的帮助下完成特定的任务。自动装置完全是机械化的，而且通常是模拟动物或人类。它们通常是为贵族和公众制造的奢侈玩具和娱乐设施。最著名的两大自动装置制造者可以说是法国人雅克·德·沃康松（Jacques de Vaucanson）和瑞士钟表制造商皮埃尔•雅克德罗（Pierre Jaquet-Droz）。沃康松制造的东西中有机械店主和与实物同样大小的机械鸭。机械鸭甚至装配了一种消化道。雅克德罗最出名的则是自 1760 年创造出的三种机械玩具，其中包括能作画的“艺术家”、能演奏某种大键琴的“音乐家”和可以用笔写字的“作家”（见图 1–2）。

图 1–2　“作家”自动装置

这些自动装置有重要的象征意义和学术价值。它们充分体现了那个时代的技术水平，也让人窥见了新的制造方法。它们为形成中的工业革命奠定了技术和概念基础。在当时，这类玩具也在学术争论中扮演着重要的角色。例如，里斯金（Riskin）认为“沃康松的自动装置是一种理论上的实验，试图了解生物的哪些方面可以通过机械系统加以复制，可以达到哪种程度，以及此类复制可以揭示目标生物的哪些特点”。通过机械手段来复制生命的愿望成为了工业革命的核心。不过在 1760 年之后，随着工业革命的发展，人们对制造自动装置和打造人造生命的兴趣慢慢消失。自第二次世界大战起，这种兴趣又重新爆发，尽管人们的兴趣不再只是打造机械的自动装置，而是生产机电一体化的智能机器，即所谓的机器人。

生产类人智能机器成为了当前信息革命的基础。这次技术革命源于第二次世界大战之后人们从工程学角度对生命有了新的憧憬，即认为生命是一种信息系统。这就是控制论。控制论认为，可以通过信息的反馈来控制有机过程和机械过程。这种工程观认为生命过程和非生命过程是平等的。控制论创始人诺伯特·维纳（Norbert Wiener）认为，动物和机器都是信息处理系统，始终在追求特定的目的，检查自身的行为是否已经带来理想的结果，然后对行为进行调整以实现要求的结果。一方面，如果沿用这种思路，那么生物、认知和社会过程都可以用数字化方式来描述；另一方面，机器也可以思考后再采取行动，并且表现出在我们看来通常生命系统才有的一些特征。同 18 世纪的机械自动装置一样，现在的智能机器人也试图从技术上模拟生命的不同方面。机器人学与控制学因此开始进行密切合作。人工智能和人机交互领域尤其发挥着重要的作用。

机器人友好环境

机器人学是开发、设计、创造和操作机器人的一个工程学领域。机器人工程师需要使用广泛的专业技术，例如电子学、计算机科学、人工智能和机电一体化。机器人学的核心是将各种技术领域整合在一起。有些技术是专门针对机器人的，这些重要的领域包括导航、感知、移动和操控。其他技术则在众多领域内发挥着重要的作用，例如电池和高速处理器。因此，机器人不仅仅是机械技术的产物，同时也是电子技术和信息技术以及其他种种技术的产物。

国际标准化组织（International Organization for Standardization，ISO）将传统的工业机器人定义为“位置可以固定或移动，能够实现自动控制、可重复编程、多功能多用处、末端操作器的位置要在 3 个或 3 个以上自由度内可编程的工业自动化设备”。在本书中，我们将放眼工厂之外的机器人。这些机器人被统称为服务机器人，因为这些机器人执行“除工业自动化应用之外对人类或设备而言有用的任务”。

不过这种定义对我们探索新机器人而言是远远不够的。从一开始，国际机器人协会就将服务机器人定义为对人类有用的机器。本书旨在从社会角度探讨服务机器人的优势和劣势。因此，我们提到了新型机器人的众多主要特征。它们隶属于智能（通常联网）机器，一定程度上能在复杂和或多或少非结构化的环境中自主行动，执行动态的社会实践。这也意味着环境与机器之间的交互以及人机交互都在发挥越来越重要的作用。为了实现这种交互，机器人要使用传感器来感知环境和人类。

工业机器人和服务机器人的主要差别在于它们的操作环境。工业机器人通常是在高度结构化的环境下开展工作。在这种结构化的环境中，机器人和人类通常是严格分开的，而同机器人打交道的人类也是经过了专门上岗培训的。在这种情况下，机器人的操作通常全部都是预先设定好的，或者更简单一点来说，是经过预先编程的。对于服务机器人来说，这点通常是不可能实现的。它们的任务相当具体，处于一个不断变化而且结构性不强的环境中。为了全面完成工作，它们通常要与人类进行互动。因此，要在这种环境下使用机器人，就必须对环境进行高度的合理化。想象一下，扫地机器人无法在杂乱的环境里工作，只能在整洁的房间里工作。要在复杂的环境下使用服务机器人，另一种方法就是加强机器人的学习和智力行为。在特里维廉（Trevelyan）看来，人工智能正是 21 世纪机器人的一个特征，因此他将机器人定义为“能提高人类能力的智能机器”。事实上，这种智力不只是认知能力。要与普通人打交道，机器人就应该拥有社交能力和情绪能力。

不过，现代机器人不仅仅拥有机器人的头脑（计算机硬件和软件），同时还拥有机器人的身体。机器人多种多样，主要区别在于其行为能力，如自动化（机器人大脑）和外表（机器人身体）。在接下来的内容中，我们将让大家了解到，智能机器人形状各异、大小不一，拥有不同的认知和社交能力。机器人实际上就是一个模块化装置，因此机器人是什么和能做什么都是由其“身体”和“大脑”决定的。现代机器人一般并非自给自足的系统。要了解新型机器人能做什么和不能做什么，就必须懂得服务机器人通常是由众多信息技术进行支持的，这也意味着机器人是联网的。

机器人的身体

我们将简要地介绍机器人身体的三大特征，即机器人的外表、身体活动以及观察能力。这些特征通常是相互关联的。例如，特定的外表才能保证机器人可以进行特定的行为（如行走），以及让其他行为变得不可能或难度非常大（如飞行）。

外表非常重要

机器人的外表很大程度上取决于其功能。机器人可以看上去就像一台机器，如机械机器人（mechanoids）。同 18 世纪的自动装置一样，现代机器人可以看上去像人类或动物。这些像动物和像人类的机器人都被称为仿生机器人（humanoid）。科技界认为，设计看上去像人类的机器人是因为此类机器人可以在人类环境中进行操作。这些人类环境已经经过优化，以便于机器人的使用。有人提出，外表对于人际交互来说相当重要。为了证实这点，日本机器人科学家石黑浩（Ishiguro）尽其所能制造出了一个栩栩如生的仿生机器人（见图 1–3）。从美学角度来效仿人类生产的仿生机器人被称为类人机器人（android）。

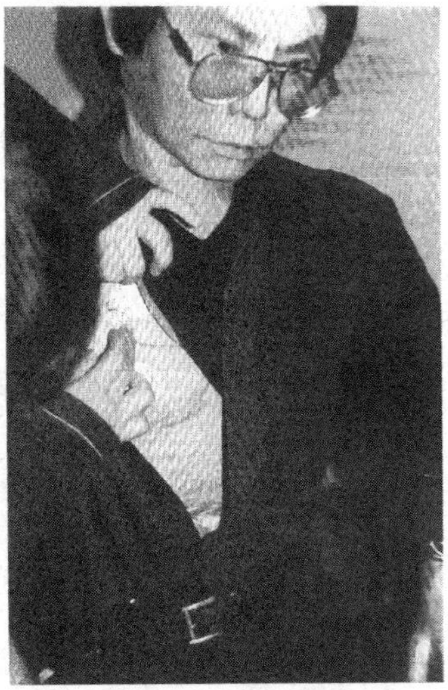

图 1–3　参照机器人科学家石黑浩自身形象打造的类人机器人

自 20 世纪 70 年代以来，关于机器人与人类之间交互的思考，日本机器人科学家森政弘（Masahiro Mori）的“恐怖谷”（uncanny valley）理论产生了重要的影响（见图 1–4）。机械机器人并没有给人们带来什么情绪反应，但随着机器人越来越像人类或某种动物，它给人们所带来的负面情绪和移情就越多。森政弘预测，如果机器人与人类非常接近，但它们的行为还不完全像人类，那将会给人类带来强烈的不安感。外表酷似人类，但并没有给人带来亲密感，这就是森政弘所称的恐怖谷。森政弘建议生产不那么像人类或动物的机器人来避免恐怖谷现象，但这些机器人在行为上仍然与人类或动物相似。帕罗（Paro）就是一个很好的好例子。帕罗是知名的宠物机器人，看上去很像小海豹。最初，日本工程师希望能够设计一款小猫机器人。测试对象对这个概念反应不好，可能因为“小猫”让人产生明确的期望，小猫机器人无法满足这种期望。海豹机器人并没有带来恐怖谷效应。要避免恐怖谷效应，第二种方法就是设计外表和行为都酷似人类或动物的机器人，让人们难以区分。

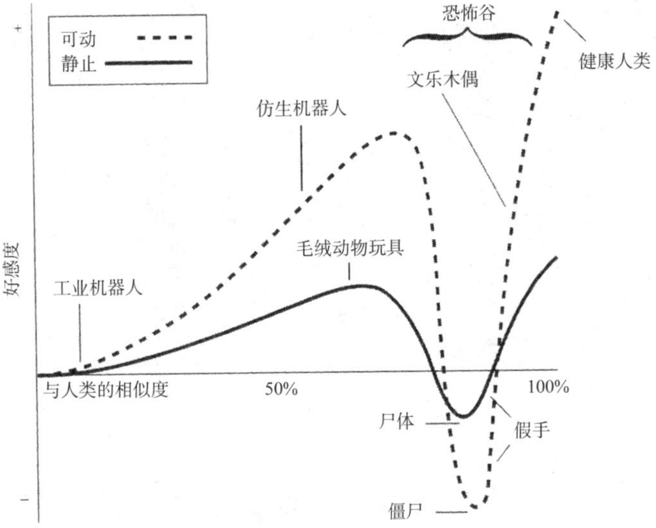

图 1–4　森政弘对恐怖谷经典的诠释

身体活动

身体活动通常是由机器人的形状或身体决定的。我们此前看到工业机器人通常都是固定机器人。此外还有大量可移动的机器人，如汽车机器人、机器人航天器以及飞行机器人，美军在伊拉克战争和阿富汗战争中部署的无人机（见第 6 章）就是一个例子。另一个关于仿生机器人的例子就是本田公司的阿西莫（Asimo，见图 1–5）和丰田公司的伙伴机器人（Partner Robot），它们都能够以 6~7 千米 / 小时的速度行走。或者是一些动物机器人，如 4 条腿的大狗机器人（BigDog）。该机器人由波士顿动力学工程公司（Boston Dynamics）与美国国家航空航天局以及哈佛大学在 2005 年联合开发。

除了移动之外，机器人还可以做出许多其他的身体活动。RIBA II 护理机器人由日本理化学研究所（RIKEN）开发，可以将重达 36 千克的病人从地上抱到床上或轮椅上。一项重要的技术挑战在于移动机器人的能量来源。鲁姆巴（Roomba）是一款扫地机器人，在电量不足时会自动寻找充电器。在美国，机器人科技公司（Robotic Technology Inc.）和旋风动力技术有限公司（Cyclone Power Technologies Inc.）共同开发了能量自给的战术机器人（Energetically Autonomous Robot，EATR）。该款机器人可以自行寻找食物（生物质），然后为自己制造所需的生物燃料。

图 1–5　仿生机器人阿西莫

人造感官

人类有五种感官，耳朵可以听，眼睛能够看，皮肤可以去感受，鼻子可以闻，还有舌头可以去品尝。机器人也可以配备各种人工感官，或者说传感器，如电子鼻子和品尝传感器等。带有光敏元件的摄像头可以被用于面部识别和情绪识别。机器人的感知能力可以远远超过人类的感知能力。一些军用无人驾驶飞机，也就是所谓的无人机使用了红外摄像机以便于夜间侦察，同时使用了雷达来透过云层进行观察。研究人员希望能够通过使用接触式传感器改进外科手术机器人。在这种情况下，机器人通过在外科医生的手上用力来与其沟通外科手术的流程，这就是触觉反馈（haptic feedback），即通过触觉来感知。

机器人的大脑

人工智能是让机器做人类需要一定智力才能完成的事情的一门科学。

马文·明斯基

机器人是一个含有信息技术的计算机硬件加软件。机器人没有人类的智慧，但有人工智能。这种人工智能决定了机器人的全部行为能力和认知、社交与道德能力。情商、社交行为以及与环境互动是机器人在复杂的社会实践中进行个人和社会行为的前提。

强人工智能和弱人工智能

20世纪50年代开始出现一种观点，即各种形式的智力和学习可以得到准确的描述，从而使机器能够模仿。有人认为，人类的智力可以在计算机的帮助下被完全了解，从而使机器能够有人类一样的行为，像人类一样思考、推理、下国际象棋以及表现出一定的情绪，这个观点被称为强人工智能（strong AI）。按照这种观点，机器最终会比人类更加聪明，也更为敏感。弱人工智能（week AI）的支持者们则认为，计算机是心智研究的一种工具。他们认为，机器可以执行具体的“智慧型”任务来协助人类用户。尽管弱人工智能观点的支持者相对更多，但强人工智能观点吸引了更多媒体关注，一方面是因为该观点拥有一些知名的宣传者，如马文·明斯基、汉斯·莫拉维克（Hans Moravec）和雷·库兹韦尔（Ray Kurzweil）。

明斯基从最开始就一直是人工智能的主要倡导者之一。1956年，人工智能领域召开第一次会议。明斯基当时就已经在美国达特茅斯学院工作。明斯基提出设计智能机器是可行的，因为大脑本身就是机器。在明斯基看来，人类在这方面已经有了长足进步，机器已经能够查找信息、识别模式、拥有专家知识以及证明数学定理。他也思考了机器人学的发展。明斯基预见到在遥远的未来，人与机器将会融合。在他看来，思维机代表了下一步发展方向。拥有智慧的机器是一个新的物种，最终将超越智人。人工智能被视为人类发展的最终转折点。强人工智能观点在当代的主要代言人就是雷·库兹韦尔。他是语音识别领域的先驱，曾在1976年发明一种设备，可以将文字转变为语音，便于失明的读者阅读。在库兹韦尔的书籍和电影《奇点临近》（*The Singularity is Near*）中，他提出科技正在以指数级速度发展。他相信这种发展到某个程度时，人工智能必定会超越人类的智慧。弗诺·文奇（Vernor Vinge）称那个时刻为“奇点”。库兹韦尔认为，我们将在21世纪中期之前就到达这个科技和文化转折点。

过去的预测

让我们先回头看看20世纪五六十年代的一些预测。诺伯特·维纳（Norbert Wiener）认为，计算机将在生产过程中发挥重要的作用，并且提到即将出现第二次工业革命。除了在工业领域使用人工智能之外，人们预计人工智能还会被用在各种各样创造性的任务和社会工作上。艾伦·图灵（Alan Turing）认为，计算机将可以与人类进行沟通，并且发明了著名的图灵测试。在测试中，一人同时向位于另一个房间的另一个人和一台计算机提问。问话者必须根据两者的回答来辨别自己是在与机器还是人类进行对话。艾伦·图灵预测在50年后（也就是差不多现在这个时候），计算机将熟练掌握这种问答游戏，而问话者在5分钟内区分出计算机和人的概率将低于70%。马文·明斯基在1958年曾经说过：“我们大脑的设计水平会发展，到时候我们就可以制造出经验丰富的人造科学家、艺术家、作曲家和个人伴侣。”西蒙（Simon）和纽厄尔（Newell）也在同一年预测，在10年内计算机将打败国际象棋世界冠军，发现并证明重要的新数学定理，也可以谱写出美妙的音乐。

反复试验

多年来，人工智能的发展过程跌宕起伏。在这个过程中，关于人工智能的观点随着大脑与认知科学的发展而不断变化。例如20世纪60年代，人工智能专家认为通过计算机代码可以模仿任何形式的智能。但他们逐渐遇到了一种违背常理的状况，即面对人们感到困难的数学问题，计算机处理起来似乎相对要轻松一些。这也是必然的事情。计算机在那些小事上（对人类而言）反而遇到了很大的难题，如面部识别。这种挫折导致大家对人工智能研究的兴趣骤然下降，尤其是美国政府。20世纪70年代就是所谓的人工智能的冬天。

20 世纪 80 年代，专家系统的出现给人们带来了较高的新期望。这种系统的基本观点就是专家能够根据一系列清楚的规则来进行决策。与此同时，专家系统要依靠大型数据库，数据库囊括了人们所知的一些常识，如不同语言的文字或著名人士的姓名等。20 世纪 80 年代中期，神经网络开始广为人知。自 20 世纪 90 年代起，市面上开始出现通过神经网络能够识别人物和声音的系统。这种网络必须经过训练，通过奖惩来学习技能。在这种强化式学习中，机器人可以得到点数的奖励，而在程序设计时也会让它们尽可能争取多的点数。机器人研究人员常常很难为机器人设计合适的奖惩制度。在德尔夫特科技大学（Delft Technical University），研究人员试图教一个名为利奥（Leo）的两条腿机器人行走（见图 1–6）。最初，当利奥跌倒时，研究人员就会惩罚它。不过这意味着利奥懂得了不要跌倒，于是它就将一条腿绕到自己的脖子上。走得好时的奖励似乎更加有效，但也导致了各种奇怪的行走方式。在很长一段时间后，研究人员发现当机器人在有效使用能源时对它进行奖励，它就开始学习人类的行走方式。

图 1–6　由德尔夫特科技大学开发的两条腿机器人利奥

另一种重要的人工智能产品就是“智能代理”。这是“一种计算机系统，可以在动态的、不可预测的且通常是多代理的领域内灵活地自动采取行动”。这些计算机程序能够“观察”自身所处环境，并且自动进行计算，从而影响所处的环境。这种方法被视为是软件开发的新典范。20 世纪 80 年代末，一种新的人工智能出现，即现场人工智能（situated AI）。这个理论认为智能是通过反复试验来累积的。此外，计算机的确需要一个“身体”来了解这个世界。这种人工智能理论也提供了设计机器人的另一个动力。

残酷的计算能力

最早的人工智能专家们曾经有过种种期望，这些期望结局如何呢？维纳预测的第二次工业革命已经到来，而且仍然凭借工业机器人的崛起如火如荼。与此同时，一台计算机已经打败国际象棋世界冠军。但那并非发生在西蒙和纽厄尔所预测的十年范围之内，而是花了近 40 年的时间。尤其值得注意的是，计算能力的欠缺一度成为人工智能发展的障碍。长达十年的时间里，计算机的速度和处理能力成指数级增长，也就是所谓的摩尔定律。这在很大程度上是残酷的计算能力的基础。1997 年 3 月，深蓝 II 号国际象棋计算机打败了当时的国际象棋世界冠军加里·卡斯帕罗夫（Gary Kasparov）。这场对弈在六个回合之后以 3.5 比 2.5 的得分结束。事后，这位国际象棋超级大师抱怨称有人在幕后操纵了这场比赛。他认为计算机有一步棋显然非常臭，但另一步却相当有创意。一年后，大卫·科佩（David Cope）教授推出了一款软件，对巴赫（Bach）和斯特拉文斯基（Stravinsky）等大师们的音乐风格进行了分析。在这个基础上，音乐智能试验（Experiments in Musical Intelligence，EMI）程序创作出了合成的古典音乐。效仿莫扎特风格的交响乐《奥地利作曲家第 41 交响乐》(*Austrian Composer's 41st*) 早已经公开表演。只有真正的内行才能区分出音乐智能试验程序创作的交响乐和真正的莫扎特作品之间的差异。也许关于人工智能或创造力的更好的例子出现在 2009 年。阿伯里斯特威斯大学（Aberystwyth）和剑桥大学设计了一个人造科学家——亚当（Adam）科学机器人，它是第一款独立取得众多新科学发现的机器人。这个机器人发现了酵母内的一个基因，而研究人员们已经花了数十年的时间来找寻该基因。同一年，康奈尔大学的研究人员发明了一款计算机程序，该程序从钟摆的摆动中推算出了牛顿的运动定律。人们希望在将来计算机能够发现那些目前未知的自然规律。

人工社交智能

在前文中，我们曾经提到过，机器人专家希望能够开发拥有人类身体的机器人，因为我们的物理环境是根据人体尺寸而来的。自 20 世纪 90 年代中期开始，关于机器人的行为开始有了一个统一的观点。如果机器人要在人类环境下进行操作，就必须对这些机器进行合理编程，让它们能够与人类打交道，而且在行为上遵循一定的道德规则。人类和机器人之间的互动被称为人机交互（human-robot interaction，HRI）。在这个多学科的研究领域内，我们看到了一些新概念的出现，如社交机器人（social robot）、机器人同伴（artificial companions）以及人工道德主体（artificial moral agents）。

社会学家雪莉·特克（Sherry Turkle）提出，我们中的许多人目前在思想和感情上都已经做好了准备，“将机器真正视为潜在的朋友、密友甚至是伴侣”。她认为我们即将把机器人同伴视为生活中的一种常态，并且在人类历史上打造“机器人时刻”。通过人类的社交规则来与人类打交道，这种技术被称为是社交机器人或机器人同伴。不管是虚拟机器人还是实体机器人，这些机器都是人工主体。卢西亚诺·弗洛里迪（Luciano Floridi）认为机器人同伴会朝着多个方向发展。他认为同宠物一样，机器人同伴能满足一定的社会需求，也能实现人类在情感纽带和愉快互动方面的愿望。机器人同伴也将在多种环境下基于一定的信息提供服务，例如沟通、娱乐、教育、培训、健康和安全等。研究人员也希望能够开发出可以拥有人类情绪的人工主体。弗洛里迪希望机器人同伴能够扮演“记忆管家”的角色，存储并管理其主人的所有信息，甚至能根据一生的信息记录来模拟某个人。

社交机器人目前正处于开发的初期阶段。方（Fong）、诺巴克什（Nourbakhsh）和克斯廷·道廷阿汗（Kerstin Dautenhahan）对三类社交机器人，或者说社交机器人研究和发展的三个层次进行了定义：位于社会中、嵌入社会中和社交智能。位于社会中的机器人可以理解特定社会环境并作出反应。例如，他们能够区分所处环境中的其他社交主体和不同物体。嵌入社会中的机器人在结构上与特定的社会环境联系在一起的。它们能够与人类和代理进行交互，而且至少在一定程度上懂得人类的交互结构（例如轮流）。这两种开发目的在所谓的环境智能观[①]（ambient intelligence，AmI）中扮演着核心角色。环境智能是指人类被智能设备所包围。智能的环境不仅仅懂得是否有人在其中，还能知道谁在那里，有什么特征、需求、情绪和意图。环境智能之父是来自飞利浦（Philips）的阿尔茨（Aarts）和马尔扎诺（Marzano）。在21世纪初，这种观点曾是飞利浦和欧盟委员会制订其产品研发计划的基础。现在，微软等许多世界一流的IT公司都已经接受了这个观点，并且宣称“环境智能时代”已经开始。

社交机器人的最终目的就是开发社交智能型机器人，也就是说，机器人能够基于人类认知和社交能力的深度模型表现出人类的社交智慧。工程师试图整合入机器中的人类社交特征就是面部和情绪识别、情绪表达、使用高级语言进行沟通、建立和维护社会关系、理解注视和姿势等自然线索、展示独特的个性和特征以及学习社交的能力。尽管开

① 环境智能AmI和人工智能AI的简写非常相似，这并非巧合。——译者注

发这些特征相当具有挑战性，但方等人认为现代技术将逐渐能让机器人以优雅的方式与人们进行互动。

我们已经看到了社交虚拟机器人（软件机器人）或聊天机器人的出现。聊天机器人就是所谓的智能代理。在宜家公司的网站上，你可以向虚拟购物助理安娜提问。最先进的聊天机器人有 Cleverbot 和 Eugene Goostman。据称 Cleverbot 在 2011 年印度的一场科技盛会上已经通过了图灵测试。根据 5 分钟的在线聊天情况，伦敦皇家学会（Royal Society of London）的 30 位评委中有 10 名推断，Eugene 程序是一个 13 岁的乌克兰男童。这两款计算机程序都充分利用了互联网上他人此前针对类似问题的回答来生成答案。要了解这种科技状态，可以看看 YouTube 上的一段视频。视频是两个 Cleverbot 之间的对话。对话非常实际，但同时也很怪异。就好像是身处某种恐怖谷，话听起来都没有问题，但又让人感觉摸不着头脑。不过这两台计算机的对话并不会让人感觉毛骨悚然，反而是相当幽默诙谐。

人与人之间的社交互动并不只是靠说，更为重要的是一些非语言类信息。人们从面部表情就可以读懂他人的情绪或态度。“情感计算”所针对的就是人机交互过程中的这个领域。麻省理工学院的罗莎琳·皮卡德（Rosaline Picard）是该领域的开创者之一。在他看来，情感计算就是“与情绪相关、源自情绪以及会影响到情绪的一种计算”。其目的就是让计算机学会识别人类的情绪，并且懂得以此为基础来调整自己的行为。为了实现这个目的，情感计算的分析对象包括了语调、手势、姿势以及面部表情。例如，荷兰公司诺达思（Noldus）已经开发出了面部表情分析系统（FaceReader）。市场营销研究人员常常使用该系统。这项技术使用了面部运动编码系统（Facial Action Coding System）。该系统由知名心理学家保罗·艾克曼（Paul Eckman）开发。他早在 20 世纪 70 年代就曾提出，人类有六大基本情绪，分别是生气、厌恶、害怕、开心、伤心和惊讶。人们在一毫秒内就可以从他人面部读出这些情绪。这套编码系统应该可以帮助网络虚拟角色、软件机器人和真正的机器人表现出情绪。这些技术的人机友好程度和认可度都有望得到提高。

人工道德

社交行为和道德行为是否都可以通过编程实现呢？这显然是一个全新的、尚无定论的科学领域。本章前面提到了机器人都应该遵循阿西莫夫三大道德定律。在军用机器人领域，对机器人的使用尤其需要反思。机器人的行为应该遵循《日内瓦公约》所明确提出的国际人道主义法规。罗纳德·阿金（Ronald Arkin）提出可以开发一种机器人，使它们在战争环境下能够比人类做出更高质量的决策。他认为人工智能只是基于逻辑运算，是不受情绪影响的，同时此类机器人将会把军人的伤亡率降到最低。

瓦拉赫（Wallach）和艾伦（Allen）也支持人工道德主体的开发。他们认为："当今的信息系统已达到一定的复杂程度……要求系统本身能够做出道德决定——套用《星际迷航》的话来说，也就是要编有'道德子程序'。"他们提出，人们无法监管到非常复杂的交互软件系统带来的所有后果，因此可能会带来巨大的灾难，如金融交易的自动化，或者说闪电崩盘。2010年5月6日，道琼斯工业平均指数首次在几分钟内暴跌1 000点，相当于1万亿美元的市值就这样消失了。接着，在短短3分钟之内，一切又恢复正常了。由于我们这个世界越来越多地被置于彼此关联的算法的控制之下，因此也更加难以去管理或了解究竟是谁导致了这次意外的灾难事件。为了在初期就发现此类灾难的端倪，并且阻止这些灾难，瓦拉赫和艾伦认为软件机器人应该拥有道德行为。

不过，就像带有社交智能的机器人只是一个工程梦想一样，拥有完整道德主体的机器也还是一个未来的憧憬。关于道德机器人功能的想法就是地平线上的一个点，可以帮助我们找到通往更复杂科技的道路。詹姆斯·摩尔（James Moor）认为机器道德和人工道德主体有四种范畴：（1）道德影响主体；（2）隐性道德主体；（3）显性道德主体；（4）完全道德主体。从本质来说，计算科技是相当规范的，因此所有机器人都可以被视为是道德影响主体，能够从道德影响方面来加以评估。在第一个层次，机器道德非常接近于主流的计算机道德。第二个层次是隐性道德主体，即机器的设计让它们能够暗中推动道德行为，或者至少不会带来负面的道德影响。在过去十年里，人们在设计中强调价值观的兴趣已经增大。价值敏感设计（value sensitive design）尤其已经成为了被广泛接受的一种设计（信息）技术方法，在设计过程中全面强调人的价值。另外两个层次是一种工程挑战，要在机器中整合入道德决策。直到现在，我们尚不清楚这在多大程度上是可行的。第三个层次是显性道德主体，即机器的软件中已经有了人类道德的编码。在第四个层次，摩尔猜想机器是否可能与普通成年人一样，能够成为一个完全的道德主体，做出明确的道德判断，并且可以提出合理的判断理由。

网络机器人和人本计算

在对机器人进行分析时，通常大家的目光都只放在机器人身上。不过许多机器人的表现在很大程度上靠的是其他技术和人类智能的支持。“网络机器人”（networked robots）这个词语显示，这些机器人得到了各种信息网络的支持，否则它们就无法发挥功能。例如，阿富汗上空的军用无人机会使用32个全球卫星定位系统，只要其中4个卫星就足以让无人机确定自己的位置。此外，智能机器常常需要借助人类智能才能成为真正聪明的系统。正如弗洛里迪所指出的：“有时候，我们的信息和通信技术需要懂得并理解正在发生的情况，它们需要我们的语义引擎来做这份工作。”这种新趋势被称为人本计算（human-based computing）。我们已经介绍过Cleverbot如何根据网络上人们此前对类似问题的回答来给出答案。谷歌翻译也采用同样的思路，搜索人类翻译人员此前所翻译的数百万份文件，然后在不到一秒钟的时间里给出翻译结果。专家系统在运行中需要依靠大型数据库，而互联网现在提供了从购物行为到人类面部等众多领域的大量信息。在探索新的机器人学的时候，我们会继续关注机器人背后的网络和人类付出的努力。如果不这样做，就很难理解现代机器人领域的重要性。

机器人普遍被认为是一种能自给自足的、独立的机器，这种不完整的观点得到了现代人的支持。这可能也是源自人们从前对未来的一些看法。在20世纪20年代和60年代，机器人常常被描述为独立的、有脚、有传感器的且可以移动的机器。在20世纪60年代末期，未来学家卡恩（Kahn）和威纳（Wiener）认为，等到2000年时，计算机的影响将主要通过机械机器的自动化来实现。这在生产和家政领域没错。在1984年左右，英国机械工程师思林（Thring）早已经预见到机器人“同汽车一样是冷冰冰的机器，但能记住指令，而且能根据所在位置按照指令或自行进行有限的调整。在这个地方，它会发现各种不同的物体。它还能操作其他更为专业的机器，例如吸尘器和洗衣机”。卡恩和威纳认为信息处理的自动化是下一个发展方向，也是更有难度的一步。他们引用利佩斯（Lipetz）的话说：“通过这些发展，信息存储和检索系统之间的传统界限已经开始模糊。这些领域开始出现大量兼容的通信设备网络，将用户与众多专业化且相互重叠的机器联系在一起。”

不过在最近数十年里，机器和信息处理的自动化是同时出现的，而且常常是携手前行。或许可以从IT与其他技术的融合来进行解释。IT对其他技术领域的影响（即数字化）通常使用融合（convergence）来表述。各种生产过程的自动化要求机械学和电子学融合，或者说是机电一体化，这也是工业机器人的基础。互联网的出现取决于信息技术和通信技术的融合，即ICT。人们对新机器人学有很高的期望，这也是因为互联网和机器人学有望在未来数年里进行融合。新机器人的开发由此会得到互联网的助力，同时也会继续被互联网所改变。

在过去十年里，互联网已经渗透进整个社会。这源于三大技术趋势。第一种趋势就是公共空间里数字化设备的涌现，从ATM终端、摄像头、大门、导航系统到智能电话等都包括其中。数字融合是第二种趋势。这种趋势意味着这些设备背后的网络正日渐与互联网相连，而互联网是所有网络之母。第三种趋势就是近年互联网服务已经覆盖到了更多地方，尤其是通过智能手机连接网络。从这点来看，服务机器人就是一种新的智能设备，将会在全世界流行开来。另一方面，新机器人建立在既有网络的基础之上，而它改变了这些网络的本质。在美国的《从互联网到机器人》(*From Internet to Robotics*)报告中，人们对机器人学的憧憬非常明确地表达了这种观点。该报告指出，机器人学建立在现有信息和通信技术基础设施之上，并利用了这些基础设施。机器人学是既有信息网络技术的进一步发展。万维网已经靠机器人学得到了延伸，赋予了互联网"感觉和手脚"。

从社会角度来看问题

在本书中，我们希望探讨一下机器人学在未来数年里会带来的社会影响。我们会从5个领域来分析机器人学的发展，对其在家庭、长期医疗卫生、城市警用和私人无人机、交通以及军事等领域的发展进行调查。核心思路就是机器人的使用将会从多个方面影响这些领域的应用和社会实践。我们将介绍现代服务机器人和社交机器人的四大特征。这些机器人带来了各种社会和道德问题，从而也提出了社会认可问题：(1)机器人是一种信息技术；(2)机器人的逼真外形(大脑和身体)；(3)机器人的自主程度；(4)机器人化是一种合理化的方式。这也给读者们提供了许多阅读后面五章主题的工具。

信息技术

机器人就是一种信息技术。这意味着隐私、网络安全、数字鸿沟(获取技术的便捷性、计算机能力)、算法透明度以及数据所有权等社会问题在机器人学中也有着重要的影响。事实上，在机器人学中，人们极度关注如何改进人机交互界面，这点也带来了机器人学的新问题，尤其是在隐私领域。例如要实现情感计算，就必须让机器人来衡量和存储关于我们面部表情的数据。

逼真的外形

在前文中，我们曾经介绍过机器人有身体和大脑。人们开发出有着人类或动物外形的机器人，为的就是改善人机交互。这点利用了人类的科技拟人化的能力，即人们消除人类和科技之间的鸿沟的能力，让机器具有人类的特征。机器人学显然使用了这个观念。此外，人们正在尝试开发社交机器人，在情感层面上与人类进行互动。由此也带来了一个问题，即这种社会心理学现象在使用上应该遵循什么规则。我们希望这种人机之间的情感纽带在何种程度上得到建立？我们如何确保不会滥用人机之间人工建立的信任？阿曼达·夏基（Amanda Sharkey）和诺埃尔·夏基（Noel Sharkey）认为机器人的这种“具体形态化”是一种进一步从道德角度来分析机器人技术的重要方法。他们表示：“机器人和机器人技术要求我们对众多道德问题有新的视角，这源于它们的具体形态化，以及它们通常有的逼真外形。”

自主程度

第三个特征涉及机器人的自主程度，也就是机器的主人所赋予机器的控制权。当人们在控制机器的行为时，人就是“掌控者”。当机器人自主决定行为时，人就“无控制权”。当人和机器都在一定程度上拥有部分决策权时，那么人就是“共同决策人”。不管是哪种状况，都可能会带来各种社会和道德问题。

当人是掌控者时，操作者和机器人可能处于不同的位置。机器人让人们可以远程进行操作，从而让社会行动者在其他地方出现。例如，外科手术机器人可以让身处美国的外科医生在澳大利亚做手术，或者是让美国内华达州的操作者控制阿富汗上空飞行的无人机。借助 IT 技术，这些机器人提供了一种远程监控形式。这种向人类为共同决策人的转变也带来了一个问题，即用户接收到的信息应该达到何种程度，由此才能保证他拥有充足的信息做出正确的决策。向机器人系统授予控制权也带来了安全性、责任感和责任划分等问题。

在一些极端的情况下，人们甚至可以给予机器人完全的控制权或自主权。这也再次提出了一个问题，即我们希望交由机器人来做出何种决策和采取何种行为。我们想要把那些可能会带有强烈情绪或道德因素的问题完全交由计算机来决定吗，例如杀人或照看孩子？核心问题在于人类在控制层级中应该占据何种决定性位置。欧洲机器人技术平台认为机器人主要是扮演辅助性角色：“机器人应该辅助人类，而不是取代人类护理人员或教师，并且不应该模仿人类的形状或行为。”其他国家在该领域或持不同意见。

机器人化是一种合理化的方式

当人们发明了仿生机器人，那么机械机器人也就不会落后得很远。只要人类行为被简化为部分机器人式的行为，用机械机器人来替代他们也就会比较轻松。

乔治·瑞泽尔（George Ritzer）

在20世纪初期，德国社会理论学家马克斯·韦伯（Max Weber）创立了一套合理化理论。他对工业化、城市化、科学至上主义和资本主义进行了反思，发现在现代西方世界占主导的是一种合理性主义。韦伯认为官僚主义就是一种当时合理化过程的典范。大家都知道，对效率的信奉带来了工厂和工作的重新设计。工程师们不仅对单独的行为进行机械化设计，同时还希望将整个工厂视为“一台高效的机器”来进行整体设计。不过合理化也在众多社会实践中存在。历史学家范·得恩·布格阿德（Van den Boogaard）解释称，在20世纪20年代，厨房也逐渐被视为是“一间工厂，通过特定的行为、技术和空间距离将投入（食品）变成产出（美食）”。套用同样的思路，办公室、机场和城市也可以被定义为一系列物质流，可以进行整合设计和机械化。韦伯认为合理化是一把双刃剑。一方面，它可以带来很多好处，如让更多人享受到质量更统一、价格更便宜的服务和产品。另一方面，他也担心理性系统的众多不合理性。例如，官僚系统可能会因为规章制度太多而效率低下。韦伯最担心的是所谓的理性化牢笼，即对理性化的强调可能会破坏自由度、减少人们的选择机会，并且导致去人性化。

对合理化的推崇也意味着效率、可预测性、可计算性以及通过技术取代人类判断来实现控制的文化价值观成为主流。请注意，在信息时代，可计算性在多数时间里就是可编程性，而控制靠的是通过算式进行数字化控制。理性系统旨在提高对生命中变数的控制，尤其是对人的控制，因为人是社会生活中导致变数的主要因素。要减少对人类的依赖性，一种方法就是用机器来取代人。不管怎样，机器人和计算机都要比人更容易控制。我们曾经在工厂内目睹这种合理化过程。最初工匠们统治整个生产过程。后来，工作被分解为众多简单的步骤，可以由无技术的工人来完成。这种工作的简化和专业化意义深远，也为部分生产过程的机械化铺平了道路，并且最终在20世纪的下半段里让这些行为能够自动化和机器人化。因此，机器人化也是一种对社会实践合理化并减少其对人类依赖的方法。正如瑞泽尔所提出的：“随着机器人的到来，我们已经到达了用非人类技术来取代人类的终极阶段。”

如前文提到的，本书不是探讨在干净整洁的工厂内如何使用机器人，而是探讨在有众多“难以预料到的情况”的人类的场所如何使用机器人，例如家中、城市或者是战场。要在这些乱糟糟的环境中使用机器人，前提条件就是这些环境围绕机器人的简单行为进行组织。方法之一就是购买对微环境有要求的内嵌机器人，例如洗碗机。长期以来，这是在复杂社会环境中利用单机版机器人有限能力的唯一方法。弗洛里迪提出，我们这个世界正在快速地适应信息和通信技术有限的能力。他表示：“现在，将环境封装到适合信息和通信技术的信息域内，这种做法已经开始渗透到日常生活的方方面面。数十年来，我们一直围绕信息和通信技术将世界封装进去，只是自身并没有完全意识到这点。”除了技术变革之外，要让这个世界适应机器人有限的能力，还必须在社会和文化方面进行改变。

在《社会的麦当劳化》（*The McDonaldization of Society*）一书中，瑞泽尔提出，韦伯所描述的合理化过程在我们这个时代已经加速，而且变得全球化。他谈到了麦当劳化，因为他认为这家快餐公司是当代社会合理化的典范。从农场到餐桌，整个食物链都在朝着效率进军。除了生产之外，消费端也在进行合理化。在美国，完全自己准备原材料进行烹饪或为家人做饭现在已经变得相当罕见了。许多美国居民倾向于更高效的就餐方式，例如到快餐店吃饭，或者是坐在电视机前吃用微波炉加热的食物。

瑞泽尔提出，人们的生活中没有哪个方面可以不受合理化的影响，甚至连社会关系和性生活都已经麦当劳化。IT 是这个过程的主要推动因素。技术正在我们身上和我们之间栖身，收集关于我们的大量数据，并且有时候甚至就像我们一样去行动，即模仿我们的某些个人行为。简而言之，IT 已经成为了一种“亲密科技”（intimate technology）。社交活动的麦当劳化在“合理化的线上系统”中显而易见，例如“在 Facebook 上，友情已经被简化成点击一个‘添加好友’按钮，而且此后再也不需要与那个‘朋友’互动了”。同样，性生活也已经经历了大量合理化。东京的两性关系顾问青山（Aoyoma）认为日本正在“远离性关系”。许多日本年轻人对传统的关系和性生活已经丧失兴趣，因为他们觉得那样“太麻烦”。通过便捷的技术，就可以减小对“复杂的”人类的依赖，例如有一个虚拟现实的女朋友或性爱机器人。有些人甚至认为日本和全世界的两性关系未来都可能在很大程度上变成技术驱动。这个例子让我们看到，同合理的机器人系统一样，信息技术可能会深刻影响到我们如何定义自身和我们同其他人之间的关系。

合理化中的不合理性

韦伯和瑞泽尔担心合理化会带来巨大成本，并将这种成本归纳到“合理化中的不合理性”之下。这个标签包括了合理化的各种负面因素和消极影响。具体来说，不合理性是指合理性的对立面，即低效、无法预测、无法计算以及失控。具体来说，不合理性意味着理性的系统是一种不合理的系统。合理化由此可能导致系统失去人性，变得反人类，甚至对人类具有破坏性。例如，快餐店所提供的食物和快餐文化破坏了许多人的健康，饮食的合理化已经导致人们失去了每天聚在一起共同吃饭的机会。此外，技术也导致人们失去了更多面对面的亲密时刻或肌肤之亲。我们应该问问自己，社会关系和性生活的合理化是否可能让人与人之间不管是身体上还是社会上都变得疏远。终极不合理性可能就是系统（或者是控制该系统的精英）会控制我们，甚至取代我们。

长久以来，“机器人控制整个社会”一直是文化界所设想的一个情景，也是公众围绕机器人进行辩论的一大主题。这主要源于媒体上关于强大的人工智能和机器人主宰世界的设想，常常会引发人们的议论和焦虑感。一些机器人技术家和科学家预计此类机器人很快就能变得比人类更聪明。库兹韦尔认为未来“普通人”甚至没有任何地位，只能是充当宠物一般的角色。这个世界将属于那些智能大幅提升的人（半机器人）和智能生物（机器人）。比尔·乔伊（Bill Joy）凭借对互联网开发的革命性贡献而被人称为互联网界的爱迪生。他很担心这种发展趋势，并且在 2000 年写了一篇颇具争议性的文章《为什么未来不再需要我们》（*Why the Future Does Not Need Us*）。在文中，他提醒大家要警惕不受控制的智能系统的危害。他担心如果我们继续深入发展智能系统，可能会毁掉人类自身。这些是危言耸听吗？还是我们的确应该认真对待这类对未来的预测？

更多深入的探讨

在接下来的几章里，我们将探讨机器人在五大领域内的应用，分别是家用机器人、护理机器人、警用和私人无人机、汽车机器人和军用机器人。从家居环境开始，接着探讨医疗卫生领域、交通领域以及企业、消费者和警察在城市内对无人机的使用，我们最终将会着眼于战场。每个章节都将介绍在这些领域内出现的社会和道德问题。我们将从前面提到的服务和社交机器人的 4 个关键特征来解释为什么会出现这些问题。每个章节也将提供一个例子，说明如何通过机器人化对某种具体的社会实践进行合理化，以及可以达到何种程度。我们也将分析这些合理化过程潜在的积极作用和负面影响。例如，我们将介绍机械机器人、仿生机器人和类人机器人在家庭中的应用，并且解释不同的机器人会带来哪些道德问题。在探讨警用和私人无人机在城市内的使用时，重点放在机器人这种信息技术可能带来的各种隐私问题。关于汽车和军用机器人，我们对其社会和道德影响的分析着眼于机器人的自主程度。之所以根据这 4 个特征来进行介绍和分析，是为了充分了解机器人学在中长期内的社会影响，把握相关的政治和管理问题。

在接下来的几章里，我们讨论了以下核心问题：

- 在所研究的应用领域内，机器人学在技术上有哪些发展前景？社会对其又有什么期望？机器人技术目前可以做什么？短期和中期又可能做到什么？
- 从短期和长期来看，专家们认为可能会出现哪些社会和规范问题？
- 这些社会和道德问题又提出了哪些监管问题？换言之，哪些问题应该得到政治家和政策制定者们的公开探讨，并且会被提上日程？

在最后一章里，基于前面的讨论和发现，我们针对政治和政策提出了一些建议。

除了最后一章之外，在每一章结束时，都会为读者呈现一篇精彩的，对国际知名专家的访谈。从第 1 章到第 6 章，我们将分别采访英国牛津大学哲学家、信息伦理学家卢西亚诺·弗洛里迪、英国赫特福德大学（University of Hertfordshire）人工智能学教授克斯廷·道廷阿汗、荷兰特温特大学（Twente University of Technology）理疗康复学教授汉斯·瑞尔特曼（Hans Rietman）、荷兰国家警察总局创新经理马克·韦比斯、美国南卡罗来纳大学（University of South Carolina）法学副教授布赖恩特·沃克·史密斯（Bryant Walker Smith）、德国多特蒙德大学（TU Dortmund University）物理学家、和平研究者尤尔根·阿尔特曼（Jürgen Altmann）。所有这些专家均由加斯顿·达伦（Gaston Dorren）负责采访和进行记录。

掌权者喜欢让技术发展像是一种不可避免的趋势。

工业机器人的到来给工厂带来了巨大的改变，而工业机器人需要整洁且可预测的工作环境。社交机器人将在工厂之外的世界里做类似的事情。调整我们的物质和精神生活空间来适应基于信息和通信技术的主体，这个过程早已经开始。哲学家卢西亚诺·弗洛里迪在其《第四次革命》(The Fourth Revolution)一书中提出了这个观点。“但不能让任何人告诉你，这些事情是不可避免的。”

我感觉我们正在向一种情况发展。在那里，一切安排都是为了让机器人更加轻松地开展工作。例如，交通信号灯都是彩色的，因为这样对我们多数人来说是比较方便的。但对于人工主体，如无人驾驶汽车来说，如果不采用信号灯，而是发出超声波信号，那么它就能轻松许多。

那样会让人类变得茫然。

当我们和无人驾驶汽车同行，我们的系统将是混合系统，同时采用信号灯和超声波。但看看亚马逊公司庞大的仓库吧。这些仓库完全根据机器人的能力而建。亚马逊无法轻易地使用人类来替代这些机器人，因为人类在这些地方完全找不到方向。

机器人友好环境是否会始终不太适合人类?

我会选择谨慎地回答是。因为确实存在忽视对人类不方便的风险。简单举个例子吧。英国的某个市议会决定火车站附近停车只能通过手机来进行支付，不能付现金。人们并不喜欢这种方案，于是市政府撤回了方案，说:“喔，对不起，方案比较糟糕。”这是一种典型的情况。在这种情况中，事情只能用某种具体方式来进行，因为“计算机系统只能这样进行工作”。所以信息和通信技术环境会强迫我们去适应机器的能力。我觉得的确存在盲目向那个方向发展的危险。

我们在这方面能做些什么吗?

是的。我非常反对那种断然的观点，认为“技术有自己的发展道路，能带我们从A点到达B点，而我们无法控制”。首先，这个观点不对。如果我不能去影响，你也不能去影响，但那并不意味着我们共同努力就不能去影响。那是一种谬论，就像是说因为单靠一粒沙子没法造就沙滩，所以无数的沙子放在一起也造不出沙滩。更重要的一点在于，这种观点在道德上来说是相当危险的，事实上也是一种不负责任的想法。你会听到那些不想赋权于我们的人吹嘘这个观点，比如政客、一些有影响力的人、公司以及那些控制着许多人的人。他们乐于表现出自己的立场是不可避免的。如果我们不能针对技术发展做些什么，那么他们就什么都不用做，这点正适合他们。事实上，政策在这方面可以发挥许多或好或坏的影响。

在你的书中，一个重要的词语就是封装（enveloping）。这个词是指改变这个世界，让它更加适合机器人，类似于工业机器人的工作空间或“可及界面”。你对这个概念进行了延伸，同时包括了我们身边的物质世界和我们的内心生活。能解释一下吗？

让我分两步来解释。在我看来，人类的生活主要是精神生活。我们大量的时间在思考、担忧、希望、闲聊、回忆、梦想和害怕，那就是我们生活的世界，是我们存在的空间。当下，你在自己的研究世界里，我在我的研究世界里，但我们两个同时出现在对话中。现在，信息技术正在改变这种精神存在空间。我们不断被邀请将越来越多的时间花在信息空间里，这个空间得到了技术支持，可以让我们交流思想和希望等。这就像我们到别人家去做客，由主人来决定我们可以使用哪个房间和哪些设施。

你的意思是 Facebook、Twitter 和其他社交媒体正在改变我们的思想？

他们正在打造数百万人会消磨数十亿小时的空间。用专业术语来说就是，每种技术都有其功能可视性和局限性。高脚凳能用在高高的餐桌旁，这就是一种功能可视性。但这种凳子用来坐着看电视就不那么合适了，这就是局限性。扶手椅的情况则相反。如果你的房间里只有一张高脚凳，那么你就不会常常看电视。但如果有一把扶手椅，情况就不一样了。这些不同的技术影响着你的行为。社交媒体的信息环境也是如此。打造这些社交媒体的人有巨大的影响力。他们并不会去宣传自己的权力，他们也没有拿大棍子强迫大家，因为他们想要看上去是中立的，不偏不倚的。这种情况会一直持续，直到有丑闻冒出来。例如，Facebook 偷偷针对数十万人进行试验，借此了解信息推送方式的改变如何影响用户的心情。如果将试验结果用在政治上，那么就可能会改变人们的选举投票行为。所以这就是社交媒体的能力所在，也是它们本来的样子。它们一点都不中立。

社交媒体只限于计算机和智能手机。社交机器人会赋予信息和通信技术手和脚，也能让它说话。它们将给我们的生活带来什么影响？

我觉得其影响在很大程度上与此前的历史发展有关，即城市化。让人惊奇的是，我们曾经认为信息和通信技术会扭转这个过程，因为有了信息和通信技术，人们碰面的需求就减少了。但事实上，城市仍然在不断发展，因为机会就在其中。到 2050 年，2/3 的人类将生活在城市中。而封装过程多数也是在城市里进行，在伦敦市和牛津市里，而不是在伦敦和牛津两市之间的绿野中。如果我们假设人类的生活越来越多地限定在城市里，那么城市的结构、建筑和组织就会在最大限度地围绕机器人来进行封装。智能城市早已经在这个方向迈出一大步。里约热内卢是一座复杂而危险的城市，曾努力举办 2014 年的世界杯和 2016 年的奥运会。他们主要就是大量进行监测，并且使用从各方面收集来的数据，借此提高效率，包括交通、能源、安全和其他方面。当你有一个类似的智能城市，就不再需要进行太多调整以适应更多的机器人主体，如无人驾驶汽车。

除了交通之外，人们希望社交机器人也能满足其他需求，例如医疗卫生、教育、陪伴甚至是性伙伴。

与机器人缠绵，这种事情太耸人听闻。世界上已经有太多性服务者了，而且机器人也太贵了。但机器人可以在其他市场内激起巨大的波澜。安全领域早已经发生了巨大的改变。现代战争中如果没有计算机和机器人，简直就是难以想象的。在你我童年的时候，这种情况只出现在科幻小说里。无人机仍然受到阿西莫夫定律的限制，但也只能这样了。

现在假设机器人会给医疗卫生或教育领域带来类似的影响，那么我们或许真的会处在革命的边缘，这场革命将重新定义教育和住院病人护理。我认为这种情况现在还没有发生，但如果像我们在冲突、安全和战争领域所看到的那样，现在的年轻一代在护理和教育等领域也看到同样巨大的发展，我并不会感到惊奇。

你认为这是往前迈出一步吗？

我并不是说这就是一件好事，也可能是一步就迈入了深渊。但重申一下，这都取决于政策选择，取决于人们选择我们要怎么来做。我们有责任在这些力量出现时对它们加以控制，其中就包括预测可能的问题和潜在的好处。

不过有一点我颇为担心。在过去的20世纪，当我们开发出新技术，总是有机会去后悔，然后纠正错误。从根本上来说，时间是站在我们这边的。我们曾经犯过大错，例如发射过两枚原子弹。但我们汲取了教训，我们阻止了更糟糕的情况出现。我现在担心目前所经历的这种转变太过深刻，速度太快，或许没有时间让我们说："对不起，我们来找找另一个解决方案。"在你招募了一群机器人组成的军队后，我们就再也回不到人类的军队了。在你认定机器人可以来照顾人类之后……

我们甚至会丧失一些技能。英国最近决定重新启动一个核能项目，这件事就是明证。多年前，英国决定停止投资核电厂。从那时起，其核能方面的技能就开始下滑。现在，新工厂将只能由法国来修建。你也许并不喜欢核能，但这件事让我们看到，有些事情只有人类自己能做才可行。

对社交机器人的一种担心就是它们没有道德感。但有些人表示，只要配置了合适的软件，这些机器人可以自己成为道德主体。你在这个问题上有何立场？

在20世纪90年代末期，我是率先就该问题撰文的人之一。你可以从两个方面来谈论人工主体这个问题。一个就是谁能成为道德主体。我们在定义道德主体时应该具有一定的包容性，例如包括政党和家庭，同时也包括动物和机器，因为这个世界上有许多并非基于人类个体的主体。另一个视角则是这个问题所提出的。当智能机器人拥有极大的自主性，就像我们在10年或20年里即将打造的机器人那样，它们在战争、医疗卫生、教育和社交等领域内所承担的工作会带来一定的道德影响，这时会出现什么情况？

要应对这个问题，有三种不同的策略。一种策略就是"我们必须为机器们制定一套道德”。我觉得这完全是科幻的想法，是一种白日梦，或者是白日噩梦。想想还是比较有趣，但我越来越认为在这方面投入精力和金钱是不负责任的。因为这件事情不会成功，即使长期来看也不会成功。

第二种更为负责任的策略就是确保这些机器内部植入了一定的安全措施。为了理解这个概念，让我们以微波炉为例。就算你把头放到微波炉里也无法自杀，因为只要门是开着的，微波炉就不会工作。这台机器本身并没有道德观，但我们制定了有道德的标准。在无人机方面，我们可以在国际范围内决定在特定条件下它们不能开火，或者是在失控的情况下它们会飞到最近的海洋自行坠毁。这种策略并没有“道德机器”那么令人兴奋，但它却是可行的。

第三种策略可以与第二种策略同时采取。该策略就是让人来进行控制。人不是“掌控者”，而是“共同决策人”，让机器人自己操作，人负责监管。如果出错，人就可以制止机器人。这就像是火星探测器：它们是自主的，但美国国家航空航天局可以干预。

遗憾的是，许多人一直笃信道德机器这种选择。有些人认为机器可以根据对其行为的反馈像婴儿一样逐渐建立起道德观。事实上，当前的计算机科学完全无法证实这种做法可行，就算在遥远的未来也不行。让我们直面这个现实，我们目前甚至都还没有人工智能。我们有的只是人造智慧（artificial smartness）。我还记得人工智能这个词语的缔造者约翰·麦卡锡（John McCarthy）对打败卡斯帕罗夫的深蓝计算机非常失望，因为它只有一个数据库，里面充斥着人类的各种棋局。我的妻子是牛津大学的神经科学家。她告诉我，我们对人类智能的了解仍然很少，所以又如何能打造出人工智能呢？我们已经发现了人类大脑这块新大陆，但还只是踏足了沙滩。我们是否可能只靠一块沙滩再造一块大陆呢？但人工智能还是有许多信徒，而且你无法说服他们放弃这种信仰。我已经放弃尝试了。

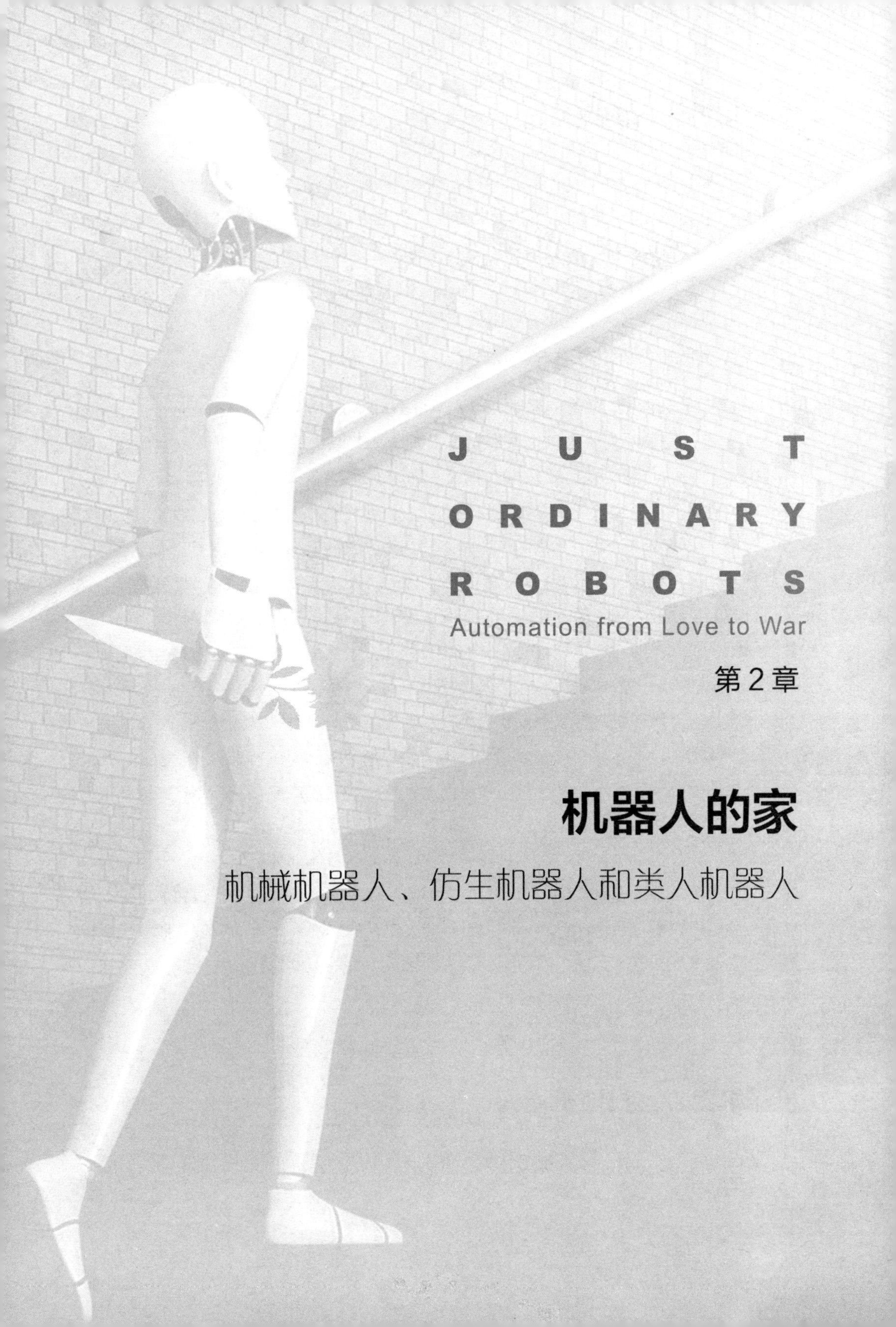

JUST ORDINARY ROBOTS

Automation from Love to War

第 2 章

机器人的家

机械机器人、仿生机器人和类人机器人

对家用机器人的期待

由于媒体的关注，人们对家用机器人充满了期待。在过去数年里，流行报刊杂志常常会报导家用新机器人的应用。标题类似于《机器人进入千家万户》《准备好十年后让家用机器人来照顾你了吗》《让机器人来助你摆脱所有家务》《准备好迎接你的第一台家用机器人了吗》《家家户户必备的社交机器人》《让保姆机器人来照顾你的家人吧》《千家万户的大喜讯》《老天，他是个机器人》。这些标题都让我们认为机器人已经开始了它们的征途，即将大规模出现在我们的家中。

2009 年，美国电气电子工程师协会（Institute of Electrical and Electronics Engineers，IEEE）进行了一项调查。受调查者被问到，如果某天拥有了一台机器人，他们认为该机器人最有用的功能会是什么。39% 的被调查者回答是做家务，37% 回答是性生活。有些家用机器人早已经商用，尤其是扫地机器人。性爱机器人多年前也已经上市，但尚未在商业上取得成功。这两类机器人的外表和行为方式截然不同。家用机器人是一种机械机器人，这类机器人外形并不像人类，它们的外形取决于其开发目的。性爱机器人是类人机器人，看上去和人类相似。它们在开发时遵循的是拟人化原则，即将人类的特征和行为赋予非人类的物体。换言之，它们的表现模拟了人类的表现。这与多数家用机器人是截然不同的。多数家用机器人并不是要模拟人类的行为，而是要高效地完成某项任务，从而让人类能摆脱日常家务。我们将看到，为了高效地完成这些任务，复杂的家务必须被重新定义。下面我们将会以扫地机器人为例来介绍家用机器人。之后会介绍性爱机器人。性爱机器人实际上是一种陪伴机器人，只是将关注点放在了身体接触面。最后我们将会讨论陪伴机器人，重点放在人类的社交互动上。这些陪伴机器人看上去并不完全像人类，算是仿生机器人。仿生机器人是指机器人的身体部件类似于人类或动物的身体。陪伴机器人多数都有头部，旨在复制人类的一些面部特征，例如眼睛和嘴巴，为的是让互动更为顺畅。在陪伴机器人和性爱机器人未来的发展和人们的期望方面，这些机器人将会带来许多道德问题，其中又以去人性化最为尖锐，例如社交技能退化。我们将在本章最后介绍相关的观察所得和推论。

机械机器人：扫地机器人

有些人认为下一代革命即将波及我们的家庭。需要用户操作的、静止不动的家电将会被可以自主管理的、能移动的设备所替代，即家用机器人。这种想法并不新鲜。2007年，比尔·盖茨曾经预测“到2015年，家家户户都将拥有机器人”。他肯定不是第一个做出这一预测的人。1999年，在一份关于工业机器人和服务机器人的市场报告中，欧盟委员会曾经预测，家用机器人将在2009年至2014年期间占领这个市场。大部分预测主要针对的是扫地机器人。

尽管机器人最初主要应用在工业领域，但人们最早关于机器人的想象一直是希望能够用它们来做家务，从而提高效率、节约时间、减轻压力。1921年，捷克作家卡尔·恰佩克在舞台剧《罗素姆的万能机器人》中提出了“机器人”这个词语，给人们展现出了他们所想象的那一幕。在这部舞台剧中，罗素姆的公司发布了一份广告，宣布人人都应该购买自己的机器人让日子过得更加舒服。

1964年，梅迪思·伍尔德里奇·思林（Medith Wooldridge Thring）曾经预测，在1984年前后，机器人将可以得到开发来承担多数家务工作。

> 大多数家庭主妇都希望能够彻底从日常家务中解脱出来，例如擦地板、洗浴缸、厨房的洗洗刷刷、洗衣服、扫地擦桌子或者是整理床铺。要实现这些，最符合逻辑的方式就是提供家用机器人。它们可以经过训练来满足家庭的特殊要求，并且可以合理编程来进行6种或更多标准的操作……这类家用机器人的生产是没有问题的，已经有了基本的解决方案。在进行大量研究之后，此类机器人可能在十年内得到生产。如果假设行业和政府需要十年的时间来培养兴趣，为此类开发筹集到所需的资金（大约100万英镑），那么我们仍然可以在1984年见到此类机器人。

历史上，多数关于家用机器人的预测并非极具前瞻性。尽管进行了大量投资，但多功能家用机器人至今还未出现。在过去10年里，第一批机器人已经进入家庭，但它们仍然都是“一招鲜”或具有单一性，即它们都是只能完成一项任务的专用机器。据比尔·盖茨称，单一功能的家用机器人早已经出现在大家的家门口。在互联网大咖们看来，我们正在见证技术的转折点，就像是20世纪80年代的个人电脑一样，机器人即将进入千家万户。“我们可能正处在新时代的边缘。个人电脑将从桌子上站起来，让我们能远距离地观察、倾听、触摸和操纵物体。”

当前，扫地机器人和除草机器人是两种最为成功的家用机器人。多数著名品牌会定期改进这些机器人并推出新款。市面上也有用于清洗游泳池的机器人，但只有极少数家庭会对它们感兴趣。

1980 年左右，机器人开发者们看到了曙光，认为服务机器人将在家用方面具有巨大的市场，尽管家务劳动中只有部分能够进行自动化。最初，他们考虑了清扫地板和擦窗户的清扫机器人。但直到 2002 年，第一款清扫机器人，即扫地机器人才面市。从最初的概念到产品推出，这其中经历了 20 余年的时间。事实证明，技术挑战要比此前预计的更为艰巨。

扫地机器人鲁姆巴（见图 2–1）由 iRobot 公司开发，是第一款商用的家用机器人。商用市场内正在开发的新应用包括了擦窗户机器人和能够熨烫衣物、清洗衣物和折叠衣物的机器人。扫地机器人是最受欢迎的家用机器人。从这款机器人的推出可以看出，家用机器人的发展并未完全失败，主要就在于家务劳动看上去相当错综复杂。

图 2–1　扫地机器人鲁姆巴

扫地机器人鲁姆巴也是市场覆盖最广的一款机器人，目前全球范围内的销量已经超过 800 万台。尽管这个数字相当惊人，但扫地机器人的销量还不能与普通吸尘器相媲美。普雷斯勒（Prassler）和小菅（Kosuge）曾经预计，扫地机器人与常规吸尘器的销量比将在 1∶40 至 1∶400 之间。根据扫地机器人和常规吸尘器最近的销售数字来看，普雷斯勒和小菅的估计仍然是正确的。可以说，扫地机器人仍然被大家广泛视为高科技的小装置，尚未覆盖大众消费者。

扫地机器人由两部分组成，即基座和机器人。机器人可以通过基座自行充电。按下按钮，机器人就开始在房间里四处移动进行真空吸尘。机器人也可以预先设置，在特定的时间自动开始吸尘。

扫地机器人有一个小小的尘盒，需要每天进行清理。对于机器人来说，厚地毯、厚碎片或带压线的木板都可能带来麻烦。扫地机器人的动力很小，吸力也不大。此外，扫地机器人也不能在黑色表面上操作，因为落差传感器会将黑色视为边缘，认为机器人正位于边缘或楼梯上，从而不会进行清理。多数扫地机器人设有两面虚拟墙。有些小装置可以发出约 2.5 米的红外光束，而扫地机器人不会移动到这些虚拟墙之外。由此扫地机器人能避开电线和宠物碗等东西。扫地机器人的价格从 300 美元到 900 美元不等。

早期采用者的体验：鲁姆巴化

孙（Sung）、格林特（Grinter）、克里斯滕森（Christensen）和郭（Guo）等人的研究显示，购买扫地机器人的基本上是那些充满好奇心而且受过良好教育的年轻人，普通大众并没有被包括其中。从孙等人的研究可以看出这些早期采用者在使用扫地机器人上的体验如何，以及他们是如何使用这些机器人的。总体而言，他们对该机器人的反应都比较好，家有小孩或宠物的使用者们反应更好。但对他们来说，扫地机器人的用途有点区别：机器人会吸引婴儿或小童学习爬行和行走，因为他们想跟着机器人移动。对于家有宠物的人来说，机器人会追着宠物走，或者说宠物（尤其是鸟儿）在房间里因被吸引而在机器人上方来回移动。

研究发现有一点颇为惊人，即拥有扫地机器人的人会更频繁地打扫自己的家。为了让扫地机器人工作，必须要整理出一条道路。此外，一些小物件必须从地板上清除掉，如玩具的小零部件，否则机器人就会被卡住。对于多数人来说，这些工作能帮助他们把家整理得更为井井有条，因为他们会拿着抹布在家里来回打扫。此外，大部分人出于各种原因，仍然会继续使用常规的吸尘器。扫地机器人不一定能让地板完全一尘不染，尤其是有时候会无法清理干净宠物的毛发。因为扫地机器人无法上楼、进入角落或其他难以到达的地方，例如清扫圆形电缆或清除蜘蛛网，所以人们仍然需要使用常规的吸尘器。

让我们来对比一下常规吸尘器的上市和发展。当时人们希望能够更快捷地在家里进行清扫，从而使家庭主妇们能有时间去做其他事情。事实证明，卫生标准也很快大幅提高，最终导致人们相比吸尘器诞生前的那个时代而言需要花上更多的时间进行清扫。尽管广告承诺“想想那些最枯燥乏味的清扫工作。想想看，你可以彻底摆脱这些工作。不管室内室外，我们的机器人都有着出色的清扫表现，便捷易用，让最新的机器人技术走入现实的家庭生活”，但实际上，扫地机器人的诞生并不一定能让家务劳动更为轻松。

孙、格林特等人的研究显示，几乎所有扫地机器人的使用者都改变了家里的布局和家具。家里越整洁，家具越少，扫地机器人使用起来就越容易。为了让扫地机器人开展工作而对环境进行合理化的过程被称为鲁姆巴化（Roombarization）。通常要做的改造就是改变电缆电线的线路走向，或者是将这些电缆电线遮盖起来，撤掉长毛绒地毯，将较轻的物件从地板上搬开，以及搬动家具。在购买新家具或地板时，人们应该考虑一下扫地机器人的能力问题。限制商用扫地机器人发展的一个原因可能就在于它们需要一个结构化的环境。技术研究的历史显示，当现有的实践方法必须进行太多改变时，人们对新设备的兴趣就会快速消减。华沙德（Vaussard）等人针对扫地机器人的研究也显示出了同样的道理。在这份研究中，多数家庭在一段时间后会停止使用机器人，原因就在于他们在评估了机器人与自身生态系统的相关性后变得越来越失望。换言之，他们评估了机器人如何融入使用者的空间并满足其期望后，认为该机器人并不能减少使用者的工作量。

目前，扫地机器人的巨大销售潜力还没有被充分挖掘。荷兰一家计算机技术杂志对24款不同的扫地机器人进行了测试，其中包括了一些最流行的产品，例如鲁姆巴。测试结论显示，从经济上来说，目前尚无充分的理由来说服人们购买这些被测试的机器人。大部分意见表明，扫地机器人无法完全替代传统的手持式吸尘器。如果这些家电只能发挥部分功效，那么人们就难以接受其实用性，而常规的家电依然是人们家中必不可少的设备。

关于破坏扫地机器人发展的因素，一种历史性技术观点认为，能节约时间和精力的机器会输给那些供消遣娱乐的设备。20世纪30年代，许多家庭购买了收音机，然后通常就没有什么钱来购买洗衣机了。我们在扫地机器人身上也看到了类似趋势。尽管存在经济危机，但人们还是蜂拥购买昂贵的游戏设备，例如任天堂Wii和微软Xbox360。自2006年上市以来，Wii已经售出了1亿多台。

上文列举了扫地机器人所带来的体验和存在的问题。这些体验和问题也存在于除草机器人和拖地机器人身上。因为这类体验和问题，鲁姆巴化也会继续存在。对于除草机器人来说，其主人必须在户外安装插头供机器人充电，而且草坪必须是平坦的，不能有水景。院子里不能有树木，以免落下果子或树枝，因为这些东西会给机器人造成麻烦。草地上也不应该散落一些松散的东西，因为除草机器人除草的频率通常要比人类自行除草的频率高。此外，对于除草机器人的主人来说，建议在机器人工作时不要让孩子们在院子里玩耍，这是出于安全考虑，也是因为机器人作为一种玩具而言吸引力太大了（见本章后面有关责任划分的内容）。尽管除草机器人的马力较低，但其叶片在转动时也可能会割断手指和脚趾。因此在举起该机器时，安全集成电路会自动切断电源，让叶片停止转动。

降低家务劳动的复杂性

家务劳动似乎要求机器人能做出非常复杂的决定，因为它们相比所谓的框架问题而言要复杂得多。针对这类问题，没有明确的标准来检查所提议的解决方案是否能被接受。在家务劳动中，我们通常会下意识地寻找、组织和选择各类相关信息，然后根据这些信息来做出决定。家务劳动的环境是在不断变化的。例如，洗衣篮中的东西和需要折叠的衣服每次都会发生变化。有时候衣服甚至是里外翻过来的。这些变化人类早已习以为常，如果迫使机器人适应这种变化，这个问题就是人工智能领域框架问题的基础，非常难以表述。

加州大学伯克利分校的研究充分体现了这种难度。该研究旨在开发一个能够折叠干净衣物的机器人。研究者逐渐发现，通过机械来折叠织物何其困难，尽管这项工作对人类来说轻而易举。最终，他们开发了一款机器人，可以花费近 25 分钟时间来折叠一块毛巾。同样，烹饪机器人的第一台原型机充分说明，就算是将鸡蛋打入平底锅内都是一个难以逾越的障碍。憧憬着在不久的将来我们就不用亲自做饭了？这个梦想依然相当遥远。不管怎么样，在高度结构化的环境下早已经有了烹饪机器人。在这些环境下，烹饪被简化成了一系列基本动作，蔬菜都已经预先切好并且洗好，供机器人使用。而且配料也早已经按比例放在固定位置。对于特定的某道菜，机器人会遵循预先编程的指示拿取所需的配料，然后将它们放在锅内，搅拌在一起。烹饪机器人可能不适合家用，但在学校咖啡馆和军营中可能会派上用场，因为那些环境都是批量生产，而且都配备了预制的厨房。

为了应对烹饪的复杂性，就必须对环境进行合理化，即在非结构化的环境里创造一个封闭的微环境。洗碗机这种非常成功的家电就是个很好的例子。人工洗碗时主要靠擦洗来清除油污，洗碗机重新定义了洗碗的方法，改为向碗碟上喷射热水，由此营造了一个封闭的微环境来处理非结构化动态环境中洗碗这项复杂的任务。另一项较新的家电途碧（Tubie）熨烫机器人，已经上市，售价为 1 100 美元。有了途碧，熨烫衣服的过程也被重新定义。途碧是一个玩具娃娃，消费者可以将衣服套在它身上。接着马达会给这个娃娃充气，接着热风从衣服上吹过，由此完成熨烫每件衣服大概需要 5 分钟。相比于洗碗机而言，尽管我们不用亲自动手去熨烫，但我们在整个熨烫过程中必须时刻在场，将衣服给娃娃穿上或脱下，并且完成充气过程。因此途碧并不能自主完成熨烫工作，而且如果我们使用传统的蒸汽熨斗的话，熨烫衣物所花的时间相比还要更短一点。

对环境进行合理化的过程同样适用于扫地机器人。如前文提到的，这个过程被称为鲁姆巴化。在使用机器人前，必须针对环境进行一定的准备，以便机器人正常开展工作，例如不会吸走购物发票等。在清理房间时，我们会发现各种各样可以丢掉或不能丢掉的东西，例如掉下来的乐高积木要放回积木收纳箱，地板上的发票也许要先看看要不要保留再决定是否丢掉。所有这些决定都不可能（尤其是当下）让一台扫地机器人来做。为了让它们能够做出这些决定，工程师们正在尝试将它们与认知控制系统相连，从而让机器人变得更加聪明。国际机器人项目“能学习复杂的日常操作、基于经验的联网认知型机器人”（Web-Enabled and Experience-Based Cognitive Robots That Learn Complex Everyday Manipulation）就是为了实现这一目的。该项目开始于 2011 年，由欧盟委员会提供资金。此类认知控制让机器人可以从互联网上查找可用的信息，然后再将这些信息转变为合适的行为。想想那些网络教学、在线字典以及在线百科全书。通过这种方式，家用机器人会同人们期待的那样，根据网络搜索到的菜谱来烹饪简单的菜肴。此外，大量基于机器人技术的家庭自动化解决方案（见第3章）和环境智能①正在进入普通家庭。现在有许多针对智能家用机器人应用的研究，但截至目前，机器人开发人员总是遇到一个问题，即家务活的难度比我们此前想象的要大很多。

由于家务劳动的错综复杂，家用机器人都是单一功能的：它们只能完成某一特定家务劳动的一部分。这些机器人要想成功上市，将必须能够完全接替和完成特定的任务，真正减轻人们的家务负担。相比于家用机器人而言，现在每周请一个能干的清洁工来打扫可能效率要高出许多。

家用机器人的责任划分

家用机器人的使用并没有带来什么紧迫的道德问题。主要的道德问题就是在家中配

---

① 环境智能更多地强调人类的舒适性（营造智能家庭等），而不是机器人的具体行为。进一步配备了智能化功能的机器人也可以被归纳到环境智能之下。——译者注

置这类设备的安全性，即开发出可靠的机器人，不会挡路，同时大幅降低事故风险。家用机器人的自主程度会影响到机器人的行为结果和可能的法律后果。阿萨罗（Asaro）认为，只要机器人不会自主采取行动，其责任划分就不会存在什么法律问题，不管事故是源于意外还是机器人独立做出的决定。关于产品责任的民事法律将适用于此类机器人可能造成的伤害，因为不管是目前已经上市的还是短期内将上市的机器人都可以被视为一种工具，就像玩具、武器或汽车一样。

当机器人能独立采取行动或进行决定时，一切就会发生彻底的变化。尽管解决责任划分问题的需求比较紧迫，但鲜有讨论人机交互相关法律问题的文献资料。目前尚未有法律法规涉及这些机器人造成事故时的责任划分问题。舍雷尔（Schaerer）、凯利（Kelly）和尼科列斯库（Nicolescu）提议，根据"将机器人视为动物"的原则来为人际交互的责任划分制定具有创造力的框架。因为半自主机器人通过编程能在可预料的行为范围之内采取行动。

> 基于这点，我们的过失理论变得相当清晰明了。半自主机器的主人应该为该机器的管理疏忽承担责任，如同主人应该为家养动物的管理疏忽承担责任一样。半自主机器就像家养的动物一样，比野生动物更容易预测，但偶尔会存在意料之外的行为——即使不存在任何制造或设计缺陷，或者即使受到过充分警告，例如"时刻注意对该产品的看管。"（舍雷尔等人）

这个框架涉及两步分析：（1）确定该产品是否存在缺陷。如果存在缺陷，那么制造商应该为此负责，分析结束。如果不存在缺陷，那么进行第二步；（2）确定主人是否存在疏忽。如果存在疏忽，那么主人就应该负责。如果不存在疏忽，那么受害者个人承担事故损失。

例如，如果扫地机器人撞到婴儿并导致其严重受伤，制造者或许要为扫地机器人的缺陷负责。如果机器人不存在缺陷，那么我们就要检查，是否因为机器人主人的疏忽而导致了这场事故，因为受害者是一名婴儿，而且身处可预见到的危险区内。换言之，任何有理智的人都会认为是监管疏忽导致的事故，而且这起事故是可以预见的。

舍雷尔、凯利和尼科列斯库所提议的框架已经制定，针对的是自主性远远低于人类的半自主机器人。未来，我们也许可以创造出拥有道德自主性，甚至是在法律上能承担责任的机器人。那么，法律责任、法律义务和法律行为等许多问题也会相应出现，因为机器人可能会突破使用者的控制。不过机器人目前还没有达到这种状态，而且要实现这种状态似乎还需要数十年的时间。因此，目前谈论法治和裁决等没有太大意义，原因就在于这类言论只能基于对机器人技术发展的一些期望，而非具体的法律问题。

2013 年，国际电工委员会（International Electrotechnical Commission，IEC）拟定了一份扫地机器人和清洗机器人安全性的国际标准 IEC 60335-2-2。该委员会表示，清扫机器人的安全性同所有家电设备一样，都是必不可少的。该国际标准为扫地机器人的设计、制造、整合、安装以及使用等的安全性提供了可靠的指导。

仿生机器人：陪伴

这些机器人会与人进行互动，因此要求它们拥有一定的社交智能，这种社交智能就建立在人类认知和社交能力的深度模型之上。陪伴机器人在设计时遵循拟人化原则，即将人类的特征和行为赋予非人类的物体，也就是赋予可进行社交互动的机器人。关于机器人的社交互动，其目标就是让机器和人类能够共同进行一项活动。陪伴机器人的重要目的就是与使用者合作，让使用者充满活力，感到开心。因此陪伴机器人也会在家中与人们打交道。制造者的主要设计目标就是让陪伴机器人能够进行非语言的交流，而且能够传达情感，因为它们都具有一定的形态。因为机器人都设计有身体，所以它们通过身体进行沟通的能力就可以得到大幅扩展。身体语言可以与说话同时使用，例如通过触摸、手势、温度、手感或者是交换面部表情来进行沟通。具身化这点将会在后面进行探讨。由于有机械化的身体，机器人也可以综合使用多种沟通功能来完成其他任务，例如家务劳动、追踪日历和购物清单以及阅读报纸上的新闻等。但机器人的行为也可以只是出于纯粹的社交目的，如陪伴或娱乐。创造者们表示，私人生活空间会是这些新社交机器人面向的市场。

尽管陪伴机器人目前只能进行非常简单的沟通，而且在很大程度上可以预测到它们的回答，但这些都推动了研究者们继续进行开发，以实现更高效的互动。何种机制可以鼓励人机之间的沟通？人机之间会出现什么行为？人与人之间究竟是如何进行互动的？这些知识目前都是欠缺的。这些知识对于机器人设计来说是至关重要的，因为社交机器人的成功与否就取决于成功的互动。这方面的研究目前才刚刚起步，而且当前隶属于人际交互学科。后面我们还将简要介绍人机互动当前的发展状况，以及该学科目前的焦点。

鉴于使用者都非常喜欢拟人化的方法，所以这些机器人会快速让人产生亲近感。人机互动的机械化（合理化）也会带来去人性化方面的道德问题。我们也会在后面详细讨论该问题。

机器人的身体

在雷（Ray）、蒙代达（Mondada）和西格沃特（Siegwart）等人的研究中，他们发现，人们并不喜欢家政机器人看上去和人一样，而是希望机器人看上去更像是一台小型机器。这台机器应该也能匹配室内环境，从而让主人接受它时不会感到太突兀。不过对于陪伴机器人而言，仿生的形状有助于机器人更好地履行自己的职责，即与人类打交道。例如，如果陪伴机器人有面部，可以使用自己的眼睛、嘴巴、耳朵和眉毛来表达各类情绪，那么它就能够与人类进行直观的沟通。不过陪伴机器人有一个惊人的共同点，即它们在外观上完全不像人类。它们通常会呈现出一种幼稚的或抽象的生命体（见下列专栏）。对于陪伴机器人的大多数设计者而言，关键在于通过语言和非语言的方式进行沟通，机器人的外表相对而言并没那么重要。但是非语言的沟通方式可以通过机器人的身体来进行，如面部表情、目光、身体姿势、手势或者情绪等。方、诺巴克什和道廷阿汗则认为，陪伴机器人并不一定要看上去像人类或某种动物。不过它们的设计必须让使用者感觉有兴趣去与它们进行互动。真实感非常重要。玩具海豹帕罗在外观设计进行更改后才大获全胜。帕罗最初被设计为猫咪的形状，但结果显示，人们觉得这个玩具猫的反应不够真实。于是帕罗被重新设计为海豹的形状，我们多数人从未玩过真正的海豹，所以帕罗机器人反而让人感觉相当真实。

菲比

菲比（Furby，见图 2-2）由日本老虎电子公司（Tiger Electronics）设计，在 1998 年被推出。自面市以来，这款智能毛绒玩具被进行了大量的宣传。一年里，该玩具共售出 180 万个，次年的销量达到了 1 400 万个。菲比的总销量达到了惊人的 4 000 万个。2005 年，经过孩之宝（Hasbro）改进后的另一款菲比也被推出，但两年后这款菲比停产。与往常一样，狂热慢慢消退，大家的兴趣也逐渐消失，将菲比丢到了橱柜里，甚至是丢入了垃圾桶里。2012 年，这股热潮又重现。孩之宝公司推出了新款菲比，即菲比 2012 版。这款菲比有着更为昂贵的液晶显示屏眼睛，可以做出更多种表情，有苹果和安卓应用，而且能够根据使用者的行为来相应地改变个性。一年后，一款新菲比又再次面市。菲比小精灵（Furby Boom）的“反应种类是前一款菲比的两倍之多，能记住你给它取的名字，有 5 种新个性可供人们去发现，此外，它还能孵出下一代！”菲比小精灵成为 2013 年最畅销的玩具。为了避免菲比 2012 款和菲比小精灵走前一款菲比的老路，迅速让人们心生倦意，这些菲比都与一款智能设备相连，如 iPad，由此强化使用者的体验。

图 2-2　菲比与本书作者之一

菲比是一个有着柔软长毛的萌物，它也是人类创造、第一个商业化且广受欢迎的人造生命。我们可以将菲比视为虚拟宠物拓麻歌子（Tamagotchi）的接替者（见图 2-3）。拓麻歌子是一个蛋形塑料设备，里面装配有一台带液晶显示屏的小型计算机，显示屏上可以显示出饲养的“动物”。该产品在 1996 年被推出，几年内的销量超过了 4 000 万台。宠物机器人菲比则是下一股热潮的主角，并且它让虚拟宠物有了具体的形状。借助传感器，菲比可以对人们的触摸做出一定的反应，而且能够用菲比语言进行交流。该语言的词汇只有 200 个简短的单词。许多人猜测菲比可以“学习”人们对它说的那些话，甚至是记录下机密信息，由此可能影响到国家安全。这种想法导致美国国家安全局官员在 1999 年禁止菲比出现在其马里兰州米德堡的办公室里。因为菲比是一种毛绒玩具，所以会无意间会让其主人感觉它可以与人们进行沟通，而且能够模仿情绪。菲比相当敏感，给它的拥抱越多，它就越能表现出某个特定行为，而且频次也越高。不过菲比的主人并不能完全控制菲比，因为其程序设计会让它有时候偏离人们可预测的模式，就像人类一样。

菲比的成功促使菲比宝宝（Furby Baby）在1999年被推出，新菲比有了其他程序和特征。第二代菲比 Emoto-Tronic Furby 在2005年10月被推出。新一代菲比可以通过面部特征识别和语音识别技术来表达更多的情绪。它还能模拟呼吸。但这款菲比在2007年已停产。

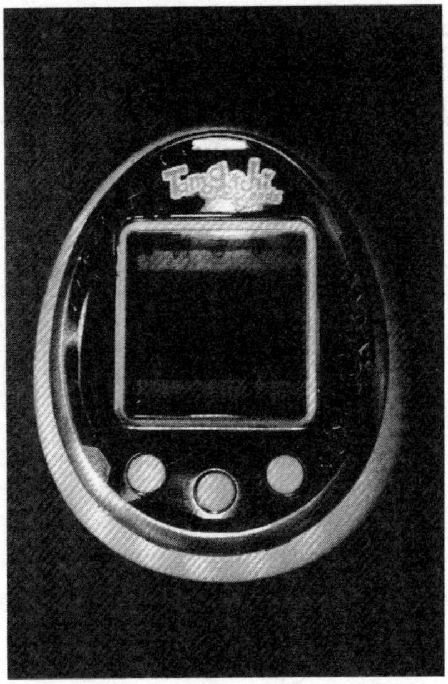

图 2-3　拓麻歌子

AIBO、NAO 和 JIBO

AIBO 是一款外形像狗的陪伴机器人，是由索尼公司开发的，1999年上市（见图 2-4）。AIBO 是人工智能机器人（artificial intelligence robot）的简称，在日文中也是朋友和伙伴的意思。因为售价高达1 100美元，所以销量并不大，总计大概为15万台。2006年，这款机器狗因为不能创造利润而停产。有人认为，这款机器人是实用性的受害者，也是为了创新而创新的牺牲品。

该机器狗可以相对平稳地移动，但是速度较慢，而且它懂得很多舞蹈和小本领。它也可以表达六种情绪，包括惊奇、开心、不开心、生气、伤心和害怕。

AIBO 还内置了好奇、饥饿（需要充电）、睡觉、爱以及极度活跃而动个不停等众多“本能”。例如，它能够玩球。鼻子内的色敏传感器可以让它观察到颜色艳丽的球。和菲比待一会儿，AIBO 也可以学习到小本领。

图 2-4　AIBO

AIBO 慢慢地变得更为复杂。后来，AIBO 里配备了语音识别、语音合成、内置摄像头以及更多数量改良的触觉传感器。它也可以响应越来越多的指令，最新版本可以听懂的指令达到了 100 多种。在“饿了”的时候，AIBO 会自己跑去充电。

AIBO 被广泛用于人机交互研究，而且也被视为多种计算机试验的平台。例如在 2008 年以前，该机器人一直被用于国际机器人足球比赛——机器人世界杯（RoboCup）。2008 年，在索尼 AIBO 停产后，法国阿尔德巴兰机器人公司（Aldebaran Robotics）拥有两条腿的类人机器人 NAO（见图 2-5）替代它参加了比赛。NAO 主要被用于大学和实验室内的人机交互的研究和教育。NAO 拥有 25 个自由度，可以进行大量的动作（行走、坐下、站起、跳舞、绕过障碍物、踢和抓住东西等）。内置计算机和 WiFi 连接是标配，所以 NAO 是完全自动的，能够与互联网进行安全连接，下载和广播内容。NAO 还配有语音识别系统，能够定位声音的来源，从而将头转向声音的方向。它还有将文字转化为语音的功能，所以能够将发送给它的文字拼读出来，从而与环境进行语言交流。NAO 的售价为 6 500 美元。

图 2-5　NAO

JIBO（见图 2-6）是世界首台家用机器人，只有 28 厘米高，外加一个 15 厘米高的基座，重 6 磅。它装有彩色摄像头、麦克风和声源定位系统、全身触控以及触摸屏面孔。它看上去就像是一只白色的眼睛，分成两部分来分开旋转，向你打招呼，为你拍照，给孩子们读书、检查电子邮件以及进行日程提醒等。JIBO 是麻省理工学院机器人研究员辛西娅·布雷西亚（Cynthia Breazeal）多年的研究成果。她解释说，JIBO 是为了"让家人们相互联系、彼此协调和共同玩耍，提高组织能力，也是一种新的视频电话和远程呈现的方式"。布雷西亚最初创造了凯斯梅特（Kismet），这款机器人头是为了与孩子们进行互动。同 JIBO 一样，凯斯梅特也能模仿人类的情绪，而且有部分五官，如眼睛和嘴巴，但目前尚未商业化。

JIBO 也可以唱歌、跳舞，但不能走动。其核心能力就是让内容活灵活现，吸引人们的注意力。但 JIBO 的潜力不止是吸引人们进行聊天和完成日常任务。它可以通过 WiFi 连接互联网，然后使用云更新系统。该软件开发工具可以让第三方设计利用 JIBO 上的新工具，并且利用部分脚本来打造自定义交互。布雷西亚表示，JIBO 也是一种人类赋权，可以在教育孩子、医疗卫生管理和帮助老年人方面发挥巨大作用。

图 2-6　家用机器人 JIBO 和辛西娅·布雷西亚

研究显示，只有真正看上去像人类的机器人，即类人机器人才能激起人们的反应，这种反应类似于人与人打交道的方式。当机器人看上去更像人类时，我们就会有种熟悉感，从而沟通更加顺畅，被其吸引的时间也就更长。相反，看上去非常像人类（但并非完全一样）的机器人会让我们感到厌恶，感觉就像是看到一具僵尸。这种效应可以用恐怖谷来解释。一个日本研究小组已经成功地跨越了恐怖谷的局限。该小组的领导者是石黑浩教授。这个小组开发了 Repliee Q2 机器人，也是当今最先进的机器人之一。这是一个女性类人机器人，她的皮肤由柔软的硅胶制成，能够眨眼，甚至看上去有呼吸感。她也会表现出无意识的人类动作，例如打哈欠等。通过对口型，看上去就像真的在说话，不过她只能背诵预先录制的信息。她不能针对任何信号做出反应，也无法进行社交互动。目前，研究人员正在研究如何让她能像人类一样自然地行走。事实证明这绝非易事，而且需要多年的研究。

Repliee Q2 机器人被用于人类行为的研究，以分析哪些手势和面部动作是必不可少的，能够给机器人以真人的感觉。对于研究人员而言，难点就在于最终制造出一个在外表、动作和手势上与人类并无二样的类人机器人。在一次接受采访时，石黑浩表示他并不幻想不久的将来就能实现这点，因为可能需要 30 多年的时间才能开发出具体的应用，如前台或向导。类人机器人最终在外表和行为上能与人类完全无法区分吗？对于这点他表示怀疑。他表示也许这种机器人在 100 年后能变成现实。

图 2-7　女性类人机器人 Repliee Q2

人机交互（HRI）

人类的语言和行为丰富多样，而且社会实践错综复杂，因此人机交互面对着许多或大或小的设计问题。机器要如何才能吸引人类使用者的注意？反过来，人类使用者又要如何吸引机器的注意？要如何对机器加以控制，从而使机器和人类使用者可以轮流说话，就像是平常的对话一样？人和机器人要如何在面对面对话之前有眼神交流，就像是开始对话的信号一样？机器人如何能从人类的语调中判断出某句话是不是在提问？机器人如何区分不同的触摸类型（例如敲打、推和击打），然后做出正确的反应？人机交互这个学科就是要研究互动中的这些微妙元素。

人工智能领域的专家们认为，人与机器之间的互动可以被大幅简化，前提就是机器可以使用自然语言。此外，图灵早已经提出，自然语言是智能最基本的特征之一。目前仍然广为人知的聊天工具伊莉莎（Eliza）是 1966 年由约瑟夫·魏泽堡（Joseph Weizenbaum）开发的。该计算机可以与人类通过打字沟通，扮演罗氏疗法心理治疗师。人们在同伊莉莎交谈时，通常意识不到自己是在和一台计算机进行沟通，而并非是在和其他人类沟通。伊莉莎算不上是智能的。当聊天主题脱离了伊莉莎的领域，那么与它的对话就会变得荒谬可笑，因为它的句子结构都是基于固定的转换规则。单单从使用自然语言这点来判断机器是否智能还不够，这是因为该机器还必须拥有并使用常识，心理治疗领域的人只要只言片语就能理解那些常识。这类沟通被证明对机器来说相当困难。人们在神经系统科学里找到了答案。在神经系统科学里，人们针对学习领域进行了研究。基本思路就是像我们人类一样，从零开始，通过不断地进化来教机器学习语言。尽管有这些方面的努力，但直到现在，与机器和机器人通过自然语言进行沟通的工作依然困难重重。

与机器进行沟通的价值不仅仅在于口语表述，也在于面部表情、眼神、身体姿势、手势和情感表露等方式的交流。人际交互学科的焦点之一就是为机器人建立情感能力，而那也是进行有效互动所必需的。在《情感计算》（*Affective Computing*）一书中，罗莎琳·皮卡德表示，在人类情绪沟通中有三项情感能力在发挥作用，分别是识别他人情感的能力、表达自身情感的能力以及真正拥有一定的情感。在该领域最著名的研究者就是来自美国的人机交互专家辛西娅·布雷西亚。她正在就“移情”机器人展开研究，例如凯斯梅特。凯斯梅特可以使用自己的眼睛、嘴巴、耳朵和眉毛来表达各种情绪并做出相应的动作。凯斯梅特可以识别部分情绪，但要识别人类所有的情绪似乎还远远达不到。不过在杜（Du）、道（Tao）和马丁内斯（Martinez）等人进行的研究中已经开发出了人脸识别的计算模型。他们声称该模型对六种基本情绪的识别准确率达到了 96.9%，而且对复合情绪的识别准确率达到了 76.9%。机器人对人类情绪的反应在很大程度上是基于镜像机制：当一个人笑时，另一个人也会感受到笑。尽管这种研究仍然处于试验阶段，但从技术角度来说，未来机器人似乎可以针对所识别的部分情绪做出反应。第三种能力，也就是拥有情感的能力，目前仍然相当遥远，而且也是哲学家们的一个研究主题：机器人能够拥有情感吗？对人机交互来说，这个问题是无关紧要的，因为就像凯斯梅特机器人一样，可以模拟出拥有情感。布莱恩·达菲（Brian Duffy）称这种情感模拟为“虚假的力量”。

随着人机交互领域的发展，我们必须懂得使用者如何长时间同机器人进行互动。莱特（Leite）、马丁霍（Martinho）和派瓦（Paiva）发现，商用机器人的能力有限，这导致人们最初的期望和他们与机器人真正的互动体验之间存在差距。另一方面，“即使新鲜感消失，人们在后面同机器人进行互动时还是会让机器人走近自己。这些结果显示，社交机器人有机会进入人们的家中，只要它们能够在较长的时间里吸引使用者。为此，机器人的功能性（换言之，它如何帮助使用者来完成日常家务）似乎就成为了一项主要的决定性因素。”

人们如果定期与他人或其他物体打交道，就会逐渐在自己和他人或物体之间建立起一定的纽带。进一步来说，这也意味着我们会同类人机器人培养起友情，甚至是某种亲密的关系（利维的第二个预测）。利维认为还必须取得众多的技术突破，尤其是在人机交互领域，如相互对话方面。在人机交互领域，让机器人交朋友是一个科学目标："最高成就就是它们能够成为我们的朋友，就像我们也可以成为它们的朋友一样。"问题就在于，这种人类与机器人之间的友情是否可能。在迪伦·埃文斯（Dylan Evans）看来，人类与机器人之间不可能存在真正的友情。友谊的关键在于它不是一种无条件的感情。亲密的友情是一种自相矛盾的东西：一方面，我们希望朋友可靠，不会让我们失望，但另一方面我们又不想一门心思全放在这个朋友身上，因为那样我们就会失去兴趣。此外，埃文斯也提出，只有当机器人能够真正感受到痛苦，我们才会去关心它们。如果机器人感受不到痛苦，我们就只会把它们当作玩具。这进一步带来了道德问题，例如，我们是否应该开发出能感受到痛苦的机器人？我们是否应该给予机器人一定的权力？

社交技能退化

人机交互将机器人与人类之间的互动机械化，从而带来了去人性化方面的道德问题。这种去人性化主要涉及社交技能退化，即保持人际关系所必要的技能会消退。

人们赋予了机器人一定的心理状态，甚至是道德状态，此前我们认为这是活着的人类才有的特征。研究显示，相比于玩偶或泰迪熊而言，儿童更喜欢玩具机器人，并将它们视为朋友。这也对儿童的社会发展产生了影响，因为儿童常常是与社交机器人打交道。英国机器人技术专家阿曼达·夏基和诺埃尔·夏基在不断质疑针对儿童开发的保姆机器人，因为他们认为这些机器人会破坏儿童的情感发展和社会发展，导致儿童在同他人建立关系方面会出现问题。美国工程心理学家雪莉·特克则担心孩子们会习惯于同程序完美且积极的机器人建立起完美的友谊，所以不会懂得如何与那些有着自身的问题和坏习惯的真实的人打交道。

伦理学家罗伯特·斯派洛（Robert Sparrow）早已经表述过自己的担忧。他担心陪伴机器人是真实的社会互动的"假象"。机器人所表达出来的情感肯定会带来感情纽带，但机器人永远不会有这种感情，因为它们所表现出来的情感事实上只是模仿，因此这其中就存在一定的危险。斯派洛认为："模拟可能会带来真正的道德危险，让我们误以为这些创造出来的机器拥有感情。"对特克而言，社交机器人的发展令人担忧，而且她担心人们会丧失自己的社交技能，变得越来越与世隔绝。即使人们喜欢自己的陪伴机器人，但与人类之间的互动减少可能会导致他们的社交能力降低，并因此无法履行居民的责任。由此特克认为机器人是一种巨大危险的标志，它会导致我们不愿意再付出必要的努力来保持正常的人际关系：“依靠机器人表面看起来毫无风险，但当一个人习惯了不提要求的‘陪伴’，与人打交道似乎就变得让人难以忍受。依赖某个人是相当有风险的，因为它让我们成为了被拒绝的对象，但它也让我们有机会去深入了解对方。”机器人的陪伴可能相比人类的陪伴而言要更受人欢迎，因为我们人类感觉自己可以控制人机关系，而且机器人不会像人类一样对我们做出评判。但这些观点仍然停留在猜测上，因为关于陪伴机器人对儿童和成人的真正影响的研究还相当有限。

类人机器人：性爱机器人

数十年来，很多科幻小说都会涉及性爱机器人的内容。例如，在1973年的反乌托邦科幻电影《西部世界》（*West World*）里，富有的游客们沉迷于一个主题公园，公园内的工作人员都是机器人，能满足他们的各种需求，包括性需求。性通常是推动人们接受新技术的一种幕后力量，如互联网、录像机、有线电视和光盘产业的兴旺。例如，录像机一直算不上技术创举，直到被色情行业掌控才获得了巨大的成功。从事色情行业的人有一个出色的设想，即家里有录像机的人可以随意观看色情影片进行娱乐。性爱机器人也可能会成为推动社交类人机器人获得进一步发展的动力，同时也推动拥有多项功能的社交类人机器人被人们所接受，例如照看小孩、日程提醒、购物提醒以及提供在互联网上找到的特定信息等。

对于前面所介绍的机器人而言，娱乐是其核心。这些机器人会邀请人们去进行学习或关怀他人。在本节中，我们会讨论另一类陪伴机器人，即性爱机器人。这类机器人的目的是提供人机之间亲密的身体接触。性爱机器人的主要特征在于其身体。相比陪伴机器人，性爱机器人的外表和触感更像人类，以模仿人类在发生性关系时的表现。对性的合理化有一定好处，但也在认可度、去人性化以及与儿童机器人发生性关系等方面带来了一些严重的道德问题。我们首先来介绍第一款女性性爱机器人洛克斯（Roxxxy）。

洛克斯

2007年的时候，62岁的苏格兰国际象棋大师大卫·利维（David Levy）当时住在伦敦。当年他凭借论文《同人工伴侣的亲密关系》（*Intimate Relationships with Artificial Partners*）获得了博士学位。该论文的主题就是人类与机器人之间的爱和性。他在荷兰的马斯特里赫特市完成了自己的论文，因为该主题在英国属于禁忌话题。在论文中，以及在后来的公开版本《与机器人的爱和性》（*Love + Sex with Robots*）中，利维表示，到2050年人和机器人之间的缠绵将被视为是一种常态。利维也希望第一款性爱机器人将在几年内上市，而且与机器人进行性交将会不可避免地成为一种流行的人类活动。他的第一个预言已经变为现实，因为性爱机器人现在已经开始在互联网上销售。2010年1月，在拉斯维加斯的AVN成人娱乐博览会（AVN Adult Entertainment Expo）上，第一个女性性爱机器人洛克斯揭开了面纱。这款机器人甚至可以说话。

洛克斯身高1.7米，重55千克（新版减轻了重量，只有25千克），预设了五种个性，分别为奔放猎奇的狂野温蒂（Wild Wendy）、保守害羞的冷淡法拉赫（Frigid Farah）、慈母般的成熟玛莎（Mature Martha）、性虐待型的苏珊（Susan）以及纯真可爱的洋子（Yoko）。消费者还可以进一步定制自己的性爱机器人，比如肤色、发色、发型和胸部大小。洛克斯的结构与人体一致，而且皮肤是合成的，能够显示心跳，可以移动和对触摸做出反应。此外，她还可以进行简单的对话。在精心编程后，她甚至可以谈论客户感兴趣的话题。

图2-8　性爱机器人洛克斯

洛克斯内部设置了多处传感器，以确保她会对触摸做出反应。该机器人可以通过无线网络连接互联网进行更新，以扩充自己的能力和关于照顾洛克斯的说明。洛克斯主要是为了改善个人和其伴侣的性生活。这款机器人也能为孤独的人和那些想把幻想变为现实的人提供陪伴和无条件的爱。洛克斯的发明者是真实伴侣公司（True Companion）的道格拉斯·海恩斯（Douglas Hines）。他希望能创造出一个玩偶，可以与主人对话，彼此之间建立起一种纽带。但真正的爱是不涉及金钱的，购买这个性爱机器人则需要花费5 500美元。

为了照顾女性的需求，该机器人的男性版本也正在开发当中，名叫洛基（Rocky）。道格拉斯·海恩斯表示，洛克斯在2010年诞生之后很快就收到了4 000个订单。但截至目前，还没有哪个洛克斯玩偶的消费者露过面，所以商业化的洛克斯玩偶是否生产过令人生疑。一个原因可能在于恐怖谷问题（参见第1章）。性爱机器人看上去有点像正常的人类，但它们的行为还不够像人类。这会导致强烈的不安全感，而且人们可能认为这些人偶令人毛骨悚然。

性爱机器人的好处

利维认为，在不久的将来，性爱机器人将会成为比人类更好的性伴侣。未来的性爱机器人的“大脑”内将有完整的性爱百科全书：塞满了来自世界色情文学、性治疗和印度爱经的种种技巧和伎俩。其主要的优势就在于性爱机器人能耐心地教授人们做爱的艺术，所以当男性不太确认自己在床上的表现时，就可以接受自己的性爱机器人老师给自己私人授课，而且不受次数限制。利维提到的第二种优势就是许多因为没有性生活而受到影响的夫妻关系将会得到挽救，因为没有人会再被迫接受糟糕或凑合的性生活。另一个优势就在于当人们对自己的性取向没有把握时，可以通过女性和男性性爱机器人进行试验。在一些情况下，这些机器人可以满足人们的非法性爱欲望，例如恋童癖。这些机器人也可以被用来治疗潜在的问题。

对于社会整体而言，性爱机器人也能带来一定的好处。利维认为，意外怀孕、性传播疾病和艾滋病毒等情况将会减少。如果性爱机器人被多位客户重复使用，消毒不到位也可能会带来感染的风险。性爱机器人也可能会有助于终结卖淫和性交易这两大问题。卖淫的问题相当严重，9个国家（加拿大、哥伦比亚、德国、墨西哥、南非、泰国、土耳其、美国和赞比亚）的研究结果明显暴露了这个问题：卖淫的女性中，90%希望能够结束这种生活；60%~75%的卖淫女在卖淫中曾被强奸过，而且70%~95%的女性在卖淫过程中身体曾经受到过攻击。保守估计，全球性交易的受害者数量达到了450万人。雷蒙德（Raymond）的研究显示，卖淫的合法化（如荷兰）并不会让卖淫活动或性交易中的女性情况得到改善。但像瑞典、挪威或芬兰那样禁止嫖娼似乎是一种前景看好的解决方案。禁止嫖娼是指妓女并不会受到惩罚，但那些花钱嫖娼的人会受到惩罚。这种规定的最终目的就是“通过解决卖淫和性交易的根源来保护性交易中的女性。根源就在那些认为自己有权花钱购买女性并对她们进行性剥削的男性”。在这些国家，嫖娼的男性数量已经减少，而且当地卖淫市场不再那么赚钱，由此性交易者会选择去其他利润更高的地方。性爱机器人在这些国家可能会流行开来，比如情趣玩偶现在因为韩国禁止嫖娼而在该国非常流行。在那些性交易合法化的国家里，性爱机器人也有助于解决性爱奴役和拐卖妇女的问题，因为性爱机器人的服务质量可以与人类相媲美。它们也会推动人类的性工作者的数量减少。

约曼（Yeoman）和马尔斯（Mars）给大家描述了未来到阿姆斯特丹进行性爱旅游的场景。2050 年，阿姆斯特丹著名的红灯区将全是类人机器人妓女，它们都没有性传播疾病，那里也没有从东欧偷渡过来而被迫卖淫的妓女。市议会将会直接控制这些类人机器人性工作者，对价格、操作时间和性服务质量等进行控制。约曼和马尔斯推断，如果“此类卖淫服务在阿姆斯特丹变为现实，那么那里可能会是世界上最安全和最出色的性爱旅游地点，而且与性爱旅游相关的社会问题都将马上消失”。

利维提出，性爱机器人的好处为它们在道德方面找到了存在的合理理由，而且大多数人会因为性爱机器人的积极作用而将它们视为是一种“道德的选择”。利维认为这类性爱机器人的开发也存在一定的负面影响，即多余的人类性工作者将不得不退出这个行业：“性工作者的冗余问题是一个重要的道德问题，因为多数情况下，人们将卖淫作为一种职业是因为她们没有其他方法赚钱谋生。”卖淫是否会像其他人类工作一样容易出现技术性失业呢？对此达纳赫（Danaher）有所怀疑。他提出了一个强有力的理由，与性爱机器人相比，人类性工作者仍然颇具竞争力。他的观点基于一点，即“尽管性爱机器人有那些所谓的优势，但在未来的人类性服务方面，对人类性伴侣的偏爱仍然会是一个重要的因素”。此外，他认为其他行业的技术性失业可能会加大人类性服务工作者的供应量。

社会和道德问题

文化层面上对性爱机器人的认可

短期来看，对性爱机器人的需求会相对较小，因为目前价格偏高，尽管人们似乎比较感兴趣。美国电气电子工程师协会2009年进行的民调显示，在被问到“如果你有一个私人机器人，但它只能做一件事情，你会倾向于让它拥有哪种能力”时，37%的被调查者回答说他们会偏向于选择性爱机器人。利维希望性爱机器人能够快速被引入到性服务行业，因为对多数人而言，只要愿意尝试，租赁一个性爱机器人是唯一的选择。在日本和韩国，出租情趣玩偶已经取得了成功。利维预计性爱机器人也会在此基础上取得成功。利维表示，情趣玩偶妓院的生意相当红火，尤其是在韩国，这是因为那里禁止卖淫。情趣玩偶服务一个小时的费用约为25美元。利维由此推断，如果租赁情趣玩偶已经取得了成功，那么这种情况也会发生在性爱机器人身上。针对这种预测，阿曼达·科罗尔（Amanda Kloer）甚至认为性爱机器人是完美的性工作者，但她也表示：

> 从某种程度上来说，机器人可谓是完美的妓女。它们没有羞耻感，感受不到痛苦，而且创伤也不会给它们带来情感或身体上的影响，而创伤是性工作者常见的事情。作为机器，它们不会成为拐卖的受害者。它肯定会终止卖淫/拐卖之争，这些都是一些不错的效果。尽管如此，我还是要承认它让我感到有些毛骨悚然。难道性爱已经如此廉价，让我们不再介意对方究竟是不是人类了吗？难道商业化的性服务行业已经让性爱变得如此机械化，导致这个行业最终不可避免地机械化吗？

在将性爱机器人引入性服务行业之后，性爱机器人的价格也将下跌，而且它们会面向更多的受众。在2008年接受采访时，利维提到许多男性比较闭塞，因此难以与女性建立起亲密的关系。他说，这些男性迫切想要一位性伴侣，能够超越充气娃娃。利维表示，如果到时候媒体捕捉到这个新趋势，那么性爱机器人的接纳速度就会加快。关键问题就在于，人们是否真的想和机器人发生性行为。密德萨斯大学（Middlesex University）在2014年针对2 000名英国公民进行了一项调查。调查发现，17%的人已经准备好“与类人机器人发生性行为”，而29%的人表示他们能够接受这种功能的机器。41%的被调查者称他们觉得这种想法让人不舒服，而14%的人则表示他们认为不能与机器人发生性行为。

与机器人发生性关系的可能性也许会减少背叛伴侣和通奸的情况出现。但与机器人发生性关系是否会被视为不忠呢，或者与机器人发生性关系会变得像现在使用振动器那样无聊和乏味吗？这些都还是个未知数。性爱机器人和振动器的主要区别就在于性爱机器人被视为是人类的替身（因此与机器人发生性关系很像是与真实的人发生性关系），相比之下，振动器并不是为了取代人类，而只是为了带来特定的欢愉感。葛丽塔·克里斯蒂娜（Greta Christina）认为，性爱机器人的整个思路就是让人们感觉他们是在同另一个人发生性关系，而机器人本身并没有任何欲望。他的观点引发了去人性化这个道德问题。

去人性化

正如阿曼达·科罗尔所说，与性爱机器人发生性关系的合理化带来了一种现实情况，即性关系的机械化。利维仅仅看到了与机器人发生机械化性关系的优势，因为机器人的“行为让人能感觉到，它始终是忠诚不渝的，而且其社交、情感和智力等方面的综合能力远远超越了一般的人类朋友”。在利维看来，我们努力让这些理论上的机器人同伴变成现实是一种道德责任，因为这些机器人可以给我们的世界带来更多的爱和幸福。与利维不同，特克表示，性爱机器人的使用不会带来社会化，反而会导致脱离社会（社交技能退化）。性将变成一种纯粹的身体活动，没有承诺，没有关爱，根本就不是一种爱的表现。她认为会出现一种趋势，人们拒绝发展真正的人际关系，转而选择会社交的类人机器人。为此她提出，当我们与机器人之间的关系变得越来越亲密之后，我们会变成什么样的人？苏林斯（Sullins）回应称，利维忽视了爱的深邃和微妙，也没有看到真正的友情中的志同道合。

> 虽然可以制造出让人们产生性欲的机器人，但不可能制造出能在机器人和其主人之间培养出情爱关系的机器人。相反，随着这些技术的不断发展，我们有了一个工程计划，只能满足（还不是真正的满足）我们的身体和情感需求，对我们的道德发展毫无帮助。

此外，性爱机器人是“模仿”与另一个人发生性关系，可能会导致我们错误地出于真爱而与机器人发生性关系，但机器人永远无法给予人类真正的爱。

与儿童机器人发生性关系

最后必须来讨论一下与儿童机器人发生性关系的问题。对于律师和伦理学家而言，这是一个新问题。儿童色情作品在多数国家都是非法的，但使用儿童机器人并不会对儿童造成任何直接伤害。儿童色情作品在制作和传播过程中会伤害到儿童。我们可以对比一下与儿童机器人和儿童虚拟人物发生性关系。这两种情况都不会给儿童造成直接伤害。2002 年，美国最高法院在阿什克罗夫特诉自由言论联盟案件（Ashcroft v. Free Speech Coalition）中裁定虚拟儿童色情作品（即年轻人或计算机合成的人物扮演儿童角色）受到《美国宪法第一修正案》(*First Amendment*)的保护，不被视为犯罪行为。不过2003年，《保护法案》(*PROTECT Act*)获得通过，以打击那些刻意迎合市场的儿童色情作品，不管这些作品是否使用了计算机合成的人物或者具有童颜的成年人，或者即使这些作品是欺骗性的，根本就不存在。在英国，"涉及虐待儿童的可视资料如果看上去像是拍摄的，则被《1978年保护儿童法案》(*Children Act* 1978)和法庭视为非法的伪照片"，不管图像是通过计算机还是其他方式合成，只要看上去像拍摄的，其中包括影片拍摄。

2011年，荷兰的一家法庭认定虚拟儿童色情作品的拥有者必须接受处罚，原因就在于虚拟儿童色情作品也会成为一种宣传对儿童进行性虐待的亚文化。根据该裁决，荷兰的法官在未来某个时候可能会裁定与儿童机器人发生性关系是一种犯罪行为，但问题在于这一法律会覆盖范围过于广泛。多数国家当前的立法并未涉及与儿童机器人发生性关系的行为。法律可能并没有预见到机器人学的发展会让人类能够与机器人发生性关系，从而也能够与造得像儿童的机器人发生性关系。问题在于法律会如何看待那些与儿童机器人发生性关系的人。如果我们希望抑制宣传对儿童进行性虐待的亚文化的形成，那么也许应该针对儿童机器人色情作品制定相应的法律框架。如果法律被视为道德的公开表述，那么此类法律框架是必不可少的，因为在2010年的一次问卷调查中，90%的被调查者都反对为了满足性需求而开发儿童机器人。

机器人伦理学家们也已经干预与儿童机器人发生性关系的问题。2014年，在加州大学举办的机器人未来发展活动(Our Robot Future)上，机器人专家们也探讨了这个话题。罗纳德·阿金并不赞同为了娱乐消遣而开发儿童性爱机器人。在他看来，"儿童机器人可以被用来治疗恋童癖者，就像为吸毒者提供美沙酮进行治疗一样。并不是假设这样肯定会带来积极的效果，我只是认为值得通过可控的方法来调查如何为社会提供更好的方法来避免性侵累犯。如果我们能够拯救一些儿童，那么这个项目就值得进行。"机器人学专家本·韦(Ben Way)也支持阿金的观点。他在接受《每日邮报》采访时表示："儿童性爱机器人是否可以让部分人走出对真正儿童产生的那些黑暗的欲望？是的，可以，但我也质疑儿童性爱机器人是否能大幅减少虐童者的数量……尽管这种做法看上去令人生厌，但社会应该支持这种技术，并且先对其效果进行合适的研究，然后再根据社会规范果断采取相应措施。我们这个社会整体所能做的最重要的事情，就是竭尽所能减少对儿童的伤害。"很显然，研究是必要的，因为人们担心儿童性爱机器人会鼓励那些恋童癖者冲动行事，而不是作为他们的安全发泄口。正如帕德斯(Pardes)所说："如果我们将恋童癖者视为恶魔，鼓励他们去与奇怪的儿童性爱机器人发生关系，那么我们根本就不可能让这些人恢复正常。”

三类机器人面临的道德和监管问题

在本章中，我们已经探讨过三类家用机器人，分别是机械家政机器人、仿生陪伴机器人以及类人性爱机器人。后面两类机器人可进行社交互动，即机器人的身体和人机互动是拟人化的必要元素，也就是赋予非人类物体以人类的特征和行为，以推动该物体与人类的互动。这种拟人化带来了很多道德问题。

这里我们将简要地讨论一下人们在中短期内对这三类机器人的期望，对主要的道德问题进行总结，并且指出部分监管问题。

家政机器人

关于家政机器人，人们希望能够有多功能机器人，可以完全接手家务劳动，但机器人当前实际的功能与这些期望之间存在差距。当前的发展并没有让我们看到可以推出多功能机器人来为我们完成所有的清洁工作。尽管当前有各种技术发展，但目前家政机器人还只停留在科幻小说里。

扫地机器人和擦玻璃机器人这些单一功能的清洁机器人并不一定会大量出现在我们的家中。事实证明，这些单一功能的机器人效率并不高，因为它们不能完成特定家务劳动的所有内容，而且它们会迫使使用者来调整和组织他们的工作环境。正如我们在扫地机器人和熨烫机器人身上所看到的，它们只能完成部分吸尘和熨烫工作。家务劳动似乎比人们此前所想的复杂得多，这也导致为机器人开展工作所进行的家务劳动的合理化遇到了巨大的挑战，因为这种合理化在基本层面遇到了限制。家务劳动在许多情况下必须进行大量的决定，而这些决定都是基于常识，并没有固定的算法夹杂其中，也就是所谓的框架问题。能做出这些决定的机器人还没有制造出来。

在我们看来，未来要“家家户户都有一台机器人”是不可能的。我们预计这种情况在中短期内是不可能实现的。家用机器人要说服公众相信它们能够完全高效地接手家务劳动，还有许多技术挑战必须克服。

陪伴机器人和性爱机器人

期望值

相较于家政机器人，人们对陪伴机器人的期望值并没有那么多预先设定。其存在目的只是为了沟通、玩耍和放松。需求并不是设定的，而是在互动中出现的。我们看到过去的梦想变为了现实，即设备能模仿人类或动物，可以与我们进行互动。AIBO机器狗、毛绒玩偶菲比、JIBO以及性爱机器人洛克斯，这四款机器人都会吸引我们去进行社交和身体互动。人们会喜欢上机器人，并让它拥有人类的特征。

当然，我们肯定没法举出成功的案例。目前的社交机器人在社交互动上非常有限，而且能预料到，所以消费者的痴迷度不会维持得很久，在较短一段时间之后就会忘记这些机器人。当前，也可能在未来10年里，我们会将AIBO、菲比和JIBO这些现有的社交机器人视为一种时髦的小玩意，而不是将它视为家人或朋友，其吸引力很快就会消失。性爱机器人的发展会怎样，我们不得而知，但性服务行业和一些机器人技术家认为这类机器人会有美好的未来，并且认为性爱机器人会是一种力量，推动社交机器人和人机互动研究的发展。人机互动学目前还处于萌芽阶段，但也是信息和通信技术研究的先锋力量之一，其长期目标就是实现机器人融入人类环境。不过为了能够让机器人成功地与人类进行互动，还必须克服许多障碍，让社交机器人拥有机器人专家们所定义的特征：能观察和表达感受、能够通过深层次的对话进行沟通、能够学习社交技能、能够维持社会关系、能够提供自然线索，例如神态和手势，而且拥有（或模拟）特定的个性特征。社交机器人需要数十年的时间才能发展成熟，拥有这些特点，但现代技术将会让人们能以更好的方式与机器人进行互动，这将是一个循序渐进的过程。

社会、道德和监管问题

仿生陪伴机器人在设计时就采用了拟人化的方法。除拟人化之外，还通过人机交互领域的研究对互动进行了合理化。这种合理化带来了各类社会和道德问题，尤其是与去人性化相关，例如陪伴机器人对儿童发展和人际关系存在哪些影响？人们的担心包括破坏社会发展，尤其是儿童的发展，以及人们不再懂得如何与其他有着各种毛病和坏习惯的人类打交道，甚至不愿意去培养和维护长期关系。与机器人之间的关系没那么紧密，这让人们不太懂得去体恤他人，因为大家会避免亲密关系。也有人担心随着人们越来越依赖机器人，其社交能力会退化。目前在该领域尚未进行过太多研究，但我们必须考虑界限问题，即陪伴机器人在哪些地方和何时能带来积极的社交效应，哪些地方又可能会导致社交技能退化？我们应该去关注机器人学对社会资本的影响，这个问题应该提上公众日程。

类人性爱机器人是对性欲进行合理化的终极标志，也许在未来能够有助于解决性奴役和女性拐卖的问题，这个问题目前被众多政客忽视了。只要各国的政策制定者像瑞典、挪威和芬兰一样不愿意禁止卖淫，那么他们就应该鼓励机器人妓院的建立。但是，必须先确定性爱机器人是否真的可以替代那些为嫖客提供服务的人类性工作者。这个领域的研究目前仍然欠缺。

陪伴机器人的去人性化带来了相关的道德问题，这点对性爱机器人而言同样存在。除此之外，性爱机器人也提出了与儿童机器人发生性关系的问题，以及与儿童机器人发生性关系是否应该接收惩罚的相关问题。现在的问题是这类儿童性爱机器人是否会推动宣传对儿童性虐待的亚文化，以及它是否能减少对儿童的性虐待行为。当前各国的法律并没有将同儿童机器人发生性关系视为刑事犯罪。未来国家立法机构（如欧盟委员会）将必须建立法律框架，明确此类行为是否应该被禁止。

我不需要机器人来回应我的每个笑容或皱眉。

“家政和护理机器人在模仿人类沟通方面已经做得越来越好。他们将能够真正掌握这项技能吗？也许更为重要的一点在于，为什么我们最初想要它们这样？”克斯廷•道廷阿汗教授问道。

社交机器人的技能已经获得了极大飞跃。10 年前，他们只能区分那些在良好光照条件下直接盯着摄像头的人。现在，面部识别软件已经变得复杂了许多。

语音识别系统也更为先进，尽管仍然存在严重的局限性。通常情况下，语音识别系统先要经过使用者的培训，然后才能出色地完成工作，而且只限于特定的主题范围，例如听写信件。它无法完成我们时刻在做的一件重要的事情：猜测另一个人在说些什么。倾听要比分析音素如何组成词语和语句更为复杂。倾听就是要根据谁在说话和说话内容来进行预测和预计。我们肯定会看到更多的发展，但通常也会低估其难度。马文・明斯基这些 20 世纪 50 年代的人工智能先驱们曾经认为他们在两个月的时间内可以解决语言问题。我认为我们永远解决不了这个问题，因为它涉及人工智能的方方面面：认知、智能、个性、具身化问题以及心智理论。人类的语言不能仅仅根据词语去加以诠释。在理解语言时还应该考虑到比喻、幽默和讽刺等方面。有自闭症的天才也难以懂得这些例子的复杂程度。

机器人的另一项能力也得到了改善，就是对强烈的面部表情进行诠释。但在日常生活中，我们并不会表现出太多的狂喜和悲痛。我们只会微笑，或者感到一定程度的烦恼。机器人个人助手要想发挥作用，就必须能够识别这些微妙的情绪。这也意味着它应该能注意到我们挠头或摸下巴的动作，因为人类的沟通是多种模式的。我们的沟通涉及的不仅仅是面部，不仅仅是姿势，也不仅仅是词语、声音或目光，而是综合所有这些东西在一起的。机器人还不足以整合所有这些模式。为了实现这点，我认为首先应该将这些独立的研究领域整合在一起。

机器人要想诠释人类的行为，下一项挑战就是如何做出有意义的回应。好莱坞常常会有一些不切实际的念头。在电影《她》中的机器人能理解并响应他人的情感。该机器人比不久的将来会出现的任何机器人都要先进。它要比机器人更为智能。人工智能先驱们曾经认为，机器人智能就是让它们可以使用大型数据库，里面有世界上的各种信息：天气、丹麦、你和我，一切的一切。现实并非如此。让机器人在一个非常明确的背景下进行沟通比较容易，例如提款机，其交易内容是限定的，而且在很大程度上是可以预测的。对于家中的个人机器人助手而言，要进行有意义的对话，那就是截然不同的一种挑战。

另一个问题就是移动。人机交互学科已开始认识到，人类在互动的过程中，不只有标志性的手势非常重要。人们会时不时无意识地移动身体，并且认为他人也会如此，就算我们的呼吸动作也会被他人注意到。

有时候我认为要创造出和人类动作一样的机器人太难了，二者有许多基本的差异存在。我们会凭直觉或预感做许多事情，不涉及高层次认知，然后我们也会事后为自己的行为寻找合理的理由。我认为机器人做不到这一点。它们没有感性动物的经历，感受不到真正的喜怒哀乐。

此外，我们最初为什么希望机器人能这样呢？如果我摔断了腿，几周内需要有人照顾，我是否会介意告诉机器人我的需求，甚至是敲字来下指令呢？不！我需要一个机器人来响应我每个小小的微笑和皱眉吗？机器人是否必须去思考“喔，她可能现在是渴了，或者是感到乏味了吗”？不，我只需要它来帮助我。人工智能的愿景是我们希望能按照自己的想象设计东西，这种想法可以追溯到人类文明的发展：从泥人到大理石雕塑，再到弗兰肯斯坦式的科学怪人，以及到现在的类人机器人。

不要误解我，我也很喜欢机器人。我觉得它们令人着迷，而且作用很大。在教育领域，我们已经到达一定的阶段，正在让设想变为现实。我们正在设计各种系统，每个系统都针对特定的目的。在赫特福德大学，我们开创性的工作已经带来了卡什帕（Kaspar）。该机器人可以教那些患上孤独症的孩子们进行一些社交和触觉互动：如果你触摸其他孩子，或者是以其他友好或不友好的方式对待他们，他们会有什么反应？在伊斯坦布尔，哈蒂杰·高丝（Hatice Kose）正在研究能向听力受损的儿童教授手语的机器人。还有帮助孩子们学习数学、英语或其他学科的机器人。我们需要进行更多的研究，弄清机器人能如何配合课程学习，以及如何对老师进行高质量的培训。机器人可以教授孩子们知识，而且孩子们喜欢它们。总之，机器人能派上用场。

在护理行业，社交机器人也正在向前发展。目前，我们只有原型机，这些原型机必须要有特殊的环境才能操作，即整洁甚至是认真进行过改造的地方。这些系统的倡导者们提出，当我们在为护理中心修建新房时，应该一开始就营造便于机器人操作的环境，装配大量集成传感器，而且不在地板上铺地毯。在我看来，所面临的挑战应该是让机器人在人类真正的生活环境里开展工作，其中包括那些温馨但却有些混乱的居所。

我也再次质疑，我们是否真的需要护理机器人成为全能型助手。从单纯的机器人学角度来说，要打造能同时在厨房、起居室和浴室内安全高效地给予人类帮助的机器是非常困难的。为什么不是专用的固定系统呢？在浴室，你也许想在墙上安装一个强壮的手臂，能够用来靠在上面，将毛巾搭在上面，也能帮助你淋浴。为什么要坚持那种老观点，认为需要一个类似于人类的、能做所有事情的万能型系统？你肯定那不是受到好莱坞电影的影响吗？

类人机器人还提出了另一个问题：如何阻止使用者将这些机器人当作真正的朋友——从人类的角度来说的朋友？麻省理工学院的心理学家雪莉·特克认为真正的互动和非真实的互动之间存在严格的界限。她对类人机器人对孩子们的影响心存担忧。有人表示说，机器人与宠物差不多。但她指出，那些为操控人类行为和情感而建造的系统（即她所称的关系人工制品）会真的改变游戏规则。我认为这个观点非常有道理。如果机器人看上去像人类，而且会在一定程度上响应你的情绪和行为，就好像它也有情感一样，成人会意识到这是靠编程而来的，但孩子们和那些失智的人不一定会知道。他们也许认为“这台机器就是我的朋友”，或者甚至是“他比我其他朋友好多了，其他人没有时间陪我，有时候也没有那么客气”。我觉得从这个方面来说，特克的担忧是很有道理的。

作为机器人研究者，我感觉在确定机器人的形状和声音、如何呈现它们以及我们要让它们有什么能力等方面背负着重大的责任。这也是我最近一直在努力解决的一个难题。我始终认为为敬老院的老人们设计陪伴机器人以便与他们进行社交互动是错误的，因为这种互动应该由真正的人类来进行。机器人在敬老院里应该是帮助大家完成一些日常的工作任务，而不是提供这种人造的交流互动。我在赫特福德大学的一位同事到敬老院采访了那里的老人们，发现他们希望有一台机器人能够和自己聊聊天。没有什么人去那里看望他们，而且许多人也不是特别喜欢去敬老院。护理人员太忙，而且要听老人们翻来覆去地讲故事并不是很有趣的事情。

所以，如果有老人表示很高兴有机器人能够和他们聊天，并且耐心地听他们翻来覆去地讲一些故事，甚至能够稍微回应几句话（叹气），那我们应该去打造这种机器人吗？或者还是从道德方面去考虑，认为这不是真正的交流互动？当然，对孩子们来说，答案很简单：他们必须学习如何与真正的人打交道，共同生活。但这点也适用于那些老年人，甚至是那些已经身患绝症的人吗？我没有答案。我只是知道，单从知识的角度来谈论这些问题远远不够。我们也必须问问人们的意见。

JUST ORDINARY ROBOTS

Automation from Love to War

第3章

护理机器人

家庭自动化和机器人的作用

对护理机器人的需求

护理机器人的使用让我们担心未来的养老院里将不再有人类工作人员，我们会看到床边工作的是机器人，它们高效地执行着老人们急需的身体护理工作，却看不到那些躺在床上的人类的社交和情感需求。面对人口老龄化的问题，机器人能够提供更多的护理服务。因为机器人不会感受到压力，可以全天 24 小时工作，而且绝对不会忘记喂药。许多人非常讨厌这个情景，因为对他们而言，护理的概念与“技术”概念碰撞在了一起。护理要的是关心、温暖、和善、有来有往、同情和帮助。相反，技术是同效率、效力、距离和缺乏人情味相关的。长期护理的趋势显示，要满足医疗卫生领域的预计需求，技术创新是必不可少的。人员缺少——原因在于未来的老龄化，通常被作为在长期护理领域运用机器人学的理由。尤其是耄耋老人（年龄超过 80 岁）的数量增长将会给护理服务带来沉重压力，也将导致老年人对护理服务种类的需求大幅增长：协助老年人或其护理员进行一些日常任务，监测老年人的行为和健康状况，并且提供陪伴服务。

老龄化

老龄化是指年龄超过 65 岁的人口数量与其他人口数量之比出现增长。欧盟委员会的数据显示，预计到 2060 年，65 岁以上人口的比例将从 2010 年的 17% 增长到 2060 年的 30%，其高峰将出现在 2040 年左右。此外，人们的寿命预计将增长：男性的寿命将从 2010 年的 76.5 岁增长到 2060 年的 84.6 岁，同期女性的寿命将从 82.5 岁增长到 89.1 岁。65 岁以上的老人中，1/10 的寿命将超过 80 岁。日本的老年人比例最高。在这个国家，其人口也正在快速老龄化。2010 年，其 23% 的人口年龄已经超过 65 岁。该比例预计到 2030 年将增长至 31%。在美国，2009 年时，其人口中 65 岁以上的老人所占比例为 13%，该数字预计到 2030 年将增长至 19%。

对护理人员的需求将会非常大，甚至会存在两个大缺口：一个是质量上的缺口，即理想的护理人员与在金钱和人员方面来说合适的人员之间存在缺口；另一个是在所需的护理类型和现有的护理类型之间也会存在差距。人们会越来越愿意尽可能长时间地住在自己家里，而不是在老了或生病后就搬到收容所或养老院去生活。这种情况也让政界非常忙碌。例如，欧盟委员会预见到了对护理的需求，鼓励对能节约劳力的技术进行投资，比如机器人学，借此来对医疗卫生领域的创新进行支持。他们希望机器人的使用能够改善针对所有人的医疗卫生的质量、覆盖范围和效率：护理服务的数量能够增加，护理对象能够对自身的护理过程拥有更多的影响力，而且相比目前，专业人员的数量会降低，但完成的工作量会增加。日本政府也希望能够借助护理机器人的使用来解决老龄化的问题。

在护理行业使用机器人是从家庭自动化开始的。从字面上看，家庭自动化（domotics）就是将家庭（domestic）和机器人（robotics）两个单词综合在一起，意为家用机器人学，或者说家庭自动化技术。这些智能技术正在被大范围整合到我们的环境中，它们是配备护理机器人的未来家居的序曲。护理家庭自动化能让大家远程进行各种护理工作：监测老年人的身体机能、协助残疾人做事，或者帮助在家的病人远程进行沟通，例如将他们身体状况的数据发送到医院。不过多数涉及护理的工作都还必须有人类护理人员在场。这些任务不能由家用机器人来接手。希望有一天，家用机器人会支持护理机器人的应用，支持或完全取代人类护理人员。希望有了机器人的帮忙，护理员能更轻松地提供护理服务，被护理者也能够对自己所享受的服务有更多的控制权。

在本章中，我们将重点关注为进行长期护理工作（承担部分工作或完全独立开展工作）而设计的机器人（同时包括家用机器人和家中的机器人）。长期护理主要是在药物和非药物资源的帮助下，减轻病患或残疾人的负担，从而维持和提高其生活质量。具体而言，就在养老院或家中为老年人提供护理，以及对身有残疾或患慢性病的人进行护理。该研究旨在推动对老年人护理应用机器人的社会和道德影响进行探讨。与护理机器人相关的道德领域在最近数年里已经出现，但机器人学的发展速度要更快，解决老龄化问题的需求也更为迫切。2006 年，罗伯特·斯派洛和琳达·斯帕罗（Linda Sparrow）就曾谈到他们对老年人护理工作中使用机器人的看法。他们的意见相当明确，他们相信护理机器人的使用是不道德的："我们可以使用机器人来进行护理工作，从而解决老年人的护理'问题'。我们认为这种观点是对老年人的严重不尊重。除此之外，还有许多其他类似的态度和做法。"他们强调，机器人不能提供老年人所需的护理、陪伴或情感。他们认为对老年人使用机器人是对他们的极度不尊重。其他伦理学家并没有直接拒绝护理机器人，他们认为如果在特定的条件下加以使用，而且设定具体的资格限制，那么护理机器人的使用还是有机会的。事实证明，机器人的使用方式是其中的关键。基于这个原因，我们将会探讨机器人在护理行业可以扮演怎样的角色。

我们先从护理家庭自动化谈起，这是出于技术和道德两方面的原因。这种方法符合技术的发展状态，而且事实上护理家庭自动化将会为护理机器人的使用提供必要的社会技术基础。此外，家庭自动化所带来的道德问题也会影响到护理机器人的应用。后面我们会讨论老年人护理领域引入机器人的设想。此外，关于护理机器人的道德问题，总体而言是与其安全使用、设计和外观等相关的，我们也会进行谈论。接下来，我们会深入分析在老年人护理领域使用机器人的问题。我们会区分三种不同的使用方法：（1）机器人作为护理对象的陪伴者；（2）机器人是护理对象的认知助手；（3）机器人作为护理人员或其助手。我们将看到，每种角色都会带来特定的道德问题。在本章最后一部分，我们将着眼长远的未来，就家庭自动化和针对老年人的护理机器人谈谈我们的观察所得。

老年人护理的家庭自动化

越来越少的老年人会选择待在养老院。最近数十年里，因为住房政策旨在维护人们的独立性，并且满足人们在获得各种护理服务后独立生活的愿望，养老院里年龄超过65岁的人口数量已经大幅减少。这也意味着人们可以更长时间地独立在家生活，并且在家享受到越来越多的护理服务。家庭自动化让人们有了机会独立在家生活更长的时间，并且仍然能得到必要的护理。

家庭自动化是指家中和家周围的设备和基础设施能够提供测量、编程和机能监控的电子信息，为住户和服务提供者提供帮助。例如：

- 个人警报系统，其中包括需要客户启动的系统、出现紧急状况时能自动启动警报的系统以及专用的火警系统；
- 能够进行远程会诊和远程监控的系统，其中包括需要宽带的视频系统以及能够让专业人员和客户远程查阅护理记录的系统；
- 家居自动化系统，让老年人能够控制家里的环境，例如自动开门系统、内部通话装置以及与家电相关的控制系统；
- 与日常活动相关的、能应需提供支持的系统，例如上门送餐服务、家庭护理以及社会融合；
- 为医疗 / 护理相关服务领域的人力资源规划、物流和行政管理提供支持的IT系统；
- 辅助装置，例如针对手脚不灵活的人的大按钮控制板以及为视力存在问题的人提供的大屏幕。

有了家庭自动化，人们将可以在家中享受到护理服务，这被称为环境辅助生活、远程监护或远程护理。由此病人在护理机构待的时间将会缩短，康复工作将会越来越多地在家中进行。因为有了居家诊断和远程诊疗技术，病人去医院看病的次数也会减少。病人将能够享受到居家监护，而且护理人员也不一定要前往病人的家中。血糖和心电图等医疗数据将可以上传给医生或医院。

人们希望家庭自动化可以提高质量，加大护理力度，客户可以得到更好的自助管理，同时专业人士相对稀缺的时间可以得到有效利用。通过家庭自动化来进行远程监控的一个例子就是 KOALA 项目。该项目的目的就是提高病人的自主性，更高效地提供护理服务。通过起居室的电视机或计算机屏幕，病人们能够一周 7 天、一天 24 个小时随时与医生、医生助手和社区护士进行联系。它也能让病人将医学检验数据，例如血糖和血压数上传到系统中。包括信息和通信技术提供商在内的参与各方都认为这种监护形式存在很大的潜力。在成本节约和人员减少方面还没有得出决定性结果，因为这种远程监护并没有被作为一种替代品，更多的是作为其他护理服务形式的补充。

护理范式的转变

家庭自动化和环境智能的综合可以大幅改善家庭自动化的功能性。环境智能是将科技整合入环境，拥有环境敏感度，从而做出合理的决定。数字化环境能够意识到人们的存在和周围的背景，并且感受到人们的需求、习惯、手势和情绪，从而进行调整并做出反应。这种数字化环境能让人们得到一定的控制权。环境智能可以大幅提高针对老年人护理的标准家庭自动化的效力，从而带来新的解决方案。例如，用户身上佩戴的简单报警按钮可以得到加强，能够测量用户身体的不适状况，并且自动向急救站发送警报。

这种智能技术会让低科技含量的传统护理做法发生范式转变。这种转变将发生在我们与家庭自动化共处的方式中，即控制权的转移。这种转移提高了家庭自动化的潜在功能性，房子本身可以被赋予权力来进行与居住者的舒适度、便捷度、安全和娱乐等相关的许多工作。通过使用家庭自动化，护理工作能够被封装到一个适合于信息和通信技术的信息空间里以便进行远程监护。这种护理的合理化让老年人和残疾人能够得到远程监护服务，让他们既能够继续生活在自己的家中，又能得到所需的护理和保障。远程监护让护理人员成为了一种新型掌控者，因为它改变了护理人员的角色。护理人员将会成为各种护理任务的远程操作人员。

奥德霍伦（Oudshoorn）认为，使用家庭自动化和环境智能进行远程监控和远程诊断，甚至是治疗病人的可能性越来越大。这也意味着各种技术会针对远程护理的对象收集大量数据；当人们躺在床上、打开冰箱或者去室外散步时，家中的传感器就会采集数据；衣服内的传感器也会采集并传递人们的身体状况信息，摄像机能记录人们在家中做什么，甚至是每天 24 小时监视被护理者。这些数据提供了被护理者日常生活的大量详细信息，因此也带来了关于被护理者的隐私问题。对这些数据的合理处理就是一个非常敏感的问题：当这些数据遗失时，谁应该负责？哪些数据应被该存储？存储时间是多长？被护理者是否清楚正在收集自身信息？随着远程监护的发展，这些问题在不久的将来将会发挥重要的影响。远程护理的规模日渐扩大，这也要求人们去反思隐私权被侵犯的程度。伯恩斯坦（Borenstein）和皮尔森（Pearson）认为，被护理者对所收集信息的控制权是非常重要的。当人们对所收集的信息有了切实的控制权时，就能提高自身的自治权。

道德问题

随着家庭自动化的推行，隐私权、人际交往、护理质量以及护理人员和被护理者的能力等道德问题似乎都有一定的风险。在本节中，我们将简要地探讨这些道德问题。

隐私

监测和控制这些老年人可能会破坏他们的隐私。被护理者也许在着装不整齐或洗澡时并不想被记录下来。使用摄像头进行实时观察可能会带来隐私被侵犯的糟糕感觉，尤其当使用者无法关闭这些摄像头时。一种解决方案就是采用双向沟通系统，在护理人员和被护理者之间根据需要使用可视电话。该系统能给人社会安全感。它没有使用摄像头来进行监测时的那种被动感和隐私受限的问题，但与此同时，它也能改善应需护理。人们可以在感觉需要时通过该系统进行联系。此类系统的风险就在于被护理者有可能对该系统会使用不当或使用过多。例如，被护理者在感觉孤单时可能会提出许多没必要的要求来引起注意，从而影响到医生对紧急事件的处理。

对老年痴呆症患者而言，隐私问题可能要更为复杂：患有痴呆症的人能在何种程度上清楚有科技产品可以捕捉到他们的日常生活？我们是否能使用跟踪系统来解决痴呆症患者的问题，例如到处游荡这种潜在的致命行为？有人提出，为了提高安全性，略微失去自由度是可以接受的。

关于所收集数据的隐私还有一个问题。究竟谁应该拥有或控制这些数据？如何保证数据存储的安全性？目前，关于这些数据的控制和存储尚未有相关协议。

开发者和政客们在推行家庭自动化和护理机器人时应该对这些隐私问题加以考量。这个时代，环境智能和机器人学在快速发展，隐私问题变得岌岌可危，因为迫切需要彻底的透明度和明确的定义，否则隐私问题就会阻碍这些领域的创新。这也要求在设计过程中使用计算机技术时，开发者们最开始就应从隐私角度来考虑相应的后果。一方面要保护隐私，另一方面又要让人们能在家中独立生活，我们应该在这两者之间找到一个平衡点，因为旨在提升独立性的系统总会对隐私有不同程度的侵犯。

不过定性研究显示，多数老年人并没有感觉自己的隐私被侵犯了。如果在监护需求和隐私之间找到合适的平衡，那么监护需求就会重于对隐私可能的担心。例如，有些老年人更希望在浴室洗澡时也能被监控到，以防跌倒或晕倒在地板上时无人知晓。

人际交往和护理质量

家庭自动化主要关注为老年人提供更多的独立性，但也可能会因此减少他们的社会交往。有些人担心家庭自动化设备的使用可能会导致人们失去人与人之间的接触和人性化护理，老年人可能会因此变得与世隔绝，对有些人而言，护理人员的到访是他们与社会接触的唯一方式。此外，健康专业人士认为，良好的护理是与真诚的关系和社交相关的，包括礼尚往来、感同身受和热情等因素。家庭自动化会营造远程的护理关系，而不是个人之间亲密的护理关系。不过，波尔斯（Pols）的研究显示，家庭自动化的使用也意味着能将护理拉近被护理者，而不是“进行远程护理”，而且家庭自动化能够更密集地提供护理服务。通过通信设备进行护理似乎会比面对面沟通更加频繁和密集。例如，相比于真正碰面而言，使用网络摄像头进行交流让对话双方感觉似乎更近，因为人们要更为注意另一个人的面部。尽管家庭自动化设备可以让人们进行更频繁的会诊，但它并不像有护理人员在家进行护理那样，“一切”都能看得见，因为在诊断中无法参考不同的参数，例如体检。

家庭自动化的使用要求对护理工作有一定的了解，而且要弄明白我们所说的“护理”究竟是什么意思，以及科技在“护理”中的角色。我们需要进行更多的研究来调查家庭自动化给老年人护理领域的门诊带来了哪些改变，以清晰地了解这些改变对于“护理”这个概念有什么意义，以及我们如何利用家庭自动化。

护理人员和被护理者的能力

家庭自动化设备的推行不仅仅会影响到被护理者，也会影响到护理人员。我们在前文介绍过家庭自动化项目KOALA。正如这个项目所显示的，使用远程护理不仅要求使用者有一定的能力，护理人员也必须调整自己的行为。范·欧世特（Van Oost）和里德（Reed）认为，必须对推行家庭自动化的社会科技网络进行密切观察，因为家庭自动化的使用能创造新的护理实践。在这种新的护理实践中，医疗卫生专业人士会扮演新的角色，承担不同的责任分工，因此要求他们拥有新的技能。通过对技术的协调，护理人员会获得不同的信息，因此干预的可能性也会发生改变。例如，通信技术的使用要求医疗专业人员或护理人员采用不同的工作模式，例如能够通过计算机或电视屏幕进行诊断、监测和消除人们的疑虑。

被护理者也应该掌握新的技能。被护理者应该懂得如何进行电话会议，以及如何将包含数据的信息发送给医生。更重要的是被护理者对医疗设备的使用。例如，如果被护理者患有糖尿病，就必须对自己的血糖情况进行监测，而且在监测过程中不再有专业人士参与其中。即使是在培训过程中，病人们在校正和使用设备时也会犯错。为了能成功使用医疗设备，需要针对老年人精心设计相应的培训和指导项目，而且护理专业人员也要指导病人，让他们熟悉这些技术的使用方法。因此，机器人技术的使用也为护理人员和被护理人员的培训开启了一个新篇章。只有如此，这些人才能轻松地应对机器人技术，并且能够预见到机器人技术的可能性和局限性。

或许可以说，老年人对家庭自动化的使用在道德方面并没有什么反对意见。兹维森（Zwijsen）、尼梅杰（Niemeijer）、霍托夫（Hertogh）表示，这也许是因为多数老年人迫切避免到养老院生活。人们非常看重在家里生活，并愿意为此放弃可能的人际交往和隐私。在道德方面没有什么反对意见，但这并不意味着家庭自动化就是一个在道德方面非常不错的解决方案。可能要入住养老院促使众多老年人选择了家庭自动化，因此也存在这是一种“适应性偏好”的风险。

从家用机器人到家中的机器人

加快护理领域范式转变的速度

在家庭自动化领域，有一项新发展可能会加快范式转变的速度，那就是护理机器人，因为机器人能够移动，而且能够执行一些体力任务，为老年人提供支持。护理机器人同环境智能不一样，后者是嵌入式技术。环境智能改变了护理人员的角色，所以护理人员是掌控者，而护理机器人的使用可能会营造一种梦魇般的场景，变成完全由机器人进行护理，人类护理人员已经没有控制权。这种场景目前仍遥遥无期，但护理机器人的使用已经带来了大量道德问题，我们将在后面的内容中进行探讨。

日本搬运机器人 RIBA II（见图 3-1）让护理机器人的使用离我们又近了一步。这款机器人能帮助人类护理人员搬运他们的护理对象。除了为护理人员提供支持的机器人之外，也早已经有了可以让人们更长时间独立在家生活的机器人。这些机器人可能的功能包括日历提醒和购物单提醒、播放音乐、提醒吃药和看病以及当煤气没有关火或窗户没有关闭时发出警报。

RIBA II：世界上第一台可以用手臂搬起人类的机器人

日本理化学研究所和日本东海橡塑工业公司（Tokai Rubber Industries，TRI）在联合项目日本理化学研究所—日本东海橡塑工业公司人机交互型机器人联合研究中心（RIKEN-TRI Collaboration Center for Human-Interactive Robot Research）已经开发出了搬运机器人 RIBA II。RIBA 的全称就是 Robot for Interactive Body Assistance，即交互式身体协助机器人。在护理人员的指挥下，该机器人可以举起重达 80 千克的人。RIBA II 看上去就像是一只装在轮子上的、体型庞大的泰迪熊，两只手臂几乎可以接触到地面。RIBA II 的手臂和手掌内有 218 块触觉传感器。它们会记录下机器人触碰到的所有东西，而且在举起病人时必须有管理员在旁控制。当管理员拉动手臂，假如往右拉动，那么机器人就会做出回应。RIBA II 要求护理人员在旁监督管理，以便将病人放在最佳位置，便于机器人轻松搬运。病人双腿的摆放位置必须正确无误，在搬运之前护理人员需扶住病人的背部，使机器人能够正确地搬运病人。RIBA II 表面包裹着柔软的材料，这样人类与机器相处会更安全，同时也能让病人感觉舒服。机器人的外观看上去像是一只泰迪熊，这有助于病人放松。RIBA II 的眼睛是数码摄像机。此外，该款搬运机器人还配备了两个麦克风，让 RIBA II 能够录音。通过摄像头和麦克风，RIBA II 可以探测到声音来源，然后判断此人的位置。当管理员站在摄像头的视线范围之内时，RIBA II 能判断出护理人员与自己之间的距离，并且朝护理人员滚动过去。

日本理化学研究所希望借助该机器人帮助护理人员完成难度最大、要求最高的医疗卫生工作之一，即搬运病人。日本理化学研究所表示，护理人员每天要抱起病人大概 40 次。RIBA II 完全可以接管这项繁重的工作，它能够将人从病床搬到轮椅上，或是将他们从地上搬起来放到床上。目前这是一款样机，尚未商业化。日本理化学研究所正在努力确保这款机器人未来能用在养老院、医院和人们的家中。

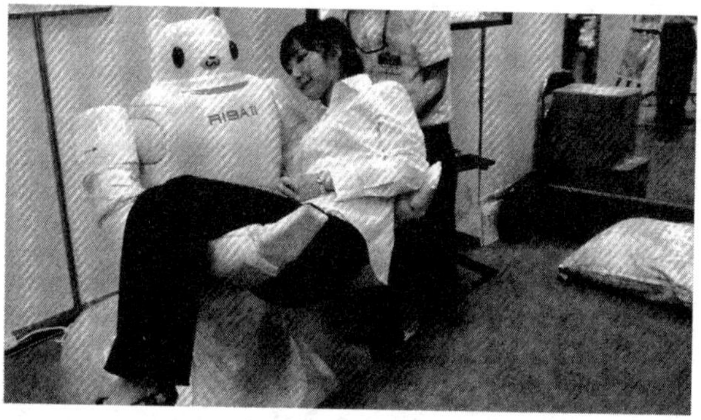

图 3–1 RIBA II

在最近数年里，欧洲已经启动了许多将机器人整合入家庭自动化中的项目。

在一些大型项目中，护理机器人的开发发挥了大作用。这些项目有 Mobiserv、CompanionAble、KSERA 和 HOBBIT。这些欧洲项目有一个特色，那就是用户的需求和认可度在该技术的开发过程中发挥着主导作用。项目主要关注人类与机器人之间的互动，以及老年人对机器人的认可度。在所有这些项目中采用的是以用户为本的设计方法，即所采用的模型和指导方针等基本要素都是从用户的期望值出发，而非从技术能力出发。各种资料都强调，医疗卫生系统的创新要取得成功，人不应该被视为被动的使用者，而应该是积极的共同创造者。

四大护理机器人项目

Mobiserv，能为老年人提供医疗、营养和移动服务的集成式智能家居环境（FP7 项目，2009—2012 年）

该项目的目标是设计能在老年人的家中为他们的日常活动提供服务的个人机器人。项目的重点是为个人的医疗卫生提供支持，提高老年人的独立性和生活质量。

CompanionAble（FP7 项目，2008—2011 年）

该项目为那些记性较差的老年人提供支持，旨在通过整合机器人学和自动化，帮助他们尽可能长时间地在家中继续独立生活。一款陪伴机器人正在开发中，该机器人将会整合智能家居环境。其功能将包括在服药方面提供支持、记忆支持培训、日历管理以及社交互动和安全。

KSERA，知识渊博的老年人服务机器人（FP7 项目，2010—2013 年）

该项目探讨的是将机器人作为老年人“聪明的家庭朋友”。其关注重点是 COPD 病人，即那些患有慢性阻塞性肺病的人。其思路就是提供特别的住房，里面包括一个家用机器人和其他智能家居设备。在家中，机器人必须能够跟随在病人之后，了解病人的习惯，提供建议，并且在必要时立即向医生发出警报。互联网和视频沟通等娱乐功能也包括在其中。

HOBBIT，共同护理机器人（FP7 项目，2011—2014 年）

该项目正在开发一种协助家中老人的社会辅助机器人。HOBBIT 的重点在于共同护理概念的开发：在人类和机器人之间培养一种关系，让双方相互照顾。这点类似于人类如何了解动物能够理解什么和做什么，所以也就像是培养人类和宠物之间的关系。机器人的主要任务就是防止老年人跌倒和探测是否有人跌倒。为了实现这一点，机器人将会清理掉地面上的所有物体，减少跌倒风险。它也可以探测紧急情况，从而能及时找人帮忙。共同护理方式的目的就是提高家用机器人的认可度。

尽管机器人的外形仍然像笨拙的怪兽，说话声音也像金属发出的一样硬邦邦的，但开发人员希望将来打造出多功能机器人，能够响应人们的情绪，也可以表达自己的情绪。这种机器人既能帮助人们，也能成为人们的同伴。不管是在大学院校还是在工业领域，专家们都在努力把这种机器人变为现实。尽管如此，在未来十年里，由于护理工作的复杂性，能提供帮助的护理机器人可能不会在护理领域得到广泛应用。对于移动机器人而言，即使是最基本的能力似乎都很难具备，例如定位（确认自己的位置）和安全行走（规划自己的轨迹，保证拐弯的曲线圆滑，且距离障碍物越远越好）。

与护理机器人相关的一般性道德问题

我们早已经在上文探讨过与家庭自动化相关的道德问题，这些问题同样适用于护理机器人：隐私、人际交往、生活质量以及护理人员与被护理者的能力。例如，多数护理机器人会收集数据，因为它们会监测被护理者，由此可能会侵犯到隐私权。如果要与搬运机器人合作，如 RIBA II，就要求护理人员拥有特定的能力：懂得如何引导机器人以及预见潜在的故障。这里我们将探讨另外三个道德问题，即安全使用、设计和外观。

安全性

人们与护理机器人共同生活的日子并不会太远，因此安全性就成了一个基本问题。无论出现什么故障、功能失调和误操作的情况，机器人设计师都应该为人类生产安全的产品。护理机器人需要在人的身边工作，并且触摸他们，所以这些机器人的错误或故障可能会带来严重，甚至是致命的事故。针对工业机器人的传统安全策略并不能被应用到社交机器人身上，尤其是护理机器人身上。在这个领域已经进行了大量的研究。在 2014 年以前，国际上尚无公认的安全规定或指导方针。因此，各家公司不愿意冒险投资或推出新的机器人产品，以免出错或被送上法庭。在这种情况下，也就不奇怪为什么现在商用护理机器人寥寥无几了，尽管它们的市场是肯定存在的。单靠一家公司，甚至是一个国家来制定大家可接受的安全规定，很难做到。为了推动行业往前发展，需要全世界共同探讨并达成共识。2014 年 2 月，国际标准组织发布了关于个人护理机器人安全要求的 ISO 13482 号标准，该标准的基础是 euRobotics 项目针对机器人安全的标准化工作。euRobotics 项目由欧盟提供资金资助。这个大家翘首以盼的标准为研究人员、制造商和监管机构提供了一个衡量和检测产品的依据。ISO 13482：2014 针对护理机器人的安全设计、保护措施和使用信息等明确了要求和指导方针。该标准介绍了使用这些机器人存在的危险性，并且要求将相关风险降到最低，或者是降低到可接受水平。该标准的范围被限定在主要针对人类护理相关的危险，但在适当的地方，也包括了家禽和财物（被定义为与安全相关的物体）。当个人护理机器人得到了合理安装和维护，并且用于指定目的，或者是在可预见的合理环境时，也可能会给家禽和财物带来一定的危险。

不过关于这份标准也存在一些担忧。例如，耶鲁大学计算机科学副教授布莱恩·萨瑟拉提（Brian Scassellati）是社会辅助机器人和人机交互方面的专家，正在参与社会辅助机器人项目（Socially Assistive Robotics）。该项目由美国国家科学基金会（National Science Foundation）提供资金，旨在改善针对儿童的护理机器人的表现。他表示，ISO 13482标准也许会给人错误的印象，认为护理机器人已经准备好主流化，可以进行广泛的工业开发，而且护理机器人的危险大于好处。萨瑟拉提认为，我们尚未清楚了解人机交互背后的基本科学："我们的机器人专家和其他利益相关者对护理机器人应该扮演何种角色、机器人应该提供和不应该提供何种支持，以及机器人护理可能会给其使用者带来什么影响等并没有清楚的认识。"

护理机器人的设计

尽管快速老龄化的人口需要护理机器人，而且一些护理机器人也取得了潜在的成功，但其他护理机器人得到的反应却相当糟糕。布罗德本特（Broadbent）、斯塔福郡（Stafford）和麦克唐纳（MacDonald）认为这种糟糕的反应源于设计者们并没有正确评估人类使用者（同时包括了护理人员和被护理者）的需求，也没能让机器人的角色、外观和行为合理地满足那些需求。护理人员、被护理者与设计者的认知世界可能会因为背景和经验的不同而不同。对于设计者而言，他们会考虑到技术目标，护理人员则主要对工作量和护理质量感兴趣，而被护理者则会受到可用性的影响。总体而言，设计师们忽视了那些老年人的观点，而他们正是护理机器人的使用者。

弗雷纳尔特（Frennert）和奥斯特伦德（Östlund）发现，在多数医疗卫生研究中，老年人被当作物体，设计者们并没有将老年人视为自己研究中的主体对象，因此在机器人技术的开发过程中也未考虑老年人。与人们对老年人的固有看法不同，有数据显示，他们根本就不是消极的消费者。相反，他们都是科技老年人，即能有创造性地适应并利用科技制品来满足自身需求的老年个体。设计者们应该考虑到老年使用者的能力和局限性。随着年龄的增长，运动能力（如协调力）会发生改变，感知能力（如视力和听力）和记忆力会退化等。罗杰斯（Rogers）和迈纳特（Mynatt）则认为，设计者们必须认识并适应这些会逐渐减退的能力，并且同时充分利用那些尚未受到影响的能力。

对于护理机器人来说，并不存在单一的完美设计思路，但不管在何种情况之下，设计者们在设计过程中都必须考虑到护理人员和被护理者的愿望和需求，在设计过程中必须尽早让护理人员和被护理者参与其中，从而在设计中能将设计者的技术知识和使用者的背景知识综合在一起。Mobiserv、CompanionAble、KSERA和HOBBIT这些欧洲项目已经让我们看到怎么做到这些。在KSERA项目中，设计者们采用了以用户为本的设计框架，将设计与用户的需求和生活环境联系在一起。该框架旨在营造一个动态流程，让最终用户能从项目一开始就参与其中，不是一个被动的对象，而是一个积极的主体，能影响到决策、开发和执行。

要在护理机器人的相关设计流程中纳入道德考量，人们必须先确定重要的道德观，然后再描述如何遵循这些道德观。这种道德评估能确保护理机器人的设计和推出不会阻碍道德观的推广，也不会损害护理人员的尊严。关于护理机器人的道德评估，范·韦恩斯博格（Van Wynsberghe）制定了一个框架，基于一套价值敏感设计的方法，将使用的特定背景、用户的独特需求、机器人将执行的任务以及机器人的技术能力等整合在一起。这种道德评估能为机器人的设计开发、如何继续前进以及当前和未来的努力目标等提供指导。

外观

设计护理机器人的另一个方面就是外观，因为机器人的外观会影响到人们对机器人能力的评价，也对机器人的认可度有着深刻的影响。例如在吴（Wu）等人进行的一项研究中，参与者们极其不愿意与一些仿生机器人进行互动，因为这些机器人的表情不真实，互动和陪伴都显得很虚假。认可度进一步取决于其他人对该机器人的接受程度和态度、推动因素、对有用性的看法、对使用便捷性的看法以及对有趣度和信任度的看法。

与护理机器人相关的具体道德问题

我们将会进一步从道德角度去思考老年人使用医疗护理机器人的问题。我们会将护理机器人的角色划分为三类：（1）机器人是被护理人的同伴；（2）机器人是被护理人的认知助手；（3）机器人是护理人员或其助手。将护理机器人划分为这三类，方便从不同背景来探讨相关的道德问题，即根据特定的角色，护理机器人被视为在参与特定的社会实践。我们将探讨以下五种相关的道德问题：

1. 欺骗：与护理机器人之间的“关系”可能本质上具有欺骗性或者是幼稚的。
2. 自主性：机器人有可能会扩大或减少被护理者的机会、自由度、自主性和尊严。

3. 去人性化：老年人被看作有问题的对象，其护理问题能够借助机器人技术来解决，这种观点存在道德问题。
4. 护理质量：从道德角度去探讨护理机器人能够提供的护理质量。
5. 人际交往：机器人可能会增加或减少被护理者与家人和护理人员之间的人际交往。

在开始探讨这些道德问题前，我们必须认识到这类机器人并不会在短期内投入应用。部分陪伴机器人早已经开始进行商业生产，但这些机器人的社交互动相当有限。即便是最出色的机器人，也没有蹒跚学步的幼童在进行互动时所使用的社交和思维能力。陪伴机器人要取得成功，就必须在人工智能领域实现突破（参考第 2 章）。与担任被护理者认知助手的机器人不同，我们即将探讨的最后一类机器人能够提供实质性帮助，帮助人们完成一些基本动作，比如吃饭、洗澡、上厕所和穿衣服，也能帮助人们完成一些基本家务活动，并且提供行走方面的帮助。机器人要能完成这类护理工作，还需等待一些时日。正如我们在第 2 章中所看到的，这些任务需要做出非常复杂的决定，而且设计者们必须与框架问题打交道，但这些可能在未来 10 年内都无法解决。作为认知助手的机器人已经被开发出来，当作老年人智能辅助环境的一部分。它能监测和管理日常生活中的活动，并且检测健康和安全问题。现在正在进行大量与这些机器人相关的研究，例如前面提到的那 4 个机器人项目。许多认知辅助机器人仍然处在开发和测试阶段。有一些已经投入商业化的生产，但并不是特别成功。这些护理机器人没有取得成功的原因在于许多因素，例如使用者在一段时间后就失去了兴趣、使用者认为没有任何好处以及事实证明这种机器人难以打入市场等。就上述三类机器人的划分而言，不是说所有的护理机器人都只能被归属到其中一类中，有的机器人可以来执行监测任务，但同时也能提供陪伴。

机器人是同伴

欺骗

机器人作为同伴这项技术给人们带来了一些颇具争议性的问题：孤独的老年人只与动物机器人和仿生机器人打交道。关于宠物机器人的道德担忧主要在于这类技术所带来的人际交往程度，或者说对痴呆症患者或类似人群的欺骗。罗伯特·斯派洛和琳达·斯派洛认为，老年人的护理机器人是一种替代真正的社会互动的“假象”。他们认为机器人可能无法与使用者之间培养出有意义的关系，机器人可以被忽视、暂停或禁用。我们与他人之间关系的特征就是不管我们的需求和愿望是什么，另一方都有自己的需求和愿望。罗伯特·斯派洛和琳达·斯派洛指出："朋友们对我们的需求有时候是意料之外的，通常还是麻烦的。正是这点让我们同他人或其他动物之间的关系变得非常有趣，让我们愿意去打交道，也能带来回报。"此外，他们也质疑长期来看，机器人究竟能带来什么程度的娱乐作用。他们认为在对机器人的新鲜度消退之后，它们最后也会变得让人感觉枯燥乏味，然后就会被丢弃在角落里。伯恩斯坦和皮尔森对于机器人的应用则更为乐观。他们认为尽管机器人不能带来真正的友谊，但陪伴机器人的应用能缓解孤独感，也可能会增加与机器人和其他人类之间的对话机会。索雷尔（Sorell）和德拉佩（Draper）认为，陪伴机器人甚至可能扮演老人们的助手，因为老人们大都待在家里，难以维持自己的社交技能。

帕罗：海豹形状的治疗机器人

帕罗是一个柔软的海豹机器人，由日本产业技术综合研究所开发。帕罗有一件白色的长毛绒外套，可以从它的头部脱下来，它还有眼睑和肢体，可以发出声音（见图 3–2）。皮毛下的传感器可以让帕罗感受到触摸，然后通过移动或发声做出回应。帕罗装有声音传感器来记录声音，并且能够识别人们的声音。帕罗重 2.8 千克，通过电线来充电，而且能够积极地工作一个多小时才需要再次"喂食"。日本产业技术综合研究所声称，帕罗能表达情绪，也能够做出各种行为：积极的、消极的，甚至会有心理活动。

图 3–2　帕罗

帕罗早已经被应用在医疗卫生领域。例如丹麦政府在 2008 年年底订购了 1 000 个帕罗，该笔订单在 2011 年交付。丹麦几乎所有的老年人护理机构现在都拥有一个帕罗。

这个机器人生物的制造者们宣称与帕罗打交道具有治疗作用：老年人将会得到帕罗的鼓励，孩子们则会放松自己。关于帕罗对住院老人的护理作用，人们进行了部分研究。这些研究得出的结论是，老年人的情绪得到改善，抑郁程度降低；此外，他们的精神状态也有所改善，降低了护理人员的疲惫风险，而且大幅改善了老年人之间的沟通，加强了他们的社会纽带。与帕罗之间的个人互动也带来了其他心理方面的改善（如放松、激励）。此外，人们还通过尿检来衡量生理上的改善情况。就衡量帕罗这类社交机器人效果的研究而言，其科学价值似乎不太可靠。除了因为这类实践研究的数量有限之外，它们还只是基于日本的探索性研究，涉及的机器人非常少，而且研究设计的质量也不高。

机器人是被护理人的认知助手

作为认知助手的护理机器人能满足老年人越来越长时间独立生活的需求。这些机器人配备了“认知假体”：如机器人能够提醒他人按时服药或吃饭。康派（Kompai）就是这种助手机器人的例子（见以下专栏）。它为老年人提供服务：帮助人们记住约会，能在需要时提供信息，并且可以向被护理者提问，如你的腿疼吗，然后再记录回答。能为老年人提供支持的机器人也能够鼓励老年人多走动或走出家门，从而让他们更具活力。它也能让老年人摆脱孤立的状态。人们已经开展众多项目来开发各类认知助手型护理机器人以完成特定任务，如吃饭助手机器人布莱恩 2.1（Brian 2.1）。

布莱恩 2.1 能为老年人提供认知帮助和有针对性的参与和激励，以鼓励他们吃饭。机器人会使用自然语言和非语言沟通方式来提供与吃饭相关的线索和激励话语。

康派：有机器人帮忙的日常生活

法国公司 Robosoft 已经开发出了康派。该机器人能够来到独立生活的人士家中为他们提供支持。它直接连接互联网，住户和医生能够通过视频电话交流。康派机器人被安放在轮子上，可以说话、识别人类的语言，拥有一个连网触摸屏（见图 3–3）。它懂得指令，可以执行行动，例如可根据要求离开房间、播放音乐，或者是编制购物清单。康派也能够确定自己在房子里面的位置，并且在需要充电时独立返回自己的充电站。康派没有手臂，无法表露出人类的情绪，但 Robosoft 希望日后可以将这项功能添加到康派身上。Robosoft 公司已经将康派作为一个基本的机器人平台，让机械师们能够继续去尝试，从而在未来可以开发并增加新的应用。

康派现在已经得到应用，而且将在几个欧洲项目中得到进一步开发。在前文提到的 7 大框架项目中，Mobiserv 分析了创新技术如何通过用户友好的方式来帮助老年人，从而使他们可以尽可能长久地独立生活。为了实现这个目的，康派也是“个人机器人系统”的一部分。在该系统中，被遮盖起来的传感器、遥控警报以及营养支持系统都会是其中的构成元素。

环境辅助生活项目 DOMEO 是一个开放的机器人平台，也正在开发中。该平台针对的是为老年人提供个性化家居服务以及认知和物质方面的支持，目的在于让他们能够越来越久且越来越安全地在家里生活。robuMATE 是在康派机器人的基础上开发的，在该项目中为老年人提供认知帮助。该机器人的设计目标是能够与居民进行语言和视觉交流。它也能帮助老年人记事。如果出现紧急状况，视频连线有助于对情况进行分析。该机器人也可以鼓励老年人多走动，并且监测老年人的行为。

图 3-3 康派

自主性

助手型护理机器人的使用也带来了问题。例如，在提醒他人服药时机器人应如何坚持己见？如果有人拒绝服药呢？那么家长式作风的危险就会出现。在这种情况下，机器人技术会迫使使用者采取特定的行为，而其所基于的就是开发人员认为怎样做对这些使用者而言是最好的。阿曼达·夏基和诺埃尔·夏基也提到了这种观点，并且认为机器人的干预程度将会影响到被护理者的自由度。其风险就在于我们身处一个滑坡上，可能会导致护理机器人的独裁，这点与“护理”南辕北辙。护理并不只是实现一个具体的目标，而是要营造一段关系，即护理人员与病人之间进行沟通联系。最终，护理他人并不只是实现一个目的（治疗、服药），其本质是与需要护理的人建立关系。

机器人是护理人员或其助手

去人性化

当机器人取代护理人员，护理就能可能被去人性化。阿曼达·夏基和诺埃尔·夏基也提到了老年人护理的去人性化所带来的道德反对声音。这种去人性化是由使用护理机器人导致的。当机器人接管了喂食和搬送任务时，被护理者也许会认为自己就是物体。此外，他们也预见到，老年人可能会认为相比由人类来进行照顾，护理机器人会让他们丧失部分对自身生活的控制权。但是他们也提出，使用护理机器人的好处之一就在于它们没有任何“社会包袱”，而且不会说三道四。研究显示，在一些情况下，如果老年人接受机器人护理，而非人类的帮助，这些老年人的去人性化风险反而会降低。德克尔（Decker）则预见到了在使用家庭自动化技术时的去人性化问题，因为技术是无形的，而且行动是分散的，这点与护理机器人形成了反差，因为后者是直接与被护理者打交道。

关于“病人的去人性化”，有人提议“共同照顾”，即给使用者简单的机会来照顾机器人，由此提升团队的感觉，从而促使病人接受机器人的帮助。这就要求机器人能够通过对话来向使用者寻求帮助。例如，机器人可以提醒使用者花需要浇水，也能因为自己不能很好地完成这项任务而道歉，但它也会表示如果使用者愿意一同去，它会很乐意告诉使用者哪些花需要浇水。研究也显示，共同照顾让被护理者感到自己被人需要，而且自己是重要的，他由此获得力量和控制感，不再将自己当作一种物体。

护理质量

从道德角度反对“病人的去人性化”是因为机器人无法提供真正的护理。德克尔也让大家看到，人们与机器人之间的交互方式相当重要。他认为机器人应该只是被作为工具加以使用。考科尔伯格（Coeckelbergh）对此表示赞同，并且认为护理机器人应仅仅被用于完成“日常护理工作”。这些任务不需要任何情感、亲密度或个人参与。“照顾”这个行为本身是留给人类的。由此，伦理学家们提出了有关护理机器人的一个重要的基本问题：机器人能够照顾人吗？护理是关心他人的福祉，与他们建立一种关系，应对他们的不适，并且在对对方好的事情和被要求做的事情之间找到一个平衡点。机器人似乎是有效的护理和高效的护理这两点的一个缩影：概念的最终合理化可能无法通过传感器、数据和数字等完全体现。护理机器人的使用要求对护理实践有一个全面的把握，所以我们的讨论重点应该是“护理”的具体概念，并且要考虑到同理心、相互性和温暖感等。证据显示，机器人是设备，无法模仿人类在护理关系中的那种感同身受和相互性。人际交往通常被认为是高质量的护理中至关重要的一个方面。罗伯特·斯派洛和琳达·斯派洛认为，机器人无法满足老年人的情感和社交需求，而老年人在护理的方方面面几乎都存在此类需求。

伯恩斯坦和皮尔森则认为，机器人何时应该为护理人员提供支持，在这方面必须做出明确选择："机器人有可能会让护理工作成为一种真正的选择。"例如，护理人员可以使用护理机器人来完成“日常护理工作”，以便护理人员可以花更多精力培养与被护理者之间的关系。他们将机器人视为一种能推动护理工作的技术。护理机器人也许可以减轻护理人员的工作负担，并且扩大护理人员在护理工作上的自由度，从而给老年人护理和临终护理的探讨带来另一丝光明。伯恩斯坦和皮尔森举了一个例子：哈德维格（Hardwig）在维护死亡义务时，主要依据是没有人有权力给家人强加巨大的负担（例如情感、社交或经济负担）。如果机器人能够填补护理方面的不足，那么护理人员可以将关注重点放在需要亲自参与的一些护理工作上，这样有关死亡义务的担忧也许就会消失。伯恩斯坦和皮尔森也告诉我们，我们应该为可能会碰到一些意料之外的逆转做好准备，这种情况也许会导致不能实现时间上的节约。由此也就回到了范·欧世特和里德的观点：在反思护理机器人的应用时，我们不能只关注那些直接参与其中的人，还要去分析整个社会的技术背景。此外，我们应该留意可能的责任变化，并且认真思考护理机器人的使用能真正节约的时间。

人际交往

阿曼达·夏基和诺埃尔·夏基发现，护理机器人的应用将会剥夺老年人与其他人进行社交的机会，因此他们的福祉会受到损害。人际交往的缺失会影响到老年人的身体和心理健康。部分研究者认为与护理机器人之间的互动并不能弥补人际交往的缺乏。对这个观点的反对意见，就是机器人的使用让人们可以不依靠他人的照顾而更长时间地独立生活。例如，智能机器人技术可以帮忙穿弹力袜、洗澡或上厕所。由此，机器人给人们提供了更为体面地生活的机会。伯恩斯坦和皮尔森也看到了这些好处：在特定的条件下，护理机器人可以确保身有不便的人更为独立。但重要的一点在于，身处问题之中的人能够控制机器人。相比之下，人类护理人员常常会去控制被护理者。不过帕克斯（Parks）指出，生活在家中或养老院中的老年人早已经被孤立，而机器人可能会让情况更为恶化。目前的孤独状况可能会让老年人拒绝使用机器人。人类护理人员的拜访对许多老年人而言非常重要，所以他们更倾向于让护理人员来帮助自己洗澡和满足其他卫生相关的需求，尽管许多人宁愿不让他人来帮助自己做这些事。不过帕克斯也认为这对众多老年人来说是唯一的社交活动。

护理机器人会接手护理人员的工作吗

机器人开发者有很高的期望：长远来看，护理机器人将接手护理人员的工作。这种场景让我们感觉，未来养老院或自己家中将会充斥着智能设备和机器来照顾我们。随着老龄化在 2040 年达到高峰，这种未来的场景将会变为现实吗？我们非常怀疑。

有人认为机器人能够解决医疗卫生领域人员短缺的问题，但这点并没有确凿的证据。护理机器人不能取代人力，反而会导致责任和任务的变化和重新分配，形成新的护理类型。不管从实践还是从政策背景来说，护理机器人技术的所有创新和使用都应该被重新分析。在关于家庭自动化（包括机器人）的多数政策文件里，具有认知能力但身体能力存在欠缺的老年人是核心客户群体。家庭自动化也许可以让这些老年人继续在家中生活，而不是搬到医院或养老院去，尤其是那些由公众提供资金的医院和养老院。

主要依靠家庭自动化的护理服务早已经变成现实，但通常使用的并非机器人技术。从长远来看，在护理实践中，创新被证实是一件非常困难的事情。从实验室到实践，从原机到真正的生产，这会是一个复杂的过程。巴特（Butter）等人指出，我们需要大量的时间在医疗卫生领域进行重要的创新。同样，在机器人学领域里，还可以听到众多来自护理从业者、开发人员和使用者的怀疑声。在最近数年里，欧洲已经启动了众多项目将机器人整合入家庭自动化中，例如 Mobiserv 和 KSERA。在这些项目中，开发可进行远程护理的护理机器人是项目重要的组成部分。不过如果没有商业跟进工作，预算就会消失，而且经过测试的机器人应用也无法在实践中站稳脚跟，尤其是因为护理机器人领域的开发阶段与针对“真正病人”的实践应用距离太远，而且护理工作在框架问题方面太过复杂。由于护理机器人的成本高昂，这也可能导致在未来实际应用时并非人人都能使用得起护理机器人。

不过机器人能够给家庭自动化带来切实的好处。一个常见的好处就是因为机器人具身化了，它拥有一定的“存在感”：它是切切实实待在老人身边的。这种存在感让机器人能够去陪伴老年人，并且在他们身边活动，促使老年人进行一些有益的行为，通过触摸屏与来年人进行沟通，响应老年人的指令等。

问题在于机器人在未来老年人的居家护理上应该扮演什么角色呢？机器人可以扮演不同的角色：同伴、认知助手以及护理人员。这些角色现在都由人类来扮演，但被合理化后，可以由机器人来执行。这就要求对护理有一个全面的把握，从而让机器人可以接过这些角色。正如我们已经看到的，使用护理机器人对护理合理化带来了一些道德问题，而这些道德问题也因为机器人扮演的角色不同而不同。作为同伴的机器人可能会误导关系，而扮演认知助手的机器人可能会强迫被护理者采取行动，从而可能存在家长作风。将机器人作为护理人员可能会带来与被护理者的人类尊严相关的社会问题。通过使用这些机器人，被护理者可能会被去人性化。

伦理学家们提出，另一个与去人性化相关的重要缺点就是家庭自动化的使用可能会减少人际交往，尤其是护理机器人的使用。被护理者将不再与人类护理人员直接打交道，而是借助科技通过设备或远程来进行沟通。那么潜在的问题就是：被护理者究竟有多大权力能获得真正的人际交往？或者更直接地说，被护理者每天究竟可以获得多少与真正的人打交道的机会？我们应该对被护理者的选择进行分析。有些人可能更喜欢人类护理人员，而其他人可能更倾向于使用机器人，这取决于哪一类护理能够给他们带来更强烈的自我价值感。由此机器人可以被用来让人们更加独立，或者是鼓励他们更多地出门走走。例如，老年人在机器人的帮助下能独立外出后，就可以维系自己的社交活动。在这个例子中，机器人被当作一种对抗孤独的技术。或者在使用能帮助人们洗澡或上厕所的机器人后，机器人就成为了人们获得独立的关键所在。再次重申一遍，机器人的使用方式和他们执行的任务都至关重要。被护理者对机器人的控制权越多，他们就越发不会感觉自己只是护理机器人护理的物体。

通信技术和机器人学的使用应该具有针对性，但不应该忽视被护理者的需求。目前人们对长期护理中存在的这些需求和期望关注不够。对于护理机器人的设计者而言，主要结论之一就是他们应该不仅仅把老年人当作护理对象，同时还必须视为使用者，认真分析他们的需求，并且让他们积极参与到设计过程中来，这将会提高老年人对机器人的认可度。

索雷尔和德拉佩针对护理机器人的设计提出了一套伦理框架。这个框架明确了护理机器人的设计者应该宣传的，或者至少说应该尊重的价值观。这些价值观包括：

- 自主性（能够制定生活目标，并且选择实现这些目标的方式）；
- 独立性（能够在不需要他人的允许、协助或物质资源的帮助下追求自己的目标）；
- 实现能力（拥有或者可以获得实现目标和选择的方式）；
- 安全性（能够做好准备避免痛苦或伤害）；
- 隐私（能够在不被看见的情况下追求、实现自己的目标，并且实施自己的选择）；
- 社会联系（定期与亲朋好友联系，并且与自己选择碰面的陌生人安全地交流）。

在设计中，这些价值观几乎会不可避免地出现冲突，所以妥协是必要的。在进行此类妥协时，必须在提高生活质量（方法就是让老人们能更长时间地在家里生活）和保护个体的权利与其精神物质福祉之间找到平衡。

工作将发生改变，但个人之间的互动是无可替代的。

汉斯·瑞尔特曼并非医疗卫生领域的工程师，而是从医生转行过来的技术专家，这使他有所不同。他高度赞赏那些复杂的外骨骼，能够让“站不稳的人也可以行走”，但他也质疑设计师们是否会去考虑怎么避免褥疮。

“现在，机器人设备的设计要想出色，就需要病人、医疗专家和工程师一起合作，病人们清楚自己想要什么，医疗专家们懂得哪些是需要的，而工程师们则明白什么是可行的，”汉斯·瑞尔特曼说，“那是我从中得出的一点领悟。”

三重专业角色让他可以比他人更清楚地看出这三方面的重要性。在荷兰的特温特大学里，他向未来的工程师们传授康复技术。作为医生，他会在恩斯赫德市的专业康复中心罗欣中心（Roessingh）看病。最后，他还是罗欣中心独立研发部门的主任。他们不仅仅与康复中心合作，还同特温特大学进行协作，两者距离很近，骑单车往返也颇为轻松。

教练角色

在罗欣中心研发部门参与的项目中，有一项就是开发治疗机器人。这些机器人是工程学的创举，将同时让病人和医生受益。“在中风后，人们需要大量练习才能恢复运动技能，尤其是四肢的运动技能，在一段时间后他们就可以出院回家。理想状况下，他们应该每天锻炼数次，最好是做一些有用的针对性活动，然后得到直接的反馈效果。这其中存在人员问题：例如在跑步机上做行走练习就需要有两位治疗师在场，治疗师们会非常累，所以患者每次做的时间不能超过 15 分钟。如果严格遵守有关工作场所的法规，他们每天的时间不能超过 30 分钟。我们同特温特大学和其他合作伙伴携手，考虑是否可以让机器人来接手这项工作，可能这样效果会更佳。于是就有了洛佩斯（LOPES）。这是一套布满传感器的外骨骼，能够承受住病人的重量，并且在必要时纠正他们的行走动作。我们也为手臂开发了类似的东西。手太复杂了，但也有一个国际项目正在针对人手开发类似产品。

我认为在未来，比如说 10 年后，我们将会拥有配备了两三台腿部锻炼机器人和 5 台手臂锻炼机器人的锻炼区域。它们将会为使用者提供类似于游戏一样的活动，有些是通过触摸屏来进行的 2D 游戏，其他的则类似于 Wii，是带控制台的 3D 游戏。人们将会在治疗师的监督下到这里进行练习，一位治疗师将会同时关注多位病人。相比现在，治疗师们将更多地扮演着教练的角色。日常工作内容将发生改变，但依然至关重要：只有治疗师可以评估康复的进展情况。治疗师将仍然是病人运动最准确的观察者，能够最清楚地指出需要进行哪些改正。

主观认知

我们正在对比这种创新的质量与传统治疗的质量。目前的结果显示，在行走速度、持久性和步态等方面非常接近。机器人目前还没有表现得更为出色，但也同样很不错。

我们也非常重视病人对治疗的认知。罗欣中心希望给我们的合作提供更多这种主观的情感因素。合作对象中的特温特大学和数家公司更注重技术。我们会去关注那些病人非常看重的、非常明显的细节问题。例如，病人要花多长时间才能穿戴上设备、传感器和所有东西？时间应该不超过 3 分钟，我们现在已经将这个时间降到了 5 分钟。从好的一面来说，事实显示，病人们非常喜欢手臂锻炼机器人。目前，病人们（包括老年人在内）都适应了计算机游戏。他们主要抱怨的地方就是希望能更多样化。

对该设备有所担忧的主要不是病人，而是治疗师和护士们，这可能有两方面原因。首先，作为专业人士，他们通常必须使用原型机进行试验，而原型机在初期一般会有一些问题。这些初期的问题会让他们感到无尽的挫折，这点我完全理解。其次，人们常常宣称机器人会取代治疗师和护士们。从个人角度来讲，我觉得这些专业人士将会继续拥有至关重要的地位。在人与人的互动中，感情是无可替代的。我的确预计病人同治疗师之间的互动会变得不那么频繁，因为病人们将可以依靠机器人来进行锻炼。但重要的一点在于，这种情况一般会让病人们非常开心。

轮椅更好一点

罗欣中心产品研发部门正在开发其他机器人设备，还包括智能义肢和矫正器械，简单来说，也就是人造身体部位和外部身体支撑。因为有了传感器，它们可以预测到使用者的下一个动作，并且相应地调整自己的行动。但再重申一次，这其中还存在一些潜在的麻烦。

我们现在有在膝部安装了非常先进的计算机的义肢。这些义肢最大的需求来自老年人，但最受益的将会是年轻人，因为保险公司认为这些义肢对老年病人而言太过昂贵。未来，这些义肢将会装上发动机，从而能更好地支撑腿部。但许多老年人将会难以控制动力这么强劲的设备。若他们的运动能力不再能匹配这种义肢，必定会出现事故。我相信义肢领域非机器人方面的发展能给老年人带来更多的帮助。

矫正器械也有问题。有些问题是技术方面的：如果使用者的神经信号不明显（如下身麻痹患者）或不够（如处于痉挛状态），那么如何让使用者控制这些器械呢？其他问题则源于"这些发展都是靠技术推动的"。瑞尔特曼说："设计师没有充分意识到病人们穿戴这些设备后，设备将会摩擦并刺激到皮肤。病人们会长压疮，就同褥疮一样。利用创新型材料也许可以避免这个问题，但目前这个问题并没有像我所想的那样被优先考虑。对病人的偏好考虑也不够。实际上，我预计从现在开始10 年里，多数病人将仍然觉得轮椅更好一点。

被机器人背叛

医疗卫生在未来十年里将会看到服务机器人的入侵吗？瑞尔特曼对此表示了强烈的质疑。"我们正在设计一个病人搬运设备，该设备非常智能，你也许可以称它是机器人。它将主要用在专业化环境中，因为太过昂贵，不适合家用。此外，家用方面的法律要求更为严格，因为当事情搞糟的时候，身边并没有专业人士进行干预。

"在该领域，另一项发展就是能够陪伴人们并与其聊天的社交机器人。罗欣中心，并未进行这方面的研发。从个人角度来说，它们让我感到有点不安。当然，它们会变得越来越复杂，能根据情绪和问题准确做出回应。有人指出，难以区分和机器人对话还是和人类对话，这点是可能的。有趣的是，机器人看上去像不像人类并不重要。我还记得加拿大的一项研究展示的机器人只有 1.3 米高。其头部就是典型的马口铁做的，但它可以与人类对话。当他们让一位病人与这个机器人交谈时，仅仅 5 分钟后，这位病人就将机器人视为一种有情感的生物，甚至试图去拉机器人的腿。此后，当机器人告诉治疗师该病人未能进行部分锻炼时，病人感觉自己被背叛了，很失望。

显然，这会让你们就此进行各种道德方面的探讨。因此，我很高兴地注意到在我向工程学学生们讲授医疗卫生与康复技术之间的关系时，他们常常会自发地提出道德方面的问题。对于病人个体及社会整体而言，这些技术意味着什么？我觉得他们从一开始就考虑了这些问题，这点非常不错，也极为重要。

第4章

城市中的无人机

机器人空中圆形监狱

亚马逊的一流空运

2013 年圣诞节前几周，世界上最大的电子商务公司亚马逊公司宣布了一流空运计划（Prime Air）。该配送系统使用无人机在 30 分钟内将货物送至顾客手中（见图 4-1）。亚马逊公司首席执行官杰夫·贝索斯在接受电视访问时表示，在 4 到 5 年的时间里，无人机将可以开始运送大批货物。亚马逊的无人机都是小型无人八爪直升机（有八个水平旋翼的直升机），使用 GPS 来导航，而且拥有电动机。目前的型号续航里程为 16 千米，飞行速度为 80 千米 / 小时，而且所搭载的货物重量不能超过 2.5 千克（亚马逊销售的产品中 86% 可以达到这个标准）。一流空运服务意味着可以更快速高效地为消费者送货。亚马逊的目标是只要法律允许，就立马为全球顾客提供无人机送货服务。

图 4-1　亚马逊的一流空运计划

在 2013 年 12 月公布的一段视频中，亚马逊首次宣布了这个项目。这个时间选择得非常好，因为假日购物季热度正在增长中，许多人认为亚马逊的这个计划是个宣传噱头。公司在 2014 年 7 月向美国空中安全监管机构联邦航空管理局（Federal Aviation Administration, FAA）递交申请，请求允许针对一流空运计划进行室外研发试验。这份计划书充分体现出亚马逊对该项目是非常认真的。在请愿书中，亚马逊表示，公司在为一流空运计划开发高度自动化的飞行器方面已经取得了一些进步，其中包括：

> 我们对第八代和第九代飞行器的一系列能力进行了测试，其中包括敏捷度、持续飞行时间、冗余、避让传感器和算法；开发了能以 80 千米 / 小时的速度飞行且有效载荷为 2.3 千克的飞行器，其有效载荷覆盖了亚马逊所售商品中的 86%；这一切吸引了越来越多世界知名机器人专家、科学家、航空工程师、遥感专家和一位前美国宇航局宇航员。

尽管亚马逊公司早已经在该项目上投入了大量的资金和时间，但在技术上取得成功并获得监管机构的批准都可能需要耗费很长的时间。正如在申请书上所指出的，美国现有的法律阻碍了亚马逊公司的研发项目。《经济时报》（*Economic Times*）援引匿名资料提供者的消息称，亚马逊公司计划在孟买和班加罗尔测试用于送货的无人机，公司在那两个地方均设有仓库。之所以选择印度，是因为相对于其他国家而言，这里对商用无人机的使用并没有严格的规定。除了监管部门的审批之外，亚马逊公司要想启动一流空运计划，还面临着众多挑战。与无人机之间失去联系或其他导致无人机坠毁的技术灾难（在这个过程中可能会伤到人或物）都将会让亚马逊损失惨重。此类事故的负面影响不只局限于印度国内，而是会破坏亚马逊启动一流空运项目的雄心。亚马逊公司本身拒绝肯定或否认其已经选择印度作为一流空运的实验地。BGR 新闻网站表示，亚马逊印度公司的内部线人透露，一流空运项目不会很快在印度推出，而且他们事实上已经指出现在启动尚显得过于激进。

杰夫·贝索斯在电视上宣布该项目并不只是吸引了大量媒体来关注亚马逊公司，同时也让无人机的大量商用突然变成一种可行的提议。现在，无人机市场似乎被军用所垄断，在商用无人机上几乎没有什么大的投入（见第 6 章）。不过，商用无人机预计在未来 10 年里将会成为一个数十亿美元的产业。商业内幕情报网（Business Insider Intelligence）在 2014 年 1 月发布报导预测，在未来 10 年里，全球在无人飞行器上的累积开支将达到 982 亿美元，其中 118 亿美元将会花在商用无人机上。

亚马逊公司也许并非唯一一家最终使用无人机来运送日常用品的公司。无人机可以被用来从药房运送处方药，从厨房运送饭菜，以及从超市运送食物。尽管因为美国联邦航空管理局的限制而无法飞行，但硅谷设计的 TacoCopter 早已经能够通过无人直升机将墨西哥卷饼直接送到旧金山居民的家门口。预计商用无人机很快就能变为现实。美国联邦航空管理局目前预计，如果必要的监管到位的话，到 2018 年将会有多达 7 500 架小型商用无人驾驶飞机系统（UAS）投入使用。欧洲最大的邮政服务商德国邮政（Deutsche Post AG）早已从 2014 年 10 月开始使用被称为 parcelcopter 的无人直升机在德国北海小岛尤伊斯特岛派送药物和其他紧急物品。此前，德国邮政获得了州和联邦交通运输机构与空中交通管制机构的允许，在限制区域飞行。

除了送货之外，无人机现在也存在众多应用，也有广泛应用潜力。它们可以根据特定的需求来配备复杂的传感器。例如，对于火警瞭望无人机或巡视电力厂的无人机而言，温度传感器显然是选择之一。另一个最新的科技发展就是救护无人机（见图 4–2）。该无人机由荷兰德尔夫特工业大学开发。当急救中心接到心脏骤停的报警电话，该无人机就会快速将除颤器送至急救现场。通过视频和音频连接，它也能向急救中心直接反馈情况，从而使现场人员能够接受指导，懂得如何处理病人。无人机能通过报警人的移动手机信号自动找到病人的位置，并且使用 GPS 到达那里。该无人机也能够以大概 100 千米 / 小时的速度飞行，重量为 4 千克，而且还可搭载重达 4 千克的物品。相关立法应该跟上，以利用这些无人机给社会创造收益，同时应对这些无人机所带来的社会和道德问题。

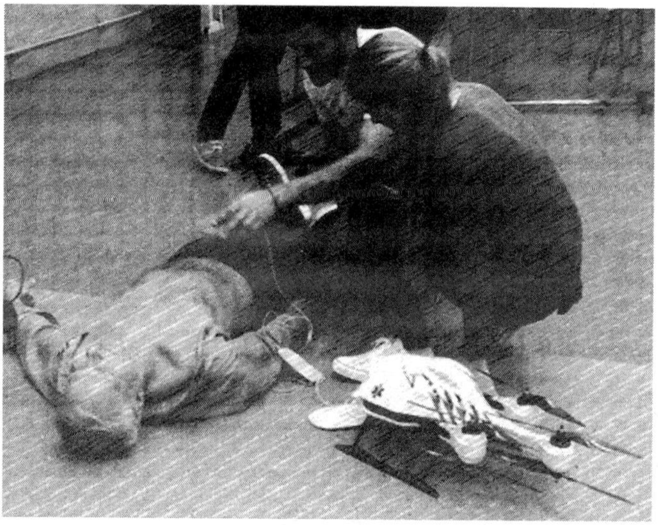

图 4–2　救护无人机

公用和民用无人机之间划清界限是常见的事情。民用无人机是指私人使用或商用的无人机。我们将会探讨一些在不久的将来可能实现的民用无人机的情况。公用无人机是指国家、州或地方政府使用的无人机。我们还将探讨执法部门所使用的公用无人机，尤其是警用无人机。在这些无人机被成功地引入社会之前，还需要奠定大量的基础。尽管早已经根据碎片化的管制框架使用了无人机，但在安全、技术和法律方面还存在一些障碍，阻碍无人机的商用。接下来，我们将探讨民用和公用无人机的使用所带来的各种安全和隐私问题。用于监视的、装配了摄像头的家用无人机已经带来了众多隐私方面的担忧。下面我们还会探讨有关安全和隐私问题的法规并进行总结。

无人机的民用

无人机的民用主要集中在监视和安保、勘探、救援、救灾、娱乐、农业、新闻报道和拍摄等领域。范围之广让我们看到，没有什么行业和领域能远离无人机的影响。本节将详细探讨三个民用领域，分别是娱乐消遣、新闻业和精细农业，以此来分析无人机的发展潜力，以及在应用无人机之前可能需要关注的相关问题。

使用无人机进行娱乐消遣

无人机之所以流行，是因为掌控这些无人机并不需要太多技能，人们可以轻松地使用无人机来拍摄照片和制作视频。技术的巨大进步和相关成本的降低已经让无人机吸引了越来越多的公众。例如，著名的个人无人机社区 DIYDrones 相当活跃，拥有近 6 万名无人机爱好者。用于娱乐消遣的无人机早已经是玩具业一个固定的分支。例如，在亚马逊的无人机商店里有 100 多款带摄像头的无人机，售价从 50 美元到 2 000 美元不等。现在，阻碍无人机发展的最大问题就是飞机续航能力有限。多数无人机只能飞行几分钟的时间。更为昂贵的无人机则可以飞行大概 15 分钟。

也许最著名的无人机就是四旋翼直升机派诺特 AR. Drone 2.0（见图 4-3）。该款无人机由法国公司派诺特（Parrot）开发，可以通过智能手机或平板电脑进行控制，而且配备了高清摄像头。派诺特 AR. Drone 2.0 是技术开发的先行者，率先用 iPhone 来遥控玩具。其飞行时间大概为 12 分钟，速度最高为 18 千米 / 小时，遥控距离为 50 米，而且质量低于 500 克。派诺特公司拒绝透露销售数字，但著名的行业网站 sUAS 新闻宣称，自 2010 年面市以来，该款无人机在全球范围内已经售出 50 万台。派诺特 AR. Drone 2.0 的售价在 300 ~ 400 美元之间。

图 4-3　派诺特 AR. Drone 2.0

如果花费 1 000 美元，你就可以购买更加先进的无人机，例如大疆精灵（DJI Phantom）。该系列无人机也相当流行，其飞行控制系统能够自动控制飞机，从而使飞行器在返航并着落时不会产生任何损害，其遥控距离为 1 千米，而且续航时间达到了近 30 分钟。

有了最新的技术，无人机变得越来越小。目前配有摄像头的在售无人机中，最小的一款是哈博森 X4（HubsanX4）。该款无人机只有 6×6 厘米。德尔夫特工业大学宣称他们已经开发出世界上最小的自动驾驶仪。其目标就是最终创造出没有控制器的无人机，小到能够装到人们的口袋里。德尔夫特工业大学希望能创造出只有 2×2 厘米的小型自动驾驶仪，重量只有 2 克。德尔夫特工业大学微型飞行器实验室（Micro Aerial Vehicle Laboratory）项目经理巴特·雷米斯（Bart Remes）预测，5 年后许多人将会把无人机放入自己的口袋里，例如可以在滑雪时进行拍摄。

用于娱乐消遣的无人机被视为模型飞机，其使用几乎在所有国家都无须特别申请政府的许可。不过它的使用还是有部分限制的。多数国家的政府禁止无人机的飞行高度超过 150 米，或者是在人口密集区及机场飞行，或者是禁止无人机的重量超过 25 千克。无人机必须保持在人们的视线范围内，而且只能用于娱乐消遣，不得用于商业目的。无人机的使用相对而言比较简单，如何驾驶模型飞机反而需要大量的时间来学习，所以那也是拥有此类飞机所面临的挑战之一。人们驾驶模型飞机也许比驾驶无人飞机要更为小心。操控无人机相对比较容易，所以购买此类无人机的门槛就变得相对较低，这导致无人机可能会吸引那些鲁莽的飞行员。

使用无人机来入侵私人住宅或企业等，都可能构成刑事骚扰罪或有窥探他人隐私之嫌。问题在于难以找到究竟是谁在驾驶无人机，因为人们可能看不见操控者，而且无人机也没有什么身份特征。例如，在 2014 年的第一个月里，温哥华的居民们就已经因为无人机向警方投诉多达 10 余次。

尽管各国正在投入时间和金钱为无人机的商用制定严格的标准，但无人机在娱乐消遣方面的使用很大程度上逃过了监管。从定义上来说，使用无人机来进行娱乐消遣的人在享受快乐，可能并未在意法律法规。而且在使用无人机进行娱乐消遣时，他们的行为是很难进行监控的。外加无人机越来越多，价钱越来越便宜，这就意味着相对无人机的商用而言，民用无人机的使用者可能对安全和隐私构成越来越大的威胁。

新闻业对无人机的使用

2014 年 1 月 1 日，据称摄影师、发言人杰西·廷斯利（Jesse Tinsley）使用了其个人四旋翼飞行器从空中俯拍了每年一度的北极熊跳水（Polar Bear Plunge）活动。该活动的举办地点是美国爱奥瓦州科达伦湖的桑德斯沙滩，也是每年元旦的传统活动。因为该段视频的发布构成了商用，所以美国联邦航空管理局回应称这种行为绝对是非法的，尽管他们并没有打算针对报刊或拍摄者采取行动（这段视频现在仍然可以看到）。2013 年，密苏里大学的无人机新闻项目（Drone Journalism Program）和内布拉斯加大学林肯分校（University of Nebraska-Lincoln）的无人机项目被美国联邦航空管理局暂停，直到他们获得允许使用无人机的许可证书（COA）。

要获得特定地点的许可证书可能需要数月时间，而且如果想要到另一个地方去飞行，又需要重复同样漫长的流程，但这点并不太适合新闻业，因为新闻通常都要争分夺秒。美国联邦航空管理局的这番举动事实上限制了使用无人机来采集新闻。

在 2014 年，16 家美国大型新闻机构聚在一起，谴责美国联邦航空管理局通过限制无人机的使用来剥夺媒体的自由。尽管美国联邦航空管理局罕见地将许可证书例外颁给了政府和执法部门使用，但美国还是禁止了无人机的商用。据这些新闻机构表示，美国联邦航空管理局的立场是站不住脚的，因为它基于的是对新闻界的错误理解。新闻采集并不是出于商业目的，而是美国宪法第一修正案所赋予的权利。在新闻界使用无人机的优势在于，观众可以从此前不可能实现的角度来看新闻，而且也可以拥有一个很好的观察平台，无人机可以停在一个位置监视整个局面，而不是单纯地从上空飞过。如果没有了无人机，也就不能实现这一点。同样，无人机也可以协助报导火灾和其他自然灾害。此外，无人机也同样可以为新闻调查提供数据。

新闻界使用无人机时，在进行人物报导时可能会带来特定的道德问题。例如，内布拉斯加大学新闻学教授马特·韦特（Matt Waite）表示，无人机可能会极具侵犯性。比如说，当一位母亲因为孩子被残忍杀害而黯然神伤时，众多记者带着小型无人机来报导这一事件，又或者名人们在私人度假时，狗仔队使用无人机来跟踪拍照或拍摄视频。克拉克（Clarke）称这是“窥探隐私新闻”（voyeurnalism），是一种堕落的新闻报告形式，并非为了公众利益来采集和呈现关于事件的信息，而是在追逐公众的趣味。使用无人机的窥探隐私新闻将会成为空中狗仔队。对名人无休无止的监视可能会出现在目标人物的前门等地方，而跟踪名人也会变得更为容易。越来越多的无人机正在迫使名人们即使在自己家中也要加以防避，因为游泳池、网球场和阳台上方随时都可能会有摄像机突然冲过来。狗仔队的无人机已经让歌手蕾哈娜（Rihanna）和演员珍妮佛·嘉纳（Jennifer Garner）等受到过惊吓。另一个窥探隐私新闻的例子发生在2014年世界杯上。当时法国要求国际足联进行调查，他们怀疑在法国国家队为对洪都拉斯的世界杯首场比赛进行准备时，曾经有人使用无人机来进行暗中侦察。也许使用该无人机的是球队的球迷，但如果是某位记者操控着这架无人机，那就涉及了窥探隐私新闻。

精细农业

无人机可能会大幅提升精细农业水平。通过使用信息和通信技术，农民们可以对其耕地进行微观管理，并且针对要进行的工作制订详细的计划。精细农业是指农业市场的两个细分市场：遥感和精确施用。大量遥感器被用来扫描庄稼，查找健康问题，记录生产率和水合作用，并且确定病害爆发地。精确施用对农作物种植和园艺尤为有用。它利用高效喷洒技术来更有选择性地覆盖到庄稼和耕地。这些解决方案自20世纪80年代以来已经存在，但并没有被广泛采用。在过去数年里，随着低成本开源无人机的快速发展，以及摄像机技术的发展，这种情况可能会发生改变。

无人机可以进行编程，从而能低空飞过农田，然后将照片和视频不断地传递给地面的接收站，此后接收站将图像拼在一起组成地图，或者是通过分析图像来判断农作物的健康状况。相比于卫星影像，无人机影像成本要更低，而且清晰度更高。无人机可以让农民们看到三种详细的景象。首先，从空中查看农作物可以看到从灌溉问题到土壤变化的多种情况，甚至是虫害和真菌感染等各种问题。如果是在地面上进行观察，这些问题就没有那么明显。其次，空中的摄像头可以拍摄多谱图像，通过红外光谱和视觉两个方面采集数据。这些多谱图像有助于农民掌握农作物的情况，突出显示健康的农作物和有问题的农作物之间的区别，而这些单靠肉眼是无法看到的。最后，无人机可以每周或每天检查一次农作物，甚至是每小时检查一次。这种有着一定时间序列的动态图像可以让农民看到农作物的变化，发现问题地点或更好的农作物管理机会。这是农业日渐向数据驱动发展趋势的一部分。它也有助于历史数据库的建立，从而使农民们能利用该数据库来预测未来的农作物产量和土壤健康情况。

英温特沃克斯公司（InventWorks, Inc.）和博尔德实验公司（Boulder Labs, Inc.）联合开发的无人机就是一个很好的例子。该无人机重2千克，翼展为1.8米，配备了多谱摄像头，能够每隔几秒拍摄带地理信息标签的高清照片。英温特沃克斯公司和博尔德实验公司宣称，如果使用其无人机，每英亩的除草剂成本可以节约 80%，也就相当于每个种植周期内，农民平均可以节约近 1 万美元的成本。明尼苏达大学精细农业中心主任大卫·穆拉（David Mulla）估计，如果在农作物尚未破土而出时就使用无人机来监测它们的生长状况，则每平方千米可节约 10~30 美元的化肥和相关成本。

农业可以为无人机的商用提供条件，部分原因在于农村地区远离了拥挤的人群、建筑和机场，从而降低了人们对隐私和安全性的担忧。2013 年，詹金斯（Jenkins）和瓦赛（Vasigh）进行了一次研究。研究显示，无人机未来的商用市场很大程度上在农业领域。黄（Huang）、汤姆森（Thomson）、霍夫曼（Hoffmann）、兰（Lan）和弗里茨（Fritz）则表示，农用无人机取得成功还要数年的时间，主要是因为有效载荷和续航时间有限。他们认为至少在未来十年里，人类驾驶的飞机和（拖拉机悬挂式）地面设备将仍然是主角，而无人机仅仅被用来检测和处理小块耕地，尤其是那些大型设备到达不了的地方。

日本农用无人机 RMAX

在过去 20 年里，日本已经在使用无人驾驶飞机。1983 年，因为劳动力出现老龄化，而且缺乏年轻一代的接班人，日本农林水产省请雅马哈株式会社开发一种农业用无人驾驶飞机。1990 年，雅马哈公司推出了用于喷洒农药的无人直升机。该无人机的一个巨大突破就是雅马哈姿态控制系统（Yamaha Attitude Control System，YACS）。该系统的一大特色就是能力得到大幅提升，能够在一个固定的位置盘旋，而且新手也可以轻松操控。现在，最流行的农用无人机是雅马哈遥控直升机 RMAX（见图 4–4），其售价约为 10 万美元。该无人机重 100 千克，长 3.63 米，高 1.08 米。有效载荷为 28 千克，拥有两个液体喷雾器罐，每个罐容量有 8 升。这款无人机可以在以操作者为中心的 400 米范围之内喷洒液体和颗粒，喷洒速度可以达到 6 分钟 / 公顷。操作者可以借助该无人机对野草或农作物区域进行喷洒，或者以更具成本效益且更精确的方式在特定区域内播撒种子。在日本，稻田的面积平均都有 2 万平方米，而且周边都是住宅或商业地产，因此无人机提供了一种安全、高效且精准的方法进行农业喷洒。

现在，日本在用的 RMAX 无人机约有 2 400 架，占到了 77% 的市场份额，能够操作这些无人机的人数在全日本范围内已经增长到了约 7 500 人。2013 年，这些无人机在日本喷洒的耕地总面积已经达到了240万。

RMAX无人机已经吸引了其他国家的关注。例如，加州大学戴维斯分校研究了如何在美国农业领域使用这种迷你直升机。美国联邦航空管理局已经批准雅马哈公司同加州大学戴维斯分校合作进行试飞，以收集数据，对无人机在农业中的使用加以验证。该研究的试验地就是纳帕谷的葡萄园，那里位于丘陵地带，植物相对低矮，而且周边没有太多高楼。无人机可以飞到标准尺寸直升机和固定翼飞机无法到达的地方，而且在部分情况下，对操作人员而言，相比于使用拖拉机来牵引的喷射装置，使用无人机的风险更小。雅马哈公司已经向韩国出口了100架RMAX无人机。2013年，雅马哈飞行业务部澳大利亚分公司也通过加盟和承包等方式来推广RMAX，用于远程维护土地和庄稼。制造商并不出售无人机，而是将无人机租赁给运营商，运营商有经过培训且获得证书的飞行员，可以为农民们操作无人机。

RMAX的应用早已经突破农业领域。2000年3月底，高732米的活火山有珠山（Mount Usu）爆发。2000年4月，日本政府请雅马哈公司对有珠山的火山区进行监控。无人机可以收集到精确且宝贵的数据，而有人驾驶的飞机可能无法做到这点。这也是世界上成功使用无人机在人们视线之外进行操作的第一例。当时使用的是GPS自主飞行系统。

日本可以被视为在农业领域成功使用无人机的榜样。日本之所以能取得成功，是因为日本农林水产省委托雅马哈公司开发该技术，而不是通过制定具体的法规和推行保证操作安全的操作员认证系统等来限制无人机的商业化道路。

图4-4　RMAX无人机

无人机用于执法

机械战警

1924 年，美国的《科学与发明》（*Science and Invention*）杂志上对一款警用机器人：无线电自动警察（Radio Police Automaton）（见图 4–5 和图 4–6）进行了讨论。这款机器人拥有聚光灯、扩音器、催泪弹和转盘，可使用子弹来驱散人群。无线电技术让人们可以在警车中操控这款机器人。文章的作者认为该警用机器人是“无可匹敌的”，因为它防弹，而且有强大的汽油发动机，高达 20 ~ 40 马力。20 世纪 20 年代对警察工作未来发展的看法，尤其是杂志封面的那张照片，构成了奥威尔式的画面：强大的机器人可以被用来维持公共秩序和安全。

图 4–5　1924 年美国《科学与发明》封面上无线电自动警察的图像

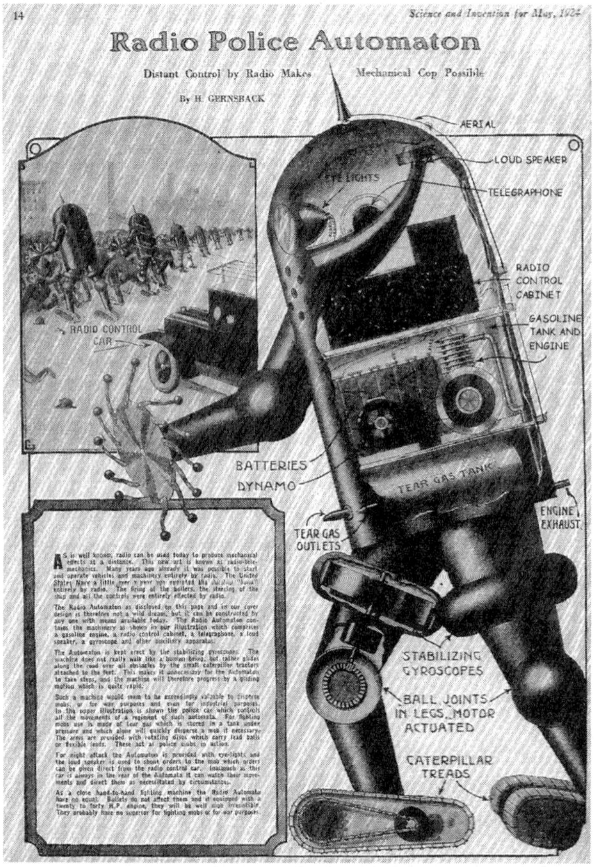

图 4-6　根斯巴克（Gernsback）对无线电自动警察的解释（1924 年）

警用机器人会让人不可避免地联想到《机械战警》和《终结者》这些电影。这些电影中的类人机器人在打败邪恶势力的宏大场景中都扮演着主角人物。这些幽灵式人物给人们展现了奥威尔式的场景，即社会被无所不能的机器人所控制。这些未来派的画面与现实形成了鲜明的对比。英国著名机器人教授诺埃尔·夏基表示，这些幽灵式人物虽太过极端，但也能给我们以警示。夏基使用通向未来的路线图来让大家更加直观地了解警用机器人领域当前的发展可能会带来的影响。这个路线图从现在开始，直到 2084 年，这也是为了响应奥威尔的小说《1984》。夏基指出，目前机器人可能会被用于移动监控和爆炸物探测。2084 年时，也许会有仿生警用机器人在大街上巡逻，机器人与摄像头网络、数据库和其他机器人相连，能够在道路安全、防爆、人群控制、查找走失人员或者审讯危险嫌疑人等方面提供协助。夏基表示，未来机器人将会接管各类警察工作，而且它们将会越来越独立地履行这些工作。

目前的警用机器人更多地像遥控玩具车，而并不像警官，因为就连开门这个动作对他们而言都可能是难以超越的障碍。

尽管在很长一段时间里，“机械战警”仍然只存在于科幻小说中，但机器人早已经被警察用来处理一些危险、枯燥和在肮脏环境的警察工作。它们执行此类工作时，不会出现精神不集中的情况，而且机器人也可以去往人类或其他机械工具难以到达的地方。在英国，自爱尔兰共和军时代开始，机器人就一直被用来清除炸弹。自 20 世纪 80 年代末期开始，所谓的 V-A1 遥控机器人就被用来在美国弗吉尼亚州探测可能存在危险状况的环境。这些 V-A1 机器人装备有摄像头、化学探测设备和可以抓住物体的机械臂。它们让操作者可以远距离评估危险情况，无须亲自冒险。

尽管有一些陆地上使用的警用机器人，但我们也看到执法部门开始越来越多地使用无人机。这主要是因为对军用无人机技术的大量投资和发展（参见第 6 章），而执法部门也从中获益。此外，执法部门希望能够充分利用机器人来进行监视和侦察，而无人机能很好地实现这些目的。下面我们将会探讨无人机在执法部门的使用，主要是警察们对无人机的使用。

警用无人机的任务

警用无人机主要是为了实现监视和侦察的作用，而完成这些任务就需要使用摄像头和传感器来观察情况并进行沟通。例如，2009 年，荷兰警察的特遣队伍购入了一架迷你直升无人机来打击有组织的大麻种植者。该无人机拥有气味探测设备，能够使用视频，所以可以从空中追踪大麻种植地。在迷你直升机的首次试飞过程中，警察就发现了一家大麻工厂。7 位嫌疑人被捕，并截获了大量大麻。

2014 年，中美东海岸国家伯利兹在打击法非捕捞的过程中也使用了无人机。非法捕捞给全球捕捞行业造成的损失高达 230 亿美元，是一个全球性的大问题，因为它破坏了脆弱的海洋生态系统。伯利兹是受到非法捕捞问题冲击最厉害的国家之一。该国非法捕捞的现象非常猖獗，以至于 2014 年 3 月欧盟暂停进口所有伯利兹的海鲜（以及柬埔寨和几内亚的海鲜进口），原因在于伯利兹未能大力阻止非法捕捞。用于打击非法捕捞的固定翼无人机，也就是所谓的天行者（Skywalker）能够飞行 1 个小时，遥控距离达到了 50 千米，而且能够拍摄高清照片和视频。它们被用来在一些人们难以到达的地区进行巡逻，例如岸边的红树林。这些无人机的成本只有传统人类驾驶的飞机的一部分。在定位到非法行为后，政府就可以派遣船只过去，更高效地进行海上搜索。

2009年，荷兰独立的航空航天知识企业——荷兰国家航空航天实验室（National Aerospace Laboratory，NLR）针对荷兰警察总局提交报告，介绍他们对市面上众多遥控侦察飞机所进行的操作测试和评估。该报告在11种场景的基础上描绘了执法机构可以使用无人机来完成哪类任务，以及可以取得哪些成果。这些场景多种多样，其中包括在自然保护区内搜寻失踪人员或寻找被绑架的富家女，监视海港里可能会导致大爆炸的起火的船只，在工业区发现装有大麻的容器，以及确保国际大人物聚会的安全（见下列专栏）。从这些场景可以确定无人机必须达到哪些要求才能执行这些操作。

场景9：在城区进行搜索

案例场景

一家非法武器生产工厂可能就位于X工业区。该建筑外有一个庭院，许多人进进出出该建筑。警察希望在白天发起进攻，但首先需要了解那里的具体情况。

场景背景

工业区，偏远，许多条大马路纵横交错。

任务场景

这家工厂事实上是不是非法的武器生产工厂？

庭院里正发生什么事情？

建筑内有多少人？

所有入口的位置在那里？对无人机有何要求？

基于前文对场景的描述，无人机必须达到以下要求：

1、它可以长时间（>1个小时）观察永久性建筑和其附属建筑，不断地监视从各个方向来到该建筑的所有目标（人、车辆），也能看到那些在庭院里面的人；

2、能够使用无人机通过观察确定有多少人躲在建筑里或建筑周围；

3、识别并记录在观察区域内的特定物体（武器）；

4、能够通过无人机对该区域进行秘密观察而不被发觉。

警用无人机的例子

我们已经开发出了许多类型的无人机用于执法。这些无人机多数可以轻松地装入警车内，而且能够在 5 分钟内就装配好等待飞行，能在空中快速进行侦查，将现场视频直接传输给操作者，而成本只有人类驾驶的飞机的一小部分。我们将会举出三个例子，让大家看到警用无人机技术的适应力和适用范围。

Qube 无人机有 4 个旋翼叶片，长 90 厘米，重 2.5 千克。美国警方最初使用的无人机技术就是该无人机。它可以来回俯冲，拥有盘旋观察能力，而且使用了色敏和热敏高清摄像头。Qube 的续航时间为 40 分钟，有一定的载荷能力。其遥控距离（1 千米，视线范围）和操作高度（30~150 米）是由联邦航空管理局所限定的。

例如，美国北达科他州的大福克斯市警察局就使用了这种无人机。自 2013 年起，该无人机已经执行了 11 次任务。这些任务包括在犯罪或事故现场拍摄数码照片，从空中为侦探提供有用的情报，监测红河每年的洪灾危险以及搜寻人口。在一次任务中，一位涉嫌醉酒驾车的司机逃到了玉米地里，玉米杆高达 2 米多，在地面上根本就看不到人。Qube 的热敏成像设备能够通过身体的热量侦察到任何生命体的存在。有了它的帮助，嫌疑人在 3 分钟内就能被找到。

另一款更为先进的无人机就是无人直升机影子鹰（ShadowHawk，见图 4–7）。该款无人机的旋翼几乎有 2 米长，重达 16 千克。该无人机的遥控距离为 24 千米，飞行速度可以达到 89 千米 / 小时。影子鹰无人机能够在 200 米之外对某个区域（如房子、车辆、人等）进行空中监视而不被听到或看到，这点与全尺寸的飞机不同。例如得克萨斯州蒙哥利特县警察局使用该无人机进行突发事件管理、寻找失踪人口以及监视行动（比如在空中拍摄特警小组的行动）等。2014 年 4 月，蒙哥利特县警察局的无人机在康罗湖进行操练时因为出现故障而坠毁。该无人机的售价为 25 万美元。

图 4–7　影子鹰

纳米蜂鸟（Nano Hummingbird，见图 4-8）是一款口袋大小的无人机，翼展为 16.5 厘米，重仅 19 克，装有可用于监视和侦察的视频摄像头。该无人机由航空环境公司开发。这是由美国国防部高级研究计划署赞助的研究项目，旨在开发能够进行室内室外操作的新一代空中飞行器系统。该无人机的飞行速度能够达到 18 千米 / 小时，可以盘旋、侧飞、前进和后退，而且续航时间为 11 分钟。纳米蜂鸟目前还尚未被警方采用，但在不久的将来它可以被用来在城市中执行监视和侦探任务，并且可能停在窗台或电线上，或者是进入大楼内观察周边环境，然后将摄像机拍摄到的景象传递给自己的操作者。

这些无人机开启了监视的新天地。为了实现这个目的，还有一些障碍需要克服。例如，空中机器人的飞行时间仍然相当有限。除了能源供应受限外，风力也会限制它们的使用。在特定的风力情况下，空中机器人会无法保持平稳，由此难以拍摄可用的照片或视频影像。此外，飞行的编程是一个非常脆弱和微妙的过程，小小的程序错误就可能导致无人机坠毁。

图 4-8　纳米蜂鸟

警用无人机也可以装备“智能”摄像头系统，例如通过特别的视频分析软件，摄像头可以远程登记商业街或建筑工地上的事故，包括盗劫和火灾，然后将信息传递给急诊室。在无人机上装配智能摄像头就可以在警用领域发挥大作用。给无人机配上智能眼睛，它就能够识别公共空间里面的可疑行为，预防事态升级。如果智能摄像头能够识别出可能不太正常的特定动向，或者是某人的情绪爆发可能会影响到旁人，那么将发挥很大的作用。如果无人机能够对群体动态实时做出准确的预测并寻求帮助，或者是在可能导致恐慌的情况下进行监督和监视，那么就能避免事态升级。

法律和道德问题

汉布林（Hambling）针对远程操作提出了一些重要的问题：远程操作能力是否会降低警察们面对突发严重问题时的干预能力？警察们是否会习惯于无人机的使用，因此丧失那些必须依靠大量训练才能培养起来的能力，而这些能力在事态紧张时是至关重要的？这就是指技能退化问题：因为习惯于新技术而丧失了一些基本技能。警用无人机的使用可能会带来这种现象，也值得那些设计任务创新和替代的设计师们注意。警用无人机的应用增多要求警察们具备新的技能。第一，他们必须能够操作这些无人机。第二，他们应该能够使用机器人技术来履行警察职责。这两点都在操作和战略上对警察提出了不同的要求。其负面影响就是通过大量训练和经验才能培养起来的基本警察技能会退化，因为他们习惯了使用警用无人机。以后警察们在面对无法使用无人机来解决的严重问题时，干预能力会降低。

从法律角度来看，目前尚不明确这些警用无人机如何在现有法律法规的范围内加以使用。例如，根据现有的法律框架，在节庆人潮、沙丘起火、在晚上或在操作者视线之外等情况下，使用无人机要遵守哪些具体限制？如何调整航空法和关于隐私的法律法规，从而在保证空中和地面安全且不过多牺牲居民隐私的前提下，增加无人机在执法工作中的使用？这是在政治方面的一项挑战。在执法过程中使用无人机，将无人机作为成本相对较低的新监视工具，这可能会被证实是意义最为深远且可能最具争议性的一种使用方式。无人机可能会导致监视无孔不入。使用无人机可能会让警察们通过热敏红外线高清摄像头来记录公众的行为。这些无人机的使用已经促使人们就隐私界限进行了探讨。主要问题就在于无人机可能将被用来监视普通民众。

从警察的角度来看，航空法和相关法律法规可以被视为阻碍无人机被用于特定目的的一种障碍。美国的执法机构一直在叫嚷着要联邦航空管理局允许快速部署无人机。他们宣称，在挟持人质和高速追逐等场景中，无人机会是决定性的战术力量。正如我们所看到的，美国联邦航空管理局勉为其难地仅开放了用于执法的空域，甚至是只针对小型无人机，理由就是出于对安全性的担忧。在欧洲，多个国家也正在考虑调整阻碍无人机商用的现行法律框架。2014 年 7 月，西班牙政府批准了针对无人机商用的临时性法律框架，针对遥控无人机的重量和飞行员与运营公司的义务等进行了规定。这些规定将让无人机可以执行一些空中工作，例如调查和开发活动、需要在空中喷洒物质（包括用于灭火的物质）的空中农业作业、空中调查、空中观察和监视（包括拍摄和森林火警监视）、空中广告、广播和电视信号发射、紧急情况处理、搜救以及其他特别任务。

2007 年，阿姆斯特丹警察局前局长埃里克·诺德霍尔特（Eric Nordholt）曾经在接受采访时表达了对无处不在的摄像头的担忧：

> 有了摄像头和计算机系统，警察希望能控制城市各个地方的出入情况。我认为大家并不想生活在这样一种社会里，但现行的举措正在朝那个方向发展。我们应该想想自己究竟想要怎么建立这个系统。究竟是你被这座城市所塑造，还是你去参与塑造这座城市？警察能为这座城市做出哪些贡献？作为警察局长，我不应该在这里进一步做出悲观预测。

无人机将会进一步强调监视和执法，而不是在技术、控制与监视（如无人机）以及社会领域（即给那些需要的人以帮助）之间找到平衡。诺德霍尔特认为，警察应该在一个问题上表现出更多的智慧，即如何让具有强大社会责任心的警察队伍来使用那些控制技术？

安全性

尽管无人机在公用和民用领域的使用五花八门，但它们并非没有风险。最大的风险之一就是安全性。新闻网站 ABC15 披露，其所获取的美国联邦航空管理局的文件显示，警察部门正在努力打击无人机的非法使用，但这项工作的开展难度极大。报告显示，在最近数年内至少已经开展过 23 次调查，但多数非法的无人机操作者都无法找到。追踪到的 10 名非法操作者只是被正式警告，只有一名操作者拉斐尔·皮尔克（Raphael Pirker）因为在弗吉尼亚大学上空拍摄商用照片而被罚款 1 万美元。不过，就算在获得美国联邦航空管理局的允许后并在其监督之下驾驶民用无人机，也可能会出现坠机的情况。《华盛顿邮报》报导，自 2009 年 11 月以来，美国联邦航空管理局已经认定 23 起事故和 236 次事件均为“不安全”，其中涉及的民用无人机均已经进行过登记。

拉斐尔·皮尔克事件

皮尔克在 2010 年首次受到媒体的关注。当时他使用自己的模型飞机拍摄了纽约市区和自由女神像，并且将视频上传。政府也收到了消息，但并没有采取行动，因为皮尔克的这次飞行并不是为了赚钱。他的模型飞机适用于 1981 年的咨询通告，而非 2007 年关于无人机商用的通知。此后在 2011 年 10 月，广告公司刘易斯通信公司（Lewis Communications）找到皮尔克，要求他从空中拍摄一段弗吉尼亚大学校园的影片。为了完成这次拍摄，皮尔克控制自己的无人机在树下飞行、穿过一段隧道，并且靠近一个人飞行。这个人负责望风。后来，美国联邦航空管理局知道了这次拍摄行动。两年后，皮尔克接到了 1 万美元的罚单，原因就是他操控自己的无人机用于商业目的，而这种行为违反了联邦航空管理局的规定。该规定要求：“任何人不得不计后果、粗心大意地操作飞机，威胁到他人的生命或财产安全。”

皮尔克就这次执法行动向美国国家运输安全委员会提起了抗诉，表示美国联邦航空管理局无权针对操作无人机的人员罚款，因为该局并未发布任何关于无人机使用的正式规定。2014 年 3 月，一位美国国家运输安全委员会的行政法法官支持了皮尔克的观点。当时并没有具有法律效应的联邦航空管理局规定，而且如果联邦航空管理局现有的法律法规范围是正确的，其立场“可能会导致一种可笑的言论，认为在空中的任何飞行都可能让操作者违反这些规定，例如飞纸飞机或者是轻木滑翔机”。美国联邦航空管理局后来又提起了上诉。在一份新闻通稿上，美国联邦航空管理局表示，“美国联邦航空管理局正在针对美国国家运输安全委员会行政法法官的裁定向委员会提起上诉。在委员会裁定前，该判决暂缓执行。本局担心该判决会影响到国家空域系统的安全操作，以及地面上人和物的安全。”

空中安全

随着民用无人机的使用增多，外加没有合适的监管，未经规定的无人机使用将会成为导致灾难的一个原因。2013 年，这恐怖的一幕差点变为现实。当时意大利航空公司的喷气机飞行员在靠近肯尼迪国际机场时，距离一架无人机只有 60 米远。美国联邦调查局介绍，那架被形容为小型直升机的无人机当时正在 530 米的高度飞过人口密集的住宅区。该无人机的操作者一直未能找到。如果飞机在空中相撞，将会带来灾难性的后果。飞机相撞的潜在后果可以参照 2009 年“哈德孙河上的奇迹”。当时一群大雁撞上了一架美国全美航空公司空客 A320 的发动机，飞行员不得不在水面上紧急迫降。

商用和民用无人机的问题在于它们在雷达上不会显示，所以空中交通防撞系统无法探测到它们。尽管有基本的飞行规定要求，如这些无人机的飞行高度不得超过 120 米，而且飞行地点必须距离商用机场至少 5 千米，但许多操作者并没有遵守这些规定。《华盛顿邮报》为期一年的调查显示，在 2013 年至 2014 年期间，共出现了 15 例无人机危险地靠近客机机场飞行的情况。他们也发现，美国国家航空航天局有一个数据库记录了飞行员和空管员的秘密投诉，该数据库里记录了另外 50 起危险的空中相遇。

操作不当

无人机如果操作不当也会造成严重的伤害。操作不当的原因有不少，例如遥控设备的信号不佳，无人机存在缺陷，或者是操作者试图进行高出自身技能水平的操作。这方面已经发生了数起事故。2013 年，一位 19 岁的男子被遥控直升模型飞机撞伤致死。当时他正在布鲁克林公园驾驶该飞机，结果飞机直接撞到了他的头上。也是在 2013 年，当时正值周一晚高峰的时候，一架小型直升无人机在曼哈顿东边的大楼上方高空飞行，突然就直接坠向地面，距离一位商人仅有几英寸远。一位婚礼跟拍摄影师也差点破坏了新人们的好日子。当时他试图使用自己的四旋翼飞行器从空中拍摄这对新人，结果该无人机突然全速撞向新郎的头部，导致新郎的眼睛和面部受伤。2014 年，在西澳大利亚州杰拉尔顿市举行的巴达维亚耐力铁人三项比赛中，一架无人机从比赛线路上空约 10 米高的空中坠下，一位参赛选手头部受伤，不得不缝了 3 针。该无人机由当地一家视频公司操作，当天在拍摄整个赛事。操作无人机的飞行员称无人机被黑客入侵或劫持，可能是附近有人试图使用手机从操作者手中抢过无人机的控制权。

无人机被黑客入侵

不管这位无人机操作人员是怎么辩解的，从这件事情可以看出，无人机所造成的伤害不仅仅在于其操作者。无人机可能会被黑客入侵，其行为可能被操作者之外的人所控制，原来的操作人员没有了控制能力。无人机靠 GPS 信号来导航，操作者通过双向无线电传输链路来进行控制。军方使用非常先进的加密技术来保护自己控制无人机的通信和导航链路。不过得克萨斯大学的研究人员已经证实，尽管使用了这种非常先进的加密技术，军用无人机也可能被黑客入侵。他们所使用的技术被称为地址欺骗（spoofing），该技术会让无人机把入侵者发出的信号错误地当作 GPS 卫星所发出的信号。研究团队发送虚假的信号，骗得无人机“认为”自己正在朝上飞行，而实际上无人机当时正在朝着地面俯冲。这支团队在最后时刻改变了无人机的飞行路线以避免无人机撞击地面。黑客入侵的危害可能会非常巨大。计算机病毒可能会导致无人机失去控制。此外，黑客可以劫持无人战斗机，让它们冲撞某栋建筑或是将平民视为攻击目标。民用无人机一般是靠非加密的卫星链路和无线电传输，更容易被劫持、堵塞或欺骗。托德·汉弗莱斯（Todd Humphreys）是得克萨斯大学研究团队的负责人。他表示，针对黑客入侵者建设防御系统并不容易，成本也不低。他预测，如果有效的解决方案在商用无人机上市前不能到位，那么“黑客们就会如雨后春笋般冒出来”。不过克拉克和班尼特·摩西（Bennett Moses）相信，无人机的价格会越来越低，所以黑客入侵现象反而不可能变得越来越普遍。黑客入侵无人机的唯一动机就只剩下掩盖他们的身份了。

击落无人机

无人机的行为不仅仅会受到黑客入侵的影响，同时也会直接受到射弹的攻击，其中包括其他无人机的攻击。关于无人机被击落的报导正日渐增多。2012 年，美国宾夕法尼亚州的一支动物权利保护团体希望能够记录一家射击俱乐部射杀鸽子的残忍行为，为此不止一次使用配备了摄像头的无人机。警方透露，2014 年 10 月，新泽西州一男子用枪击落邻居的遥控无人机，并因此被捕。根据条例草案，科罗拉多州迪尔特雷尔市可以颁布射击无人机许可证。该许可每次费用为 25 美元。任何人只要出示合法的射击许可证，并且提交被击落的无人机可辨识的碎片，就可以得到 100 美元的奖励。该市借此鼓励人们射击无人机。这一条例草案明显就是一种宣传噱头，也是在象征性地抗议小型民用无人机在该市上空飞行，侵犯了市民的隐私。这也是在抗议美国的监视密度越来越大，越来越邪恶。为此，美国联邦航空管理局发出严厉的警告，称击落无人机违反了联邦法律。美国联邦航空管理局发表声明，表示无人机“被子弹击中后可能会坠毁，给地面上的人和物带来伤害，或者可能会与空中的其他物体相撞。射击无人机可能会带来刑事和民事责任，其后果同朝有人驾驶的飞机开枪是相似的”。因为当地政府官员们对是否要批准该条例存在分歧，于是将问题交给了选民们进行投票。大家最终在 2014 年投票否决了该建议。

显然，当邻居的无人机在头顶嗡嗡作响，对自己进行监视时，人们会感到很不舒服。为此美国的数个州和地方政府已经颁布法律，对私人无人机的使用加以限制。他们采取了各种各样的方法。他们明确了允许使用的情况，并且为此制定了新的起诉理由和罪名。爱奥瓦州已经针对私人无人机的使用制定了最全面的法律法规。该州法律要求“在未得到他人书面同意的情况下，不得使用无人机对他人进行拍照或记录，并将这些照片或录像出版或公开传播”。2013 年，弗吉尼亚州夏洛茨维尔市成为了美国第一家通过反无人机决议的城市。当时该决议规定，从 2016 年起才可使用无人机来进行监视和其他目的。现在，许多州也已经针对无人机制定了法律法规，以保护人们的隐私。

隐私

在分析无人机潜在的风险时，如果不提隐私，那么这种分析就不全面。隐私问题是对无人机民用进行讨论时的主要内容，因为无人机至少从三个方面大幅改变了视觉监视：无人机提供了新的角度，可以克服地面上的障碍物；它们避免了地面上的拥堵，大幅提高了追踪的可行性；无人机综合了平价设备、低成本和有限的人力等方面，降低了整体成本。除摄像头设备外，无人机也可以配备麦克风、热敏成像设备以及拦截无线通信的能力。看起来不仅仅是决策者“老大哥”们拥有无人机，连“小老弟”也拥有无人机，威胁到了我们的隐私。也就是说，不仅仅是国家执法部门在进行监视，公民或公司也能进行监视，又称反监视（sousveillance）。

加利福尼亚州的民主党参议员黛安娜·范斯坦（Dianne Feinstein）称有人在她家外面进行示威游行时，有无人机从她的窗外飞过。在一次关于无人机政策的参议院商业委员会听证会上，她恳请立法者们在考虑允许无人机商用时，考虑一下那种侵犯隐私的行为。最近，最高法院大法官索尼娅·索托马约尔（Sonia Sotomayor）提到了无人机所带来的隐私方面的担忧，并表示美国公民们应该更加关心扩大无人机使用所带来的隐私被侵犯问题。她鼓励居民们在有关隐私的讨论中更加积极：

> 时不时从上空飞过的无人机正在记录被我们视为私人物业的场所里发生的一切。这类技术已经促使我们去思考隐私究竟是什么，以及我们究竟要在何种程度上保护这些隐私，又要保护它不被谁侵犯。人们认为应该保护自己的隐私不被政府所侵犯，但我也讨厌某个陌生人可以让自己的无人机飞过我的住所。

并非只有通过民主选举出来的政客们表达了自己对无人机使用增多所带来的隐私问题的担忧。包括美国民权同盟（American Civil Liberties Union，ACLU）、人权法案维护委员会（Bill of Rights Defense Committee）和电子隐私信息中心（Electronic Privacy Information Center，EPIC）在内的 30 多家美国非政府组织已经向美国联邦航空管理局提交请愿书，称无人机“给隐私带来了巨大的威胁”。无人机早已经给民众的隐私带来了问题：2014 年，一位女性声称受到一位 17 岁少年的骚扰。该男孩在康乃迪克州沙滩上驾驶着自己的无人机，无人机上面安装了摄像头。男孩声称遭到了该女子的攻击，而女子于指责他给自己拍摄变态照片。

固定的监视摄像头或其他观察方法已经存在很长时间，但这些技术与无人机之间存在着巨大的差别。因为无人机可以在空中自由移动，可以跟踪目标，也可以在某个地方上空盘旋，也就是说它们可以埋伏等待。由于无人机不是固定的，所以难以确认无人机的主人究竟是谁。此外，无人机摄像头的高度可以超过那些装在路灯杆或建筑上的摄像头，所以其观察范围也要更广。这增加了普通老百姓被观察的可能性，其中也包括那些在沙滩上或在自家花园里的普通人。当无人机位于特定高度时，公众有时候看不到它们，因为太小了。这点与直升机和有人驾驶的飞机不同，因为它们通常都是可以看得见或听得到的。此外，无人机要比固定的摄像头更加灵活，所以可以垂直或从一定的角度进行拍摄。最后，无人机正变得越来越流行，价格也越来越亲民，因此预计无人机的民用在未来将会广泛铺开，而这种情况将会导致更多人去窥探他人的隐私。

配备了摄像头的民用无人机有以上种种特征，能够将监视提升到一个全新的层次。卡洛（Calo）认为“无人机代表了冷冰冰的观察技术”。无人机让人们可以去收集个体的详细信息，其程度是前所未有的（在许多情况下还是低成本且轻松的）。使用民用无人机进行监视由此带来了一些严重的隐私问题。

对隐私的合理期望

“对隐私的合理期望”是指人们在特定情况下可以合理地期待自己的隐私在何种程度上会受到尊重。在“基洛诉美国”（Kyllo v. United States）一案中，美国最高法院裁定，根据《第四修正案》中对隐私的保护，使用雷达和增强感知技术来收集家中行为的信息，这种行为侵犯了个体对隐私的合理期望。最高法院提出，鉴于普通大众使用不到增强感知的技术，所以个体意识不到应该保护自己的隐私利益不受这类技术的侵犯。这个裁定的致命要害就在于最高法院表示该裁定仅仅针对“普通大众不能使用到”的技术。如果将这种推理用到无人机上，鉴于无人机在我们的社会中将会越来越多，而且将会变成“常态”，那么一个重要的问题就会出现：“因为无人机已经可以供普通大众使用，外加公众都了解了无人机的操作，那么它们是否已经破坏了社会对隐私的期望，导致个体无人机监视没有了合理的隐私期望呢？”另一个公开的隐私问题就是不管在美国还是在欧盟，对隐私保护的合理期望主要是保护个人的隐私不被执法部门的行动所侵犯，而并非针对公民个人的行为。此外，无人机会给非公共空间的隐私带来更多的侵犯，因为相比于固定的监视摄像头，无人机可以在公民们的私人空间里更轻松地进行监视和追踪。至于在公共空间里，美国人对隐私的期望已经降低或者是“没有”期望。因此卡沃基安（Cavoukian）认为，使用无人机进行无处不在的跟踪或大量的数据收集是可以被允许的，不过也要求从法律法规方面提供更强大的隐私保护。

窥探隐私

无人机可以在人们的头顶上盘旋，对他人进行追踪。相比于固定的摄像头而言，无人机可以让偷窥狂拥有更大的能力。2014 年 6 月，一位女士报警称有无人机在其公寓窗口偷窥，西雅图警察对此进行了调查。该女士担心无人机在自己衣着不整时正好朝自己的公寓里面看。这次事件也带来了一个问题：他人是否可以使用无人机来窥视我们，而且可能是出于某种恶意？直到最近，政策制定者和公众才开始对家用无人机的使用稍加关注。从西雅图的事件可以看出，爱好者们现在可以购买一架无人机，然后使用它进行一些侵犯他人隐私的行为，例如窥探他人的隐私。这类行为可能会导致骚扰、擅自入侵以及侵犯隐私的行为。随着老百姓对无人机使用的增多，我们也可能会看到越来越多使用无人机来暗中监视他人的例子。正如莱特（Wright）所说的：“男性荷尔蒙爆棚的青少年指挥自己的无人机观看爱慕对象在自家后院这个私人场所晒太阳，这种场景并不难设想吧？”

无人机将成为新闻界采集新闻的常见方式，这也会导致“窥探隐私新闻”的增加。无人机记者专业协会（Professional Society of Drone Journalists，PSDJ）成立于 2011 年，是第一家致力于为萌芽中的无人机新闻建立道德、教育和技术框架的国际组织。针对使用无人机的记者的道德准则，无人机记者专业协会在隐私方面增加了以下要求：

隐私。无人机的操作不得以非公众人物的隐私为代价。如果可能，仅记录在公共场所的行为，审查或删除个人在私人场所那些调查范围之外的图像。

该要求并没有明确阻止狗仔队，因为他们的调查范围就是在私人空间里的公众人物。

“老大哥”的无人机正在监视你

自2001年起到最近，在恐怖袭击的影响下，监视和观察技术的采用速度简直令人难以想象。从隐私法的角度来看，这种发展至少是值得质疑的。随着权力的增大和新技术（如无人机）的出现，获取公众信息的机会已经增大。无人机可以完成城市里众多安保摄像头的工作。通过增加无人机的使用，公民们的日常活动就可能被无人机和固定摄像头24小时进行监视，而且这些信息将会被存储下来。

纽约市前市长迈克尔·布隆伯格在接受基督教谈话电台WORD710的采访时预测，未来的纽约人将会受到更多的监视，而且隐私也会比现在少：

> 我们将进入另一个世界，一个未知的世界。不管喜欢与否，人们能做的事情和政府能做的事情是截然不同的，而且你能在一定程度上控制发展潮流，但你无法阻挡它的到来。我们的隐私将会变少，而在更大程度上被他人观察。我看不出来有什么方法能阻止这股潮流。这股潮流是好是坏，我的观点并不重要。我也看不出来你能如何阻止这一切，因为无人机将会出现。

“老大哥正在监视你”这种情况正在发展之中，这些系统会追踪我们正在做什么，又是和谁在做这一切。其目的就是从微妙的角度来影响我们的生活。夏基担心在当前的政治环境中，全视闭路电视的摄像头将会快速发展。他也提到在最近数年里，全视闭路电视摄像头组成的庞大监视网络已经轻松地入侵整个社会，“尽管我们还没能消化《1984》里的种种奥威尔式场景。”英国发起了一场名为“老大哥监视运动（Big Brother Watch）”的人权运动来维护公民的隐私。根据该运动在2009年进行的调查，约有6万个摄像头正在监视英国公民，即平均到每1 000个公民就有1个摄像头在监视。夏基认为监视摄像头数量的急剧增长是一个重要预兆，预示着如果我们不及时思考社会成本，那么警用无人机将会被人们所接受。他质疑我们是否真的想要一个这样的社会：“也许未来的城市里再也找不到一个可以躲藏的地方了。”因此，我们的私人身份将会因为无处不在的无人机监视而受到挑战。

寒蝉效应

鉴于无人机的隐蔽性，而且它们的目的通常都是未知的，所以人们很难知道自己是否正在被无人机拍摄。这种无处不在的无人机监视可能会给人们的行为带来寒蝉效应。当人们感觉自己不管身处何方，无时无刻不被他人所监视，那么他们的自主性有很大一部分就会丧失。与个人行为相关的隐私就在于个体能够自由地按照自身的意愿行事，不受他人所监视或干涉。随着无人机使用的增加，这种寒蝉效应将会变成一个越来越重要的问题，因为个体被国家安全机构（老大哥）和公民或公司（小老弟）所监视而不为所知的概率将会增加。

沃罗维尔斯基（Volovelsky）在研究中推断，无人机的使用将会侵犯基本的隐私权，而且由于无人机的使用具有固有的优势，为了避免寒蝉效应，我们必须找到一个解决方案，既能保证无人机的使用，又可同时保护隐私权。接下来，我们将会探讨法律法规是否可以成为解决方案之一。

无人机的监管

我们将讨论美国和欧盟对无人机的监管。美国联邦航空管理局和欧盟委员会有责任分别对美国和欧盟的无人机使用进行监管。我们将会看到，美国联邦航空管理局和欧盟委员会当前针对无人机操作的要求非常低，在很大程度上是敷衍了事。因此许多州和国家已经颁布或提出自己的法律，原因就在于他们担心如果不对无人机的使用进行监管，将会威胁到安全和隐私。

美国的监管条例

美国联邦航空管理局

2007年，美国联邦航空管理局颁布通知，宣布“任何人在未经许可的情况下不得在美国空域系统里操作无人机系统”。该政策目前仍然有效，适用于公共和私人无人机。

美国联邦航空管理局在授权无人机的使用上遵循两套办法，具体取决于该无人机是民用还是公用。由军队或其他联邦、州或地方机构使用的公用无人机必须获得美国联邦航空管理局颁发的许可证。自 2006 年以来，美国联邦航空管理局已经向全美 100 多家公共机构颁发了许可证，所针对的有执法、灭火、边境巡防以及搜索和营救等。2009 年，美国联邦航空管理局颁发了 146 张许可证。2013 年（截至 10 月 31 日），该数字已经增长至 373 张。

要驾驶民用无人机，唯一的方法就是为特定的无人机获得一张实验性适航证。该适航证的颁发依据有限，包括飞行试验、演示和训练。商用无人机的使用受到限制，而且要求操作者拥有通过认证的飞机和飞行员，并且获得操作许可。截至目前，只有两款无人机：ScanEagle 和航空环境公司（AeroVironment）的 Puma 得到许可，而且只能在北极飞行。ScanEagle 将协助调查北极石油开采区域的海洋浮冰和迁徙的鲸鱼，而 Puma 将为应急响应人员提供帮助，他们随时等待那些在波弗特海进行漏油监测和野生动物监测的人员的召唤。至于在模型飞机使用空域进行娱乐消遣，目前还不需要获得许可证。美国联邦航空管理局要求这些无人机的飞行高度不得超过约 120 米，而且要远离机场和空中交通。空域的娱乐性使用仅仅限于将驾驶模型飞机视为一种爱好，排除个人或公司为了商业目的使用模型飞机。

前文提到的 2007 年时的政策也指出，美国联邦航空管理局将会针对无人机的安全性进行审查，然后制定新规则。不过目前还没有提出任何新规则。美国联邦航空管理局迟迟不能颁布全面的法规，而这种技术的使用需求越来越强烈，为此在 2012 年，美国国会颁布了《美国联邦航空管理局现代化改革法案》（*FAA Modernization and Reform Act*，*FMRA*）。该法案要求美国联邦航空管理局在 2015 年 9 月前制订“全面的计划来安全地加速将民用无人驾驶飞行器系统并入到国家空域中”。该法案为美国联邦航空管理局制定了一系列最终期限，例如要求其制定并执行公用无人机的操作和认证要求，但很多日期要求可能不太现实。

美国联邦航空管理局通过颁布许可证来放宽执法部门使用小型无人机，此外建立了 6 个试验区，并且发布了其首份年度《无人驾驶飞行器系统并入国家空域系统路线图》（*Integration of Civil Unmanned Aircraft Systems in National Airspace System Roadmap*）。除此之外，在安全性方面再没有取得什么成果。该路线图也只是说说而已，只提供了概念上的时间表，并没有具体的时间安排，没有确定何时会真正修改法律法规，以及何时会颁布相关标准。

在安全方面，美国联邦航空管理局直接拒绝从更广泛的角度对隐私进行规定。国会在《美国联邦航空管理局现代化改革法案》中要求美国联邦航空管理局针对美国内部安全和更广泛的无人机使用制定规章制度。该法案并没有提到隐私。不过美国联邦航空管理局曾经对隐私进行过部分考量，而且已经在无人机试验区中整合了对隐私方面的考虑：

> 美国联邦航空管理局的使命是提供世界上最安全且最高效的空域系统，但并不包括对隐私进行监管。与此同时，在试验区进行无人驾驶飞行器系统的操作是否会带来新的隐私问题，而现有法律框架并未对这些隐私问题进行充分的规定？美国联邦航空管理局也清楚，政策制定者、行业、说客团队以及公众在该问题上存在大量的争论和观点差异。

美国联邦航空管理局已经特地制定了隐私要求，要求试验区的操作者必须记录下所有在试验区的无人机操作，而且每位无人机操作者必须有书面计划，明确无人机所收集数据的使用和保留情况。这种做法的缺点在于美国联邦航空管理局依然认为自己应该发挥重要的作用，针对无人机制定隐私方面的具体要求。此外，美国联邦航空管理局也已经错失良机，未能让试验区的操作者进行隐私和监视方面的具体试验。例如，他们本可以要求无人机操作者测试自己的监视系统能有多么精确，以及这些系统能收集到多少数据。

美国联邦航空管理局有义务协调无人机对空域的使用，但他们主要关注的是在安全性和无人机的空域使用上找到平衡点。他们忽视了根据无人机的入侵性和它们所收集的数据范围来针对无人机的使用制定规章制度。同一些地方或州政府不同，美国国会并没有认真地考虑或通过制定通用隐私标准或对无人机和隐私制定具体的规定的法案，因而执法机构在使用无人机时并没有既有的隐私方针可以遵循。

美国联邦政府

部分美国参议员已经督促美国联邦航空管理局尽快制定和颁布隐私规定和方针以供使用。例如，参议员查尔斯·舒默（Charles E. Schumer）已经警告说，如果巧妙明确的规章制度不能到位，纽约将会充斥各类商用和私人无人机：“小型无人机正越来越多地被私家侦探用于监视一无所知的纽约人，或者是被用来进行非法活动，例如运送毒品。

主要原因就在于美国联邦航空管理局缺乏明确的规定，因为人们不清楚哪种使用是合法的，由此导致了该伟大技术被公然滥用。”

部分联邦立法者已经无法等待美国联邦航空管理局来制定明确的规定了。他们已经就法案提出了自己的建议。可能国会立法中最全面的两份提议是2013年由参议员爱德华·马基（Edward Markey）提出的《无人机隐私和透明度法案》（*Drone Aircraft Privacy and Transparency Act*），以及2013年2月由参议员泰德·坡（Ted Poe）、特雷·高迪（Trey Gowdy）和佐伊·洛夫格伦（Zoe Lofgren）提出的《2013年美国隐私保留法案》（*Preserving American Privacy Act of 2013*）。《无人机隐私和透明度法案》要求执法机构发表数据最小化申明，解释该机构如何将与犯罪调查无关的数据收集和保留降低到最小。该法案同时也要求私人操作者先向美国联邦航空管理局提交一份“数据收集声明书”，之后才能收到操作无人机的许可证。该声明书必须包括无人机操作者的姓名、操作地点、收集哪些数据、这些数据将被如何使用和保存以及数据是否会被出售给第三方。《2013年美国隐私保留法案》限制了私人无人机的使用。该法案限制私人无人机操作者采集涉及个人或家庭行为的、“极具冒犯性”的数据，人们对这些行为的相关隐私期望是合理的。执法机构在使用无人机时必须得到法庭许可，紧急情况除外。

这些提案还未获得通过，但它们让人看到了联邦政府对隐私的关注。施拉克（Schlag）认为，提案并没有完全解决隐私问题。在视线很好的开阔区域，无人机仍然可以被用来进行监视，尽管被监视的个体希望在该区域保持一定的隐私。这些提案并没有涉及私人使用无人机偷偷收集个体信息的问题。

地方和州级政府

地方和州级政府在无人机使用的监管上已经超过了联邦立法者，这点不会让人感到意外。正如我们前面所看到的，弗吉尼亚州夏洛茨维尔市的地方政府已经率先通过了反无人机的决议。宾夕法尼亚州的科诺伊市已经通过了条令，在未得到业主的同意时，禁止在其物业上空操作无人机。

已经有13个州颁布了对无人机的使用进行管制的法律，而且还有约30个州正在考虑立法问题。例如，弗吉尼亚州和北卡罗莱纳州曾暂停无人机的使用（仅少数情况例外），以便给立法者时间来观察无人机技术的发展，并且起草明智的法律法规。爱奥瓦州也已经禁止任何个人、机构或州政府机构使用无人机进行监视，在未经同意的情况下对目标人物或物业进行监视、收集证据或信息、拍照和录像，除非预先得到许可。多数已经在执法中使用无人机的州规定必须获得许可，或者列举了执法监视的例外情况。各州关于无人机的法律法规在适用范围和关注重点上存在巨大差异。但这些地方和州法律法规究竟是否在法律上有效值得怀疑，因为联邦政府是国内空域的唯一拥有者和管理者。

欧盟的监管条例

欧盟委员会

2014 年 4 月，欧盟委员会提出从 2016 年开始，采取一系列行动来监管公共和民用无人机的使用。公用无人机在瑞典、法国、荷兰和英国等欧洲国家的使用越来越多，而且涉及不同的行业，但监管框架四分五裂。欧盟委员会称，全欧洲缺乏统一的监管条例，对技术的认可也不统一，这是开放无人机市场和将无人机并入欧洲非隔离空域的主要障碍，该行业正在力促加快步伐，为无人机的操作建立一个适用的欧洲监管框架。欧盟委员会无人机战略的核心内容如下：

> 欧洲战略旨在通过公开辩论和必要的保护行动建立一个单独的遥控飞机系统（RPAS）市场，以充分利用该创新型技术为社会谋福利，并且化解公民们的担忧。该战略也应该创造一定的条件，培养具有竞争力的强大制造和服务行业，能在全球市场内进行竞争。

欧盟委员会所提议的新行动针对的是安全、安保、隐私、数据保护、保险和责任划分等问题。同美国联邦航空管理局一样，欧盟委员会认为安全是航空政策的重中之重。欧盟标准将会遵循民用无人机的安全性必须同有人驾驶的飞行器的安全性相当这条原则。欧洲航空安全局（European Aviation Safety Agency，EASA）正在制定欧盟范围内遥控飞机的具体标准。欧洲航空安全局将制定必要的安全要求，尤其是那些保证信息流的要求，因为无人机可能会成为潜在不法分子攻击的目标。此外，欧盟委员会将会鼓励无人机安全整合技术的研发工作。

与美国联邦航空管理局不同，欧盟委员会对隐私心存担忧。欧盟委员会表示，无人机不得导致基本权利被侵犯，其中包括必须尊重私人和家庭生活的权利，以及保护个人数据的权利。欧洲遥控飞机系统指导小组表示，欧盟委员会应该确保无人机的操作完全遵守现有的隐私和数据保护法律法规，而且如果无人机的使用会导致新问题，而现有法律法规未能有效解决新问题的话，则可能需要制定新的法律法规。

不过同美国联邦航空管理局一样，欧盟委员会的进度并不快。欧盟委员会尚未公布任何制定法律法规或发布标准的具体时间安排。截至目前，唯一的成果就是由欧洲遥控飞机系统指导小组提出的鼓励性路线图，该路线图只提供了概念上的时间表。

此外，欧盟委员会最近被指责与无人机行业的关系太过亲密，而且过于忙着争取公众的认可，却不去研究和化解公众在隐私等问题上的担忧："'通过设计来保护隐私''数据保护'，这些含糊不清的承诺并不能取代合适的法律法规。如果认为此类承诺将在一定程度上减轻公众根深蒂固的恐惧，那么这种想法太过可笑。"

欧洲国家

当前的情况下，主要是靠各个国家自己来监管无人机的使用。瑞典、法国、丹麦、意大利、德国、捷克、立陶宛、荷兰和英国等部分欧盟成员国已经针对公用无人机的使用制定了法律法规，以保证这些操作。例如在英国，英国民用航空管理局（Civil Aviation Authority，CAA）已经禁止重量超过 20 千克的无人机在英国民用空域里飞行。一般情况下，重量低于 20 千克的无人机可以飞行，前提是不得使用所采集到的数据或图像，而且无人机必须距离人们至少 150 米远。自 2010 年起，英国民用航空管理局已经要求用于空中作业的小型无人机和装备数据采集与监视设备的无人机的操作者必须获得许可。目前，获得此类许可的机构包括三家警察局、国防部的国防科技实验室（DSTL）、英国广播公司（BBC）、大学院校和众多电影制作和拍摄公司。荷兰已经批准修正案，允许荷兰的各个市政府使用移动摄像头来监视居民，其中包括无人机。该修正案规定，与摄像头监视相关的现行法律法规必须进行延伸，以允许执法机构去干预在区域之间移动的持续骚乱事件，例如涉及多个小区的暴动。根据新的法律法规，应该由市长来决定使用何种形式的摄像头监视方式，是固定的、车载的，还是空中的。

据欧盟委员会的资料显示，各个国家的这些程序并没有能建立统一的框架，在安全、隐私和可靠性方面提供必要的法律保障。例如在 2012 年，荷兰警察平均每两天会使用无人机对平民进行一次监视，但只有 50% 的飞行预先进行了公告，这种行为可能违反了隐私法律法规。

无人机法律法规的推广

欧洲或美洲范围内对于无人机的监管都是各自为政的。在过去数年里，我们已经看到过州一级（美国）、国家一级、多国的（欧盟），甚至是国际层面，如国际民航组织（International Civil Aviation Organization）所进行的无人机监管。国家层面或州一级基本的安全和隐私规定适用于所有无人机操作者，但关于隐私的众多核心问题并没有得到统一解决。

施拉克提出了解决隐私问题的一份建议。他提议制定基本消费者保护法，详细规定在民用空域里执法机构和私人允许使用无人机的情况：

> 将需要针对无人机监视、数据收集以及各种无人机技术能力制定基本消费者保护法……它将确保政府和私人在使用无人机时不会侵犯个体的隐私。同样，联邦政府颁布的基本法将能够确保各州对基本隐私的期望保持一致，并同时帮助私人更轻松地遵守隐私法律。如果缺少进行控制的基本机制，无人机的使用将会变得太过普遍，从而破坏当前的隐私期望，让个体不再对此抱有合理的期望。基本的无人机使用消费者保护法将会是最好且最积极的方法，在推行无人机和隐私被侵犯之前建立强大的隐私保护防线。

欧洲和美国范围内缺乏统一的无人机监管，这也是开放无人机市场和将无人机并入欧洲与美国非隔离空域的主要障碍。该行业正在力促加快步伐，为无人机的操作建立一个适用的监管框架。该监管框架结构合理，将为企业的商业利益提供支持，对州和国家政府而言是赢得无人机监管这一战的关键所在。

无人机创造了一个漂浮的机器人圆形监狱

无人机早已经开始出现在我们的天空，但目前没有明确的通用准则，可以对人们的安全和隐私进行必要的保护。美国联邦航空管理局、欧盟委员会和欧洲国家在无人机的监管上进展缓慢，因为他们还没有“快速调整既有的航空法，快速适应无人机的飞速发展，尤其是各种小型无人机的发展”。这种情况在商用和私人无人机上尤其明显，让人们非常担心。

尽管存在各种法律和道德上的问题，但针对无人机的使用，最让人担心的还是安全问题。例如，对于欧盟委员会而言，安全是“欧盟航空政策的重中之重”。几乎所有限制或者禁止无人机使用的既有法律法规或提议都是基于安全方面的担忧，会阻止无人机在特定的环境里操作。目前关于安全的法律法规都是建立在这些支离破碎的临时操作许可规则之上。监管框架应该充分体现无人机及其应用的多样性，而且也应该针对每种无人机及其使用制定要求，以将无人机安全地并入航空系统中。这些要求可以是技术方面的，或许用来保证安全所需的技术目前还没有。例如，在批准商用无人机的特定用途（比如飞过人口稠密区域的送货无人机）之前，探测和回避技术将需要得到进一步开发和检验。

带红外线监视和热敏安保摄像头的无人机如果被执法部门使用，就可以提供众多机会，并且开辟一个新的领域，例如监测违法行为、搜寻失踪人口以及预防犯罪。警用无人机早已经被经常用来探测大麻种植、确保节庆活动的安全、了解建筑内部情况以及侦察城市区域以预防盗窃行为。由此，无人机提供了许多收集信息的机会，开创了一个新领域，同时也对公民的隐私构成了潜在的侵犯。群体控制可能会达到一个前所未有的层次。当有合理的理由时，侵犯隐私是可以被允许的，尤其是在涉及公民安全时，因为政府有责任保护其公民的安全。

每天 24 小时对公民的日常行为进行监视并存储相关信息，这点是可能做到的。不管这些信息会被如何使用或是否会被使用，人们都会感觉自己受到了监视。无人机的使用就创造了所谓的圆形监狱（即全视的）。圆形监狱由伦理学家杰里米·边沁（Jeremy Bentham）设计，采用圆顶形状。在这种监狱里，狱警可以看到所有的犯人（见图 4–9）。犯人们被关在格子间里，格子间整体呈环形，窗户均朝内。狱警可以观察所有犯人，但犯人却看不到狱警。其背后的设计思路非常简单：如果个体被一个能看到一切的眼睛所监视（而个体看不见这个眼睛），他们就会变得非常自律，也容易受到控制。

如果在政府对公众进行保护和公众免受政府侵害之间找不到平衡，那么宪法国家的本质就会遭到破坏。没有了隐私保护，政府就会对其公民的权利产生潜在威胁。另一方面，如果政府无法保护公民不受其他方所威胁，那么政府也会失去其合法性。哪些数据可能会被收集并被存储？何时可能会收集数据？无人机为什么收集数据？这些问题的答案应该非常清楚明了，而且在受监视的公众场所和私人生活之间必须继续保持清楚的界限划分。此外还必须考虑到声音和图像记录被操控，以及数据最终落入错误之人手中的风险。

图 4-9　圆形监狱

可能更让人头疼的是“小老弟”给我们的隐私带来的威胁。无人机现在已经出现在了民用市场上。此外，公司使用无人机实现各种合法目的，包括对高楼大厦进行维护（例如通过红外线摄像头探测热损耗或热泄露）、测绘地籍边界、探测火灾源头、监测辐射以及监测等。同时，无人机也能被所有人用来从事各种违法的事情。例如，任何人都可以花费不到 100 美元在亚马逊上购买一架带内置摄像头的无人机。这些无人机的销量早已经达到数万架。尽管它们的能力目前仍然有限，控制范围只有 50 米，而且飞行时间只有 15 分钟，但这些商用无人机存在巨大的风险。它们会对隐私造成威胁，因为它们是监视邻居的理想工具，邻居们很难注意到，或者即使他们注意到了也搞不清楚究竟是谁在监视自己。关于隐私的法律法规收效甚微，它们无法阻止心怀叵测的无人机主人使用无人机，因为几乎不可能对他们进行追踪。

鉴于合法使用会推动无人机的快速发展，我们不难想象所购买到的无人机能够悄悄地进入私人物业内拍摄照片或记录对话，甚至是抓取物品，还可能会坠落。对于狗仔队、骚扰者、罪犯和恐怖分子而言，这种发展提供了前所未有的机会，也为无辜的公民们营造了一个虚拟的圆形监狱，让他们成为恶毒但隐形的无人机主人不变的目标。

正如我们所看到的，美国联邦航空管理局和欧盟委员会将安全视为航空政策的重中之重，截至目前，两者都未能对隐私进行认真的考虑。从基本权利的角度来说，最重要的就是确保无人机在处理所有采集到的数据时能遵守数据保护的法律法规。这点完全误解了我们在前文中提到的那些问题，也误解了人们最初担心无人机的众多原因。

目前，关于本章节所讨论的问题，政界或整个社会并没有就此进行什么反思或讨论，更不用说就此达成社会协议或争取政治支持了。基于各种各样的原因，目前迫切需要进行一场讨论，对公用无人机和民用无人机的使用中存在的问题进行权衡，从而保护我们的尊严、自主权和隐私。

使用无人机来进行监视可能会严重侵蚀我们对隐私的期望，这点并不难理解。但也许会出现相反的情形。正如卡洛（Calo）所说的："无人机可能会有助于我们重新思考隐私侵犯这个问题。它们可能会给这个社会带来所需的内心震动，将隐私法律带入21世纪。"

避免警用机器人的攻击性，那肯定是一条不可逾越的界限。

空中眼睛、载重体或大无畏的危险物处理者：机器人可以从多方面给警察带来帮助，让警察们远离伤害，并且它们可以去通常人们难以到达的地方。社会对这些高科技警察有何看法？或者我们最好还是去担心警察队伍不急不慢的创新速度？

警察局长马克•魏比斯负责荷兰国家警察总局的创新工作。在采访即将结束时，他说："我知道自己的故事比较平淡，不是那么惊心动魄。关于机器人的普遍观点通常是基于医疗卫生领域的机器人发展。但在那里，工作环境是受控的，也是友好的，和我们的工作环境截然不同。当然，我们也不像武装部队那样，通常要去面对混乱或充满敌意的环境。在那种环境下，军队可以采取破坏性行动，这也让军用机器人的部署变得更加容易。警察面对的是一定的敌对行为，但我们必须严格地避免彼此受到伤害。因此，包括机器人在内的警用技术的创新始终远远不像好莱坞电影给你展现的那样错综复杂。"

无论复杂与否，机器人都正在慢慢进入警察局。它们被用来完成什么任务？

我们早已经开始使用一些形式的机器人。当人类驾驶的直升机无法飞行时，机器人直升机让我们可以从空中了解情况，例如当有浓烟或毒气时。2011 年，它们曾被用于派克化工厂（Chemie-Pack）的火灾事故中。当时鹿特丹南部的一家化工厂发生爆炸，大火将工厂化为灰烬。当飞机可能会着火的时候，机器人直升机就是更好的选择。当空域被关闭时，它们也是唯一的选择，例如在 2010 年冰岛火山爆发之后。在其他情况下，它们的成本也要更低一些。

机器人还可以在危险的环境下执行任务。它们可以处理物体、拍照以及传递信息等。我希望不久后，拆除炸弹装置将会成为机器人的标准工作。目前的设备还不能应对所有这些情况。

载物机器人是另一种类型。在派克化工厂事故中也曾用过一种载物机器人。当时里面有几个证据，应该是笨重的船或柜子，穿着笨重防护服的人很难去搬运。最后是一个可移动的机器人将这些证据从工厂里拉了出来。但是，拉绳还是要靠人的手去系好。

机器人也非常善于在人类无法进入的地方执行特定的任务。这些地方虽然人类进不去，但带摄像头的小型运载工具可以进去。低矮的槽隙就是很好的例子。污水公司已经发现，这些设备可以派上大用场。

机器人将会影响到监视工作吗?

非常可能。我们可以使用各种各样的传感器：视觉传感器、声音传感器以及其他传感器。如果你将这些传感器与一个自动设备整合在一起，就可以称它是机器人。将这些传感器固定在某个地方，或者是安装在警车上，也能发挥作用。有一款软件可以区分人群发出的巨大声响究竟是在庆祝还是在斗殴。摄像头可自动对所拍摄的内容进行分析。在车库内寻找自己车辆的人和悄悄四处走动想要破车而入的人在动作上会有所区别。英国已经开发出一种软件可用于探测公共场所里被丢失的行李，但仍会出现误判。有一次，计算机将一位坐着不动的老奶奶错误地当成了行李箱。

推理和决策支持引擎会让警察去注意一些可疑的数字行为，但误判也是这些引擎存在的问题。在纽约州，当发现某 IP 地址在谷歌上使用"波士顿爆炸""压力锅"和"背包"等字眼进行搜索之后，警察搜查了该栋房子。事实证明，这是不同的人在进行搜索，所以调查就终止了。假设引擎发现的不只是 3 个，而是数千条数字线索同时指向某个地址，不过并没有任何案件爆发，那警察们会注意到并大胆承认这点吗？即使系统基本上不会犯错。这就要求使用者懂得引擎的工作方式，能够明智地评估所有警报信号，避免任何井蛙之见。医生就为我们提供了一个应该加以效仿的榜样：他们会使用决策支持引擎，但会加以质疑。

安保摄像头的操作者可能被机器人所取代吗?

机器人不会取代他们，但它们将减少信息量过于庞大的现象。操作者通常是在大海里捞针。机器人可以将大量的海水吸干，然后指出针可能存在的地方，也就是非典型的行为。有了它们的帮助，摄像头的效力也能大幅提高。

截至目前，你所提到的机器人的应用在我看来都相当温和。

没错。我的确希望机器人在未来能够比较积极。它们可以去做一些工作，例如当门后可能正在发生恶心的事情时打开那扇大门。绝不能用其进行攻击性行动。警察只使用武器来自卫，而机器人从定义上来说，绝对不会进行自卫。但仍然有灰色地带存在。假设我们知道这位相当危险的嫌疑犯的藏身之处，于是我们就派一个机器人去抓捕他并给他戴上手铐。我希望就这种情况进行更多的公开讨论。

机器人学将来是否会影响到普通巡逻警察的工作？

可能他们的巡逻车尾箱里会放上一架微型飞行器。就算是现在，带 4 个螺旋桨的玩具直升飞机售价也不到 300 美元。它可以装上摄像头，然后通过智能手机应用来进行远程控制。

这将带来许多隐私问题。人们能接受这些飞行的摄像头吗？

如果开始从各个角度来监视人们，我相信人们不太会接受这种情况。另一方面，如果拿一把简单的折叠梯，我就可以透过栅栏偷窥别人家的花园。关键在于我们做这些事情必须有合理的理由。实际上，我们的行为不仅仅受限于技术，更多地是要受到规章制度的限制。我们可以进入任何房子，但只能在得到授权的特定条件之下，而且为实现目的所采用的手段也必须是合法的。

截至目前，我们已经讨论过机器人的警用了。警察是否可能也会遭遇使用机器人的罪犯呢？

非常可能。任何我们可以使用来实现自身目的的技术同样也可以被用来对付我们。事实上，会更多地被用来对付我们，因为我们还要受到规章制度的束缚，会有所顾虑。罪犯也许会使用遥控汽车来运输爆炸装置，或者他们可能使用自动车辆或遥控车辆来走私物品。

警察必须尽可能地装备齐全，这点非常重要。警察队伍是否充分认识到了机器人的重要性？

创新发展和希望尽快出成果这两者之间始终存在一定的冲突。遗憾的是，早期只会消耗成本，而要取得一定成果还有一段路要走。你在探寻哪些能够起作用，你在重要的发展上小步迈进。这些投资都是存在风险的，而且也会遇到挫折。在我看来，这也是为什么我们应该仅仅将资源放在那些能带来巨大潜在效益的事物上。成功的创新必须能够弥补那些挫折。

最难的就是要有长远的目光。警察有行动文化，但这种文化更多的是被动的，而非积极的。不管怎样，我们的主要任务就是回应一些破坏活动。可能这些问题对我们而言并不具体，可能它也是人类社会的一部分。短期总是会战胜长期。

JUST ORDINARY ROBOTS

Automation from Love to War

第5章

谁在开车

汽车的完全机器人化

汽车机器人化

汽车看得懂交通信号灯吗?

它能够关闭出风格栅以节省燃油吗?

它能自动停车以避免事故，或者是在空间比较小的地方自己停好车吗?

有了一系列先进技术，这辆车就可以做到。

全新福特福克斯：不只是一辆普通汽车。

让汽车更加聪明，也就是汽车机器人化，这项工作在最近数年里已经启动。汽车车载智能驾驶辅助系统的开发目前发展迅速。一方面，这是由于所必需的零部件，例如摄像机、微处理器和传感器的价格下降。因此，这类系统不再只是在高档汽车上配置，也越来越多地出现在中档车型中。此外，汽车制造商在汽车的舒适性和安全性上相互竞争，因为汽车质量的改进也很难体现在其他方面，所以智能就成为了新车的独特卖点，我们从福特福克斯的广告词中就可以看出来。未来的系统将从“驾驶辅助”发展为“完全自动驾驶”，汽车可以自行在高速公路上驰骋，或者在都市环境中穿梭。尽管无人驾驶汽车上路这个想法似乎有点未来主义化，但行业领导者们预计无人驾驶汽车将在未来十年里上路。之所以做出这个预测，是因为事实上打造全自动汽车所必需的技术大部分早已经存在。未来将向完全自动化的汽车发展的观点认为，汽车机器人化是介于完全由人类驾驶的传统汽车和完全不用人类驾驶的汽车之间。事实上，这项工作就是不断自动化，以及汽车和交通基础设施之间的互联，目的就在于创造全自动汽车。美国国家公路交通安全管理局（National Highway Traffic Safety Administration）针对汽车机器人化的概念开发了一个包括 5 个层次的架构，将其作为指导方针，以“帮助各州安全地使用并充分利用该技术”。

- 0 级（完全无自动化）：人类驾驶者完全控制汽车的各种功能。
- 1 级（特定功能的自动化）：有一项控制功能自动化。
- 2 级（综合功能自动化）：不止一项功能同时进行自动化（例如转向功能和加速功能），但驾驶员必须时刻注意。
- 3 级（有限的自动驾驶）：驾驶工作充分自动化，驾驶员完全可以做其他事情（例如读报）。
- 4 级（完全自动驾驶）：汽车可以完全自动驾驶，不需要人类驾驶人员。

控制功能的自动化首先是从便捷和安全性角度出发，例如 1958 年的定速巡航和 1972 年的防抱死制动系统（ABS）（1 级）。多种控制功能和集成控制功能的自动化最近也变得越来越普遍，例如自适应巡航控制和车道保持辅助。它们被列为 2 级，因为驾驶员的控制权仍然超越了这些系统：驾驶员负责查看路面，并且随时可以接过车辆的控制权。下一步就是通过协同系统和交通管理系统来接管车辆的控制任务（3 级）。最终就是自动驾驶的汽车（4 级）。

在本章中，我们将汽车机器人化定义为以下技术的综合开发：驾驶辅助系统、交通管理系统以及协同系统。事实上，这些技术是完全自动化汽车的构件，我们将这种汽车称为互联自动汽车（connected autonomous car），因为它们通过导航系统、外场设备系统以及交通服务等与众多信息和通信网络相连。

还有第二条通往完全自动化汽车的道路，这条道路不同于美国国家公路交通安全管理局提出的五级架构。这些汽车不是慢慢地将技术进行整合，而是通过雷达、激光定位器、全球定位系统以及计算机视觉等技术来感知它们周围的环境，靠的并不是协同系统。谷歌汽车就是一个例子。

荷兰应用科学研究组织（Dutch Institute TNO）认为 21 世纪的汽车机器人化是一个循序渐进的革命过程，正在给驾驶员的角色和信息通信技术的影响带来不可逆转的变化。荷兰应用科学研究组织预计，自动汽车将在 25 年后出现在市面上。大型汽车制造商也预计自动汽车将在 2020 年上市：日产计划在 2020 年推出商用自动驾驶汽车。戴姆勒公司是梅赛德斯-奔驰汽车的制造商。他们已经宣布将从 2020 年开始销售自动驾驶汽车。大家早已经看见过最初的变化。司机的驾驶工作将得到越来越多的帮助，而且不久后就会被系统接管。在本章中，我们将探讨智能汽车的发展所带来的社会和道德问题，还有与现代道路交通相关的问题。人们希望汽车的机器人化能够为这些问题的解决做出巨大的贡献。此后，我们将从汽车自动化的几个级别来介绍汽车机器人化。自动汽车是影响最深远的汽车机器人控制形式。最后我们将会总结自己的观察所得。

正如我们在导言中所指出的，汽车的机器人化是沿着三条道路走的：驾驶辅助系统、交通管理以及协同系统。下面我们将会探讨这些发展，并且从中了解这些发展可能带来的部分影响，以及汽车将如何逐渐发展成为更加智能的交通工具。

现代道路交通的问题和成本

道路交通会带来负面影响，例如交通事故、交通拥堵以及环境污染。在过去数年里，这些负面影响给美国带来的成本估计达到了每年 8 000 亿美元。因此，我们应该降低这些成本。人们希望汽车机器人化能够带来救赎。欧盟委员会主要是从安全性角度鼓励汽车机器人化。欧盟委员会的目标是在 2020 年以前，通过确保汽车的安全以及推动智能交通系统将死亡数字减半。智能交通系统可以在汽车之间以及汽车和基础设施之间进行通信。接下来我们主要来讨论道路交通的三大负面影响。

交通受害者

2012 年，欧盟有 2.77 万人死于交通事故，警方记录中约有 31.3 万人因车祸严重受伤。在美国，2011 年因交通事故丧生的人有 3.2 万人。全球每年大概有 124 万人因为交通事故而离开这个世界。每出现 1 个人在道路上丧生，大约就会有 4 个人产生永久性伤残；每出现 10 个人受重伤，就会有 40 个人受轻伤。导致这些严重车祸的主要原因就是超速和酒驾。

20 世纪五六十年代，欧洲和美国的交通事故量出现增长。此后自 1991 年开始，欧美的交通事故量出现了持续的下滑。这种下滑趋势主要源于针对基础设施的建设、改造、管理和维护上颁布了众多的政策和举措，例如在部分道路上设计了环岛和减速带。此外，也部分源于汽车领域的发展，例如电子稳定控制系统（ESC）、气囊、安全认证以及欧盟新车安全评鉴协会（EuroNCAP）的汽车标准碰撞试验，还有获得汽车和助力车驾照必须接受的培训、执法和通信的改善，以及人们行为的改变。汽车车主的死亡率大幅降低，其降低比例要高于路人、助力车驾驶者、骑自行车的人以及骑摩托车的人的死亡率。此外，欧盟委员会的道路安全统计数据也充分体现了社会老龄化的情况。在因为交通安全事故而丧生的人中，老年人所占比例日渐增多。

超过半数的重伤事故发生在城市里，尤其影响到行人和其他弱势群体的道路使用者有儿童、老年人以及新手司机。道路交通事故是导致颅脑严重损伤的主要原因。在这一方面，汽车和动力两轮车所导致的事故是最危险的。

交通拥堵

不管是在政坛还是全社会，交通拥堵一直以来都是大家关注的重点。欧盟委员会的数据显示，拥堵是最糟糕的交通问题之一。交通拥堵的成本占到了欧洲每年国内生产总值的 1%，也导致了大量二氧化碳和其他令人讨厌的气体排放。得州农工大学交通研究所（Texas A&M Transportation Institute）的研究显示，美国的拥堵成本每年都在增长：2011 年，在 498 个城市里，拥堵导致的时间和燃料成本增加达到了 1 210 亿美元。在 2000 年，这个数字是 940 亿美元，而 1982 年时仅为 240 亿美元。更具体一点来说，2011 年，通勤者因为拥堵每年要在路上多花 38 个小时，相比 1982 年的 16 个小时增加了不少。2011 年，通勤者因为拥堵每年要多浪费 72 升燃料，相当于美国司机们平均每周的燃料使用总量。1982 年，这个数字仅为 30 升。成本增加的主要原因在于人口增长、就业人员增多以及汽车拥有量增加。

污染

气候变化是我们这个社会目前和在可预见的未来里所面临的最紧迫的挑战之一。这点导致全球各地推出了一系列法律法规和创造性的污染控制举措，由此带来了尾气排放的减少，这点在发达国家尤为明显。欧盟已经认识到全球气温升高的影响，并且致力于减少二氧化碳的排放。二氧化碳是导致气候变化的最主要的温室气体。道路交通是导致温室气体排放（尤其是二氧化碳）、空气污染（包括酸化物质和空气中漂浮的微粒物质）和噪音的主要因素。在欧洲，道路交通所排放的二氧化碳和氮氧化物在人造二氧化碳和氮氧化物中分别占到了近 25% 和 50%。要实现欧盟在欧洲 2020 战略中所设定的目标，就必须进行减排。欧盟委员会已经就交通未来必须扮演的角色发出了明确的信号。他们为该行业制定了减少二氧化碳排放的目标，即 2050 年的排放量应该降至 1990 年水平的 40%。尽管欧盟正在朝着目标前进，但这并不意味着交通相关的影响在逐年降低。例如，相比于 2010 年而言，2011 年的交通能源消耗量实际略有增加，所以这其中有大量的机会来改进效率。

驾驶辅助系统

高级驾驶辅助系统（ADAS）为驾驶员提供支持，其目的就是为了改进驾驶过程中的舒适度和安全性。这些系统并不能让汽车在车流中自动驾驶，却是通往协同和自动驾驶的必经之路。我们可以根据驾驶辅助系统的目的将其分为五类。这些目的分别是：（1）控制汽车；（2）避免交通违法；（3）为探测和理解交通状况提供支持；（4）在撞车时减少损伤；（5）在驾驶员能力受损时临时进行干预。

驾驶辅助系统的应用正在快速发展，人们非常希望借助这些系统来提高安全性。现有的驾驶辅助系统可能只是预示着重大的发展，这些发展将会使驾驶任务逐步自动化，或者甚至是能够让驾驶员把手完全从方向盘上拿开。为了了解驾驶辅助系统的应用和发展，我们将会对部分系统进行简要探讨。在表 5-1 中提到的其他驾驶辅助系统都将在后面的专栏中进行简要解释。

表 5-1　　驾驶辅助系统

功能	驾驶辅助系统
控制汽车	防抱死制动系统、电子稳定控制系统、自适应巡航控制、频繁停车
避免交通违法	驾驶员警示控制、交通信号识别系统、智能测速辅助系统
为探测和理解交通状况提供支持	车道偏移报警系统、停车辅助系统、盲区探测信息系统
在撞车时减少损伤	行人和自行车安全气囊、安全气囊
在驾驶员能力受损时临时进行干预	撞击预警系统、坡道起步辅助系统、车道保持系统以及智能电子警察

部分商用驾驶辅助系统

驾驶员警示控制

该系统能不断通过监测指令和行为来分析驾驶员的警觉状况。当系统探测到驾驶员正在分心时就会发出警报和视觉警示信号提醒驾驶员。

交通信号识别系统

该系统能识别道路上的交通信号，例如“不准调头”“限速”“禁止驶入”“小心野生动物”或“禁止超车”。该系统会在仪表盘上显示这些信号。

智能速度适应系统

该系统包括一系列的系统，这些系统能够不断监测汽车的速度和道路的限速要求，并且在探测到汽车超速后采取行动。这点可以通过提示系统［通常通过车载汽车导航系统来警示驾驶员（智能测速辅助系统）］，或者是干预系统［汽车的驾驶系统能自动控制以降速（智能电子警察）］来实现。

车道偏移报警系统和车道保持系统

当驾驶员不经意间偏离道路时，车道偏移报警系统能够通过方向盘短暂的震动脉冲和仪表盘上的警示灯来提醒驾驶员。车道保持系统则不仅能警示驾驶员，当驾驶员不采取行动时，系统能自动采取行动，确保车辆保持在车道内。要想让该系统不发挥作用，驾驶员可以往正确的方向猛打方向盘。

盲区探测信息系统

该系统能通过镜子上的光亮来显示有车子正位于驾驶员的盲区里。

停车辅助系统

通过传感器，该系统能探测到在道路左边或右边有停车位可用。驾驶员由此只需要踩下刹车。汽车就能自己驶入可用的停车位置。

坡道起步辅助系统（HSA）

该系统能够在坡道起步时避免车辆往下溜。

防抱死制动系统和电子稳定控制系统

防抱死制动系统已经成为了标配，而且自2008年起，欧盟委员会已经要求所有汽车均配备防抱死制动系统。防抱死制动系统是商用汽车的自动子系统[①]，能避免车轮在用力刹车时被抱死，该项功能是不受驾驶员控制的。轮子上的传感器能够探测到车轮在刹车时是否会被抱死。如果出现抱死的情况，防抱死制动系统会发挥作用，减少刹车力。在防抱死制动系统停止发挥作用后，驾驶员的刹车可以重新生效，直到车轮再次即将被抱死。因为有了这项技术，车轮能始终牢牢地附着在路面上，而且方向盘也能继续转动。防抱死制动系统的继任者就是电子稳定控制系统。在许多情况下，该安全系统能够预防打滑。当车子开始打滑时，驾驶员无法控制汽车的运动。在这种情况下，电子稳定控制系统将会通过与防抱死制动系统相同的技术针对不同的车轮进行制动。除了控制车轮之外，电子稳定控制系统通常也会直接干预风门。进气量和动力会因此减少，汽车速度就会减慢，变得可以控制。

① 自动档位切换可能是汽车内引入的第一个自动子系统。——译者注

2011 年 11 月，欧盟委员会规定所有新车型（同时包括小汽车和卡车）都必须装配电子稳定控制系统。自 2014 年 11 月起，这条规定开始适用于所有对外出售的汽车，包括现有车型。各种不同的研究结果显示，电子稳定控制系统能够带来很好的效果。一些研究显示，在致命的单车碰撞事故中，30%~62% 是由车辆打滑引起的。

自适应巡航控制和频繁停车系统

1997 年，丰田汽车推出了自适应巡航控制系统，也就是 ACC。自适应巡航控制系统是对传统巡航控制系统的一种延伸。自适应巡航控制系统不仅能保持驾驶员所设定的速度，同时还能根据前面车辆的速度来调整自身的速度，让两车之间保持预先设定好的距离。自适应巡航系统使用车辆前端的雷达或激光传感器来探测前方车辆，监测车辆的速度和距离，然后轻轻地控制风门或刹车。自适应巡航系统探测不到静止的物体，而且只能在 30 ~ 200 千米 / 小时的速度范围内发挥作用。因此，该系统不适合在交通拥堵时使用。如果需要大幅减速，则会通过警报信号来警示驾驶员。如果前方速度较慢的车辆不再继续留在本车道里，则车辆会回到预先设定的速度。荷兰道路安全研究机构（Institute for Road Safety Research，SWOV）对自适应巡航控制系统的现场试验显示，如果所有车辆均装备了自适应巡航控制系统，则高速公路上的交通事故量可以减少约 13%，在二级公路上的交通事故量可减少 3.4%。同一项研究也显示，如果使用自适应巡航系统，则高速公路上的燃气消耗量可以减少 3%，尾气排放量可以降低 5%~10%。现在，自适应巡航控制系统早已经出现在众多车型上。

自适应巡航控制系统的接替者也早已经上市，就是频繁停车系统。除了普通自适应巡航控制系统所有的功能之外，该系统还能够让车辆完全停下来，可以在交通拥堵时使。例如在交通拥堵时，系统可以根据前车的速度来调整和控制行驶速度。在狭窄的道路上针对交通拥堵时的情况进行的模型计算显示，当只有 10% 的车辆装配了频繁停车系统时，整体损耗时间可以减少 30%。如果有 50% 的车辆装备了频繁停车系统，则可以将整体损耗时间缩短 60%，因此对环境有很好的效果。

行人和自行车气囊

为了提高骑自行车人群的安全，荷兰应用科学研究组织正在开发一款自行车气囊。该气囊能安装在汽车的引擎盖上。荷兰应用科学研究组织通过研究瑞典气囊制造商奥托立夫公司（Autoliv）而产生了自行车气囊的构想。奥托立夫公司为行人开发了一款气囊，其效果前景可观，为此荷兰应用科学研究组织决定开发一款汽车气囊，既能保护行人，也能保护骑自行车的人。自行车气囊不只是像奥托立夫公司所开发的行人气囊一样，仅覆盖玻璃下方25%的面积。自行车气囊能够挡住整个前车架和车顶前的部分。这种车也可以在后视镜下方装配一个带广角镜头的摄像头，以及可以对进入摄像头视线范围内的物体进行分类的智能系统。如果这些物体是行人或骑自行车的人，系统会提高警惕。当车辆保险杆上的传感器发出与物体接触的信号时，气囊就会立即打开。人们希望这样可以将因交通事故而丧生的行人和骑自行车的人的数量降低至少20%。自2012年起，荷兰应用科学研究组织在多个欧洲城市里挑选了一些测试汽车，安装了探测系统，其中包括阿姆斯特丹市。每个气囊的成本大概是225美元。2013年，瑞典汽车制造商沃尔沃推出了V40车型，该车型上装上了第一代行人气囊。

撞击预警系统

2003年，跨国汽车零部件制造商电装公司（DENSO Corporation）开发了撞击预警系统（PCS）。撞击预警系统可以在撞击发生前探测到即将不可避免地出现事故。该系统通过微波雷达识别即将发生碰撞，并且据此确定可能的影响和碰撞的概率。如果系统探测到碰撞的概率很高，则汽车自动制动。这能确保驾驶员在用力踩刹车后或许可以避免碰撞。如果碰撞是无可避免的，则撞击预警系统能够启动其他众多安全系统来减少碰撞的影响，从而将伤亡概率降低到最小。在自动刹车或用力踩刹车后，安全带会自动收紧。汽车制造商雷克萨斯早已经在其部分车型上安装了该系统。

尽管相比之下没有那么先进，但福特的低速行车安全系统（Active City Stop）和沃尔沃的城市安全系统（City Safety）也是类似的系统。这些系统会通过汽车挡风玻璃后面的传感器来探测道路前方的其他车辆。当前方车辆刹车、移动速度缓慢或静止不动时，如果即将同前方的车辆出现碰撞，汽车会自动制动。如果最初速度只有15千米/小时，则汽车可以完全停住，避免所有损伤。如果最初速度在每小时15—30千米/小时，则可以将损伤降低到最小。

有限的自动驾驶

有限的自动驾驶（3级）有三个要素：交通管理、协同系统以及协同驾驶。交通管理的目标是指引驾驶员（或汽车）并且与驾驶员（或汽车）进行通信，而这也是协同系统所必要的。协同系统包括了通过交通管理系统来实现的车辆与车辆的通信（V2V），以及车辆与基础设施的通信（V2I）。我们称这些有协同系统的汽车为互联汽车：汽车通过导航系统、外场设备系统以及交通服务等与众多信息和通信网络相连。协同驾驶的一个例子就是队列（platooning），即汽车通过协同系统进行电子通信，从而彼此相连。这些汽车一辆接一辆，彼此交换其速度、位置和加速等信息，变成自动驾驶。

交通管理

为了减少高速公路上的拥堵状况，保持交通不中断，人们正在开发聪明灵活的方法，充分利用最佳的道路能力。这项工作部分靠的就是交通管理系统，即在特定时间和特定地点影响交通流量，旨在让道路系统发挥最大的功效。交通管理系统会引导路线选择、出行时间以及驾驶行为。它使用实时交通信息，提醒驾驶员注意交通拥堵、道路施工和事故等信息。交通管理系统的例子包括有匝道流量控制，即限制驶入某条马路的汽车数量和对速度进行动态限制。例如通过在匝道上“安装绿灯、单车通行”这种匝道流量控制系统，能够避免拥堵，优化交通流量。实时路况信息指示牌（Dynamic Route Information Panels，DRIP）能够根据实时路况提供信息，通过各种标志来帮助驾驶员更好地选择路线，并且限制当前拥堵路段的车辆进入量，由此减少拥堵，直至拥堵结束。关于实时路况信息指示牌的效力，部分研究已经发现，这种方法大幅提高了交通流量。

导航系统的使用已经改变了我们驾驶汽车的方法。第一代导航系统都是嵌入在高档汽车内的。2004 年出现了便携式导航系统，此后导航系统的市场才真正开始得到发展。现在，多数驾驶员都会使用车载导航系统或者手机导航应用。通过这些系统，驾驶员能够了解到交通信息，包括路线、拥堵和事故警示以及速度限制和道路急转弯的提醒。通过此类联网的导航系统，汽车是可以定位的，而且交通管理系统能够与导航系统的使用者进行通信。由此导航系统不只是提供信息，也转变成了向驾驶员提供建议和引导的系统。导航系统会选出最快速、最短或最安全的路线，然后引导驾驶员。荷兰应用科学研究组织针对导航系统对交通安全的影响进行了调查。研究显示，导航系统能改善交通安全，例如积极影响驾驶员的注意力和行为，减轻驾驶员的压力，并且在驾车通过陌生区域时能缩短行车距离和行车时间。

TomTom 公司是导航领域的世界知名企业，也正在创造性地扩大收费服务。在 2007 年年底时，该公司推出了 TomTom 实时交通信息（TomTom HD Traffic，现在更名为 TomTom Traffic）。在那之前，交通信息都是通过计算高速公路上层的电气回路来获取数据。现在，TomTom 实时交通信息则使用来自手机的匿名地址数据估计当地的交通流量。通过利用手机的移动情况，人们可以通过统计得出高速公路和城市里的交通流量。TomTom 实时交通信息设备每两分钟与数据库进行通信，通过内置的 SIM 卡来接收新的位置信息。与此同时，TomTom 导航系统还有一个集成的 GPRS 调制解调器，里面内置了 SIM 卡，能够接受和发送数据。此外，该系统也充分利用了其他信息源，其中包括交通中心。冯特·霍夫（Van't Hof）、范艾斯特和科尔曼（Kolman）进行的案例分析显示，此类系统有助于缩短行车里程和时间，节约燃料和其他成本。例如，TomTom 预计，如果所有道路使用者中 10% 打开其 TomTom 实时交通信息设备，则所有道路使用者的行车时间可以减少 5%。导航也对安全有积极的影响：该设备能够提高驾驶员的注意力，同时降低其对迷路的担心。为了确保隐私，TomTom 切断了旅程的起点和终点，从而无法追踪到具体的地址。此外，汽车是随机编号，而且每个小时都会改变。TomTom 公司只需要汽车的数量、速度和位置，并且声称通过该系统不能识别出任何人，从而在系统的架构中排除了执法或征收公路税的可能。

通过综合实际交通数据和交通模型，可以预测出行信息。这些预测模型的开发目前仍在起步之中，而且交通工程师们非常关注该领域的发展。这些交通模型将能准确预测短期和长期的交通情况，并且在必须进行调整时提出建议和意见。交通管理系统向驾驶员提供信息，让他们能够选择最佳路线，并且在最便捷、安全的时间段里沿着特定路线行驶。如果我们同时将其他道路使用者的反应也考虑在其中，则出行时间预测的效力可以大幅提升。这也要求汽车彼此之间进行通信。在不久的将来，协同系统将能实现这一点。

协同系统

汽车机器人化的下一个阶段就是协同系统。为了在安全性、能源、土地使用以及时间上都实现最大效益，未来的汽车将会联网。在未来，汽车将能够通过 V2V 和 V2I 彼此之间进行通信，同时与基础设施之间进行通信。事实上，汽车将能够联网，一个是彼此联网，还有一个是与周围的基础设施联网。这将带来一系列全新的应用，由此人们可以考虑到汽车视线之外远距离的各种情况。

例如有了V2I，汽车可以同路边带传输和控制装置的外场设备系统进行通信：驾驶员在驶近十字路口时能够知道一位骑自行车的人正在自己优先选择的道路上驶过来。道路上的电气回路或另一套探测系统、视频、雷达或GPS会记录那辆正在驶近的自行车，然后外场设备系统会将这个信息传递给该汽车。在十字路口，这些场外设备系统能够轻松地与现有的交通信号灯进行整合。此外，通过环线上不同交通枢纽的耦合，该系统能够独立为汽车的速度提出建议，在未来创造一个最佳的绿色浪潮。V2I通信的另一个例子就是eCall。这是一种电子安全系统，如果出现了严重的事故，能够自动打急救站的电话报警。V2V做的事情包括在探测到道路表面打滑和交通拥堵后发出交通警报，从而优化交通流。通常情况下，V2V和V2I会同时运行。

在底特律附近的安阿伯市，近3 000名市民已经同意来自密歇根大学交通研究所的研究人员在自己的汽车上安装V2V和V2I通信设备，从而可以让大家的汽车彼此交换信息，以及在交通信号灯、十字路口和弯道等节点处进行通信。该实验覆盖了安阿伯市东北部近73条车道里程（lane miles）。这场全世界最大的、在街道层面开展的互联汽车试验的名称是安全驾驶项目（Safety Pilot），其目的就是了解互联汽车的安全技术和系统在现实环境中由真正的驾驶员和汽车来使用时的效果。它将测试性能和可用性，并且收集数据以更好地了解大规模推行后的安全效应。互联汽车的安全应用将帮助驾驶员拥有360°的视角，充分了解自己看不到的危险和其他情况。通过车内警示，驾驶员将能接收到即将撞车的警告，例如有汽车位于司机的盲区，又或者前方车辆突然急刹。通过与外场基础设施进行通信，当驾驶员进入到学校区域，或道路正在施工，又或者下一个交通信号灯即将发生变化时，驾驶员都能提前得到警示。目前，需要人类驾驶员在接收到警示信号后采取行动，但在不久的将来，研究人员将会在能自动回应的无人驾驶汽车上进行试验。研究人员希望能够证实，完全无人驾驶的汽车在2021年时能够在城市基础设施的范围之内进行操作，并且希望让大家看到，无人驾驶是安全且有效的，而且在商业上也将取得成功。

eCall

V2I 通信系统 eCall 是一个报警系统，能够在车祸出现时根据精确的 GPS 定位和移动通信网络内的 eCall 优先原则打电话给急救中心报警。当汽车内的气囊被打开，或者是碰撞传感器探测到发生了碰撞，eCall 系统就会被激活。通过移动网络，当地急救中心会收到短信，内容包括 GPS 坐标、时间、行进方向以及车辆识别信息。同时驾驶员也可以通过按按钮与急救中心接线员通话，而且自动系统也能与急救中心接线员建立通话。急救中心接线员由此可以确定车内人员是否能够进行沟通。该系统已经在欧洲国家的资金资助下得到开发，并且应该能够帮助急救中心更快到达事故地点，从而大幅减少道路交通事故的伤亡数量："节约一分钟，就能救一条命。"欧盟委员会预计，eCall 系统将能把农村地区的撞车响应时间缩短 50%，将城市地区的撞车响应时间缩短 40%。如果重伤人员在事故发生后能立即得到救治，那么死亡率和外伤的严重性就能大幅降低。芬兰的一项研究显示，在 eCall 系统得到全面应用后，死亡率将能够降低 5%~15%，而重伤率能够降低 10%~15%。此外，该系统将能够减少拥堵，因为被撞车辆能更快速地得到处理。欧盟委员会已经强制要求推行该系统，并且自 2018 年开始，所有出售的乘用车里都必须安装该系统。欧盟委员会认为，泛欧洲的 eCall 系统如果能够全面采用，预计每年可以拯救 2 500 人的生命。

协同驾驶

2011 年 5 月，协同驾驶大挑战活动（Grand Cooperative Driving Challenge）启动。该活动的组织者为荷兰创新项目高科技自动系统（HTAS）和荷兰应用科学研究组织。全球十支小组验证了他们关于协同驾驶的构想（见图 5-1）。研究人员认为，协同驾驶可以提高交通安全性，改进交通流量，降低有害气体的排放，并且让驾驶变得更加轻松。车辆之间相互进行通信的想法现在听起来并不新颖，但直到最近，必要的技术零部件依然不是缺少，就是太过昂贵，无法进行商用。不过目前，越来越多的汽车都装备了卫星导航、通信设备以及雷达，甚至有能够监测与前车之间距离的摄像头。这些都是协同驾驶的必要元素。许多公司、研究机构和大学都对这一概念表现出了兴趣，并且建立了研究项目。协同系统在欧盟的日程表上也有重要的位置。在该领域有众多多方联合提供资金的研究项目，例如安全区（Safespot，2006—2010 年）、智能道路安全的协同系统（CO-Operative SystEms for Intelligent Road Safety，COOPERS，2006—2010 年）、汽车-基础设施协同系统（Cooperative Vehicle-Infrastructure Systems，CVIS，2006—2010 年）以及环保的道路列车（Safe Road Trains for the Environment，SATRE，2009—2013 年）。这些项目主要是关注如何改进车辆与外场设备系统之间的通信。图 5-1 对环保的道路列车（SATRE）项目作了简要介绍。

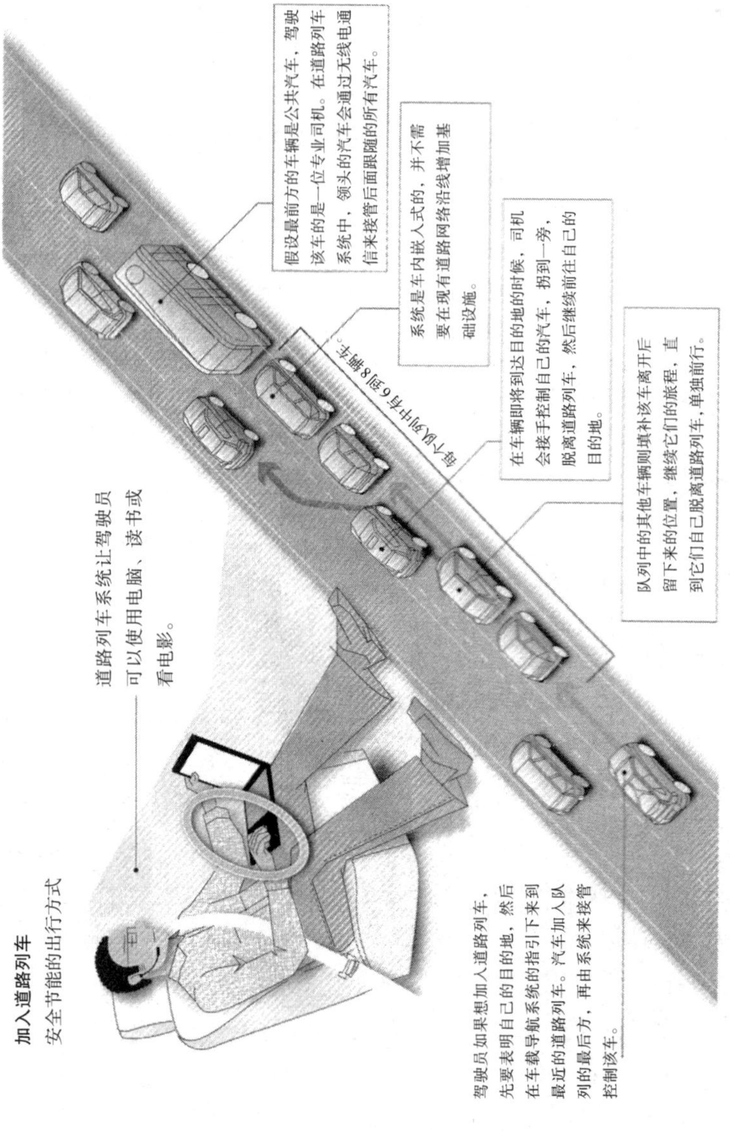

图 5-1　道路列车系统示意图

SATRE 项目介绍

SATRE 项目自 2009 年启动，是由欧盟提供资金的研究项目，汽车制造商沃尔沃也参与了该项目。该项研究的目的是开发建立道路列车的技术（见图 5–2）。这个概念并不新鲜。1997 年，通用汽车公司针对一系列别克进行了测试，这些车辆可以依次排列前行，两车之间间距较短，共同听从路面磁性传感器的指挥（V2I）。不过在 SATRE 项目中，汽车都是通过电子通信（V2V）来彼此相连。研究人员表示，这些“队列”或“道路列车”将在 10 年内变为现实。自 2011 年起，拥有该项技术的第一批车辆已经在汽车试验场里进行了测试。在列队时，汽车之间的距离为 0.2 秒，而不像普通汽车那样平均保持 2 秒的距离。这些汽车会彼此交换速度、位置和加速情况的信息。当一辆车刹车时，后面跟着的汽车也会立即减速。这实际上是一种协同适应巡航控制。因为可以快速进行反应，所以汽车排列可以更加密集，而且驾驶过程中不会出现安全问题。这类队列由 6 到 8 辆汽车组成，其中一辆车为“头领”，该车内的驾驶员经验丰富，了解路线。驾驶员如果想要退出队列，就会重新自己控制车辆，然后转向离开队列。队列中的其他车辆会填补该车离开后的空白，继续前行，直到队列再次分开。

研究人员认为这种方式使高速公路上的长途通勤者收益颇多：在“队列”前行时，驾驶员可以随意阅读、看电视或者打电话。队列可以提高道路通行能力，减少耗油量，因为道路使用者可以交换信息，从而保持稳定的速度。队列在驾驶员的过度反应方面也能有所帮助。例如，如果有驾驶员轻踩刹车，则后方跟着的车在踩刹车时力度要更大一点。这种过度反应就会像冲击波一样传播开来，导致所谓的“幽灵堵车”。幽灵堵车出现时，交通会突然停顿，但表面看来根本找不到像交通量增多或道路变窄这样明确的原因。

图 5–2　协同驾驶

原则上来说，当汽车在“队列”中自动驾驶时，驾驶员并不一定要非常专心于驾驶，但在接收到警报后必须在一定的时间内控制汽车。协同驾驶在技术上是可行的。所有必要的系统现在都已经商业化，而且目前在众多小汽车上都是标配。大量研究结果也显示，协同驾驶在短期内将会变得可行。即使标准化是通信的实际应用所必需的，它也只是一个小问题，因为大家早已经达成了共识：多数当前的项目使用的是 WiFi 发射器，里面包括了信息交换的特定标准。在启动之前必须先进行法律授权，作为协同驾驶的法律框架，而且公众的认可也会成为推迟启用的主要因素。

预计协同驾驶最实际的商用将会从长途货车上开始。因为公路货运是一个庞大的行业，所以协同驾驶可以带来巨大的影响。例如，在欧洲，目前在使用的有 650 万辆重型货车，而在美国，这个数字为 1 550 万辆。在欧盟，（载重量超过 3.5 千克的）卡车在道路交通的二氧化碳排放量中占到了 1/4 还多，即占整个欧盟二氧化碳排放量的 6%。自 2014 年起，欧盟委员会正在努力制定综合战略，减少卡车的二氧化碳排放。无人驾驶卡车队伍的实验已经进行了多年。例如 2013 年，日本新能源与工业技术发展机构（New Energy and Industrial Technology Development Organization，NEDO）测试了自主驾驶的卡车车队。他们让四辆卡车上路，第一辆卡车由人驾驶，后面跟着的三辆卡车都是自动驾驶。车队成功地使用了各种技术进行转向、以 80 千米 / 小时的速度保持着队形，而且每辆车之间的距离保持在 4 米，以营造一定的气流，减少空气阻力。研究人员的主要目的就是调查在节能方面能取得什么样的成效。他们表示，以这种方式组建的卡车车队能够降低空气阻力，将油耗减少 15% 或更多。这个结果也同加州珀洛东科技公司（Peloton Technology）针对两个卡车车队和卢与施拉德沃（Shladover）针对三个卡车车队进行的实验结果相一致。里卡多英国有限公司（Ricardo UK Ltd.）的首席工程师麦克 · 贝克（Mike Baker）也参与了 SATRE 项目。他认为：“长途车辆在安全性和经济效益上受益最大。队列中的卡车可以大幅节约燃料，由此大大提高了运营者的利润，更不要说降低二氧化碳和其他物质排放等环境影响了。”

有了交通管理系统的帮助，人们不仅可以引导车辆个体的移动，也能管理交通流量。未来就可以提高安全性，改善交通效率，并降低对环境的影响。此外，车载技术的发展也会在未来数年里有所提升。部分专家认为，这些发展预示着驾驶的进一步机器人化，最终将带来自动驾驶车辆。从这个角度来说，汽车的英文 automotive 的前缀 auto（自动的）将名副其实。

自动汽车

自动汽车初露曙光是在 1939 年。当时，在纽约世界博览会上，贝尔·盖迪斯（Bel Geddes）为通用汽车公司设计了“未来世界展”（Futurama）。在未来世界展上，盖迪斯阐述了未来的社会将会变成什么样。在《神奇的高速公路》（*Magic Motorways*）一书中，他写道：“1960 年的汽车和它们行驶的高速公路内将内置一定的设备，能够纠正人类驾驶时所出现的错误。它们能阻止驾驶员犯错。”1958 年，通用汽车公司的工程师们测试了第一款“自动汽车”。该车在一段高速公路上自动驾驶。车上装了磁铁，车行道上则布了电线。这段公路也被称为“自动高速公路”（V2I 技术）。在媒体发布会上，通用汽车公司骄傲地宣布了试验结果：

> 今天，一辆自动操纵的汽车驶过通用汽车技术中心一段 1.5 千米长的试验道路，水泥路面下的电缆线控制着汽车的方向。这是该类试验中全尺寸乘用车的首次试验，充分显示了未来在高速公路上嵌入制导系统的可能性……这辆车沿着两车道的试验道路前行，通过了两端的坡面调头弯道，全程没有驾驶员操作方向盘。

第一辆真正的全自动汽车在 1977 年由日本筑波大学机械工程实验室（Tsukuba Mechanical Engineering Laboratory）开发。该车跟着白色的街道标记而行，速度达到了 30 千米 / 小时。

1974 年，46 名研究人员预测，自动高速公路将在 2000 年到 2020 年之间变为现实。自那之后，部分研究人员一直在努力开发自动汽车，但并没有取得什么成效。美国军事机构美国国防部高级研究计划署的项目大幅推动了该领域的发展。2004 年，美国国防部高级研究计划署组织了一场自动汽车大赛。大赛规定，自动汽车必须能够在加利福尼亚州和内华达州之间的沙漠里行驶超过 200 千米。结果却让人伤心，因为行驶距离最长的队伍也只走了 10 千米。2005 年，大赛再次举行。在参赛的 23 支队伍中，5 支队伍成功到达终点。斯坦福大学的队伍赢得了大赛，以平均 30 千米 / 小时的速度完成了整个赛程。在这次大赛成功举行之后，2007 年美国国防部高级研究计划署的城市大赛（Urban Challenge）参赛门槛被提高。参赛汽车必须在模拟的城市环境里行驶 100 千米。11 支参赛队伍中有 6 支完成了任务。尽管这次比赛取得了巨大的成果，但厄姆森（Urmson）和惠特克（Whittaker）认为没有哪辆车可以被称为真正的自动汽车，因为参赛车辆中没有哪辆车可以对交通信号灯做出反应，而且多数车辆也难以识别行人。通用汽车预测，自动汽车将在 2020 年进入商用市场。这个预测在一定程度上也是基于那次大赛的情况。

自动汽车的开发工作继续保持稳步向前，研究人员和汽车开发者们坚持强调自动汽车的好处。自动汽车的社会和经济效益包括减少撞车事故，降低死亡率，提高老年人、残疾人和盲人的移动性以及降低燃料使用量。摩根士丹利预计每年可以节约 1.3 万亿美元，这么巨大的节约潜能应该能加速自动驾驶汽车的推广。研究人员认为美国所节约的那些成本将来自四大领域：

1. 燃料成本节约为 1 580 万美元（自动汽车的能耗将比同样的非自动汽车低 30%）。
2. 每年因为减少交通事故而节约 4 880 亿美元（如果 90% 的事故是因为司机犯错而导致的，那么让司机不再控制汽车，从理论上来说则可以将事故的成本降低 90%）。
3. 生产力的提高可能会带来 5 070 亿美元的收益（在上下班的路上或其他任何时候，人们都可以在汽车内工作）。
4. 另外还有 1 490 亿美元（自动汽车可以让驾驶更为流畅，通过积极地管理十字路口的交通情况和交通模式，能够大幅减少拥堵现象）。

美国 GDP 的 8% 等同于 1.3 万亿美元。摩根士丹利公司为全球的公司、政府和投资人提供金融咨询顾问。该公司表示："如果依此来推算全球的节约情况……我们估计，全球的自动汽车每年可以节约 5.6 万亿美元。"不过这些节约只能在第 4 级时（完全自动驾驶）得到实现。

还有一项好处就是，有了自动汽车后，残疾人和老年人将能够驾驶自己的汽车。另一项可能的好处与一个事实相关，即自动汽车更不容易出现撞车事故。它们需要的安全装置更少，所以也就要比现在的汽车更轻更小，在节能方面可以提高 10 倍，也更适合于使用电力。但利特曼（Litman）表示："在出行时还能工作和休息，这可以吸引一些驾驶员选择空间更大的汽车，将汽车同时也当作移动办公室和卧室，并且每年驾驶的里程更多。"这个观点与戴姆勒公司董事长、梅赛德斯-奔驰汽车负责人迪特尔·蔡澈（Dieter Zetsche）的看法颇为一致："汽车已经不再只是交通工具，最终将会成为移动的生活空间。"梅赛德斯-奔驰新的研究型汽车 F015 豪华运动车（Luxury in Motion）

就是这种未来的自动驾驶观最好的例子（见图 5-3）。自动汽车将最终成为一个私人休养空间，乘客可以以各种方式自由地使用自己在路上的宝贵时间。因此，自动汽车将会非常大：F015 豪华运动车的长度非同寻常，超过了 5 米，宽度超过 2 米。这与伯恩斯（Burns）等人预测的自动汽车将会更小更轻背道而驰。

图 5-3 梅赛德斯-奔驰 F105 豪华运动车

在自动汽车上市之前，必须能够在现实生活中经过测试，了解它们真正的表现。在这个方面，谷歌公司和柏林自由大学（Free University of Berlin）的 AutoNOMOS 项目早已经开始针对自动汽车展开试验。

谷歌公司

2010 年，谷歌公司宣布将开展自动汽车方面的研究（见图 5-4）。谷歌公司高管们表示，谷歌汽车的目标是“从根本上改变汽车的使用，从而协助预防交通事故，帮人们腾出时间，并且减少碳排放”。谷歌公司希望汽车的开发能最终改善交通情况，减少事故数量，并且估计全球每年 120 万的伤亡人数能够因为自动汽车而减半。

图 5-4　谷歌自动汽车

与此同时，该公司已经在加州驾驶过 7 辆自动汽车上路，其中 6 辆是丰田普锐斯，还有一辆是奥迪 TT。司机将手放在方向盘上，随时准备在出现问题时进行干预，由此避免了罚款。自 2011 年以来，这些车辆已经安全行驶 113 万千米，只出现了一次事故，而当时还是由人在驾驶。在高速公路上，这些车辆成功地保持在车道里行驶，而且能匀速行进。既然谷歌公司的汽车已经成功地实现了在高速公路上行驶，研究人员就开始解决在城市道路上行驶的复杂难题。在让这些汽车上路之前，谷歌公司的工程师们曾经沿着整个路线驱车行驶了一遍或多遍来收集相关的环境数据。这些自动汽车会对比它们正收集到的数据和此前记录的数据，由此来区分不同的物体，例如区分行人和静止的物体（比如邮箱和电线杆）。尽管我们只能推测，但谷歌可能会继续不断更新道路数据库，而汽车制造商们将必须订阅这些数据，以便其汽车能进行自动驾驶。

早在 2011 年，谷歌就开始向美国内华达州和加利福尼亚州的参议员进行游说，希望能调整道路交通法律法规。谷歌公司表示，自动驾驶的车辆应该合法化，而且应该取消禁止在自动驾驶汽车上发送短信。与此同时，美国有四个州已经通过法律，允许驾驶自动控制汽车上路。在内华达州，联邦运输法部已经划定特定区域，谷歌公司可以在这些区域内进行试验。不过，允许人们坐在驾驶员位置上打电话或发短信的第二部法律尚未通过。

在每个汽车机器人的车顶上是一个威力登（Velodyne）64 光束激光，也是“系统的核心所在”。它能针对周边环境生成详细的 3D 地图。计算机会将这些数据同谷歌街景、GPS 系统以及车内内置雷达的数据综合在一起。此外，在后视镜旁边还有一个摄像头，能识别停车标记和交通信号灯，并能帮助探测行人和骑自行车的人。除此之外，这辆汽车还有众多车载技术，例如频繁停车系统。

2014 年 6 月，谷歌公司正式宣布，他们已经打造出了自己的自动驾驶汽车原型。其设计非常激进，汽车的常规配置都被改变，因为这辆汽车没有驱动轮和踏板，只要按下启动和停车按钮就可以进行操作（见图 5-5）。该车是针对城市环境而设计的，最高速度可达到每小时 40 千米。谷歌公司曾经计划在加利福尼亚州进行小型试驾，但加利福尼亚州机动车局制定的新试验规则叫停了这场试驾，因为规定要求驾驶员在必要时能对在公共道路上行驶的汽车“立即进行物理控制”。这也意味着汽车必须拥有驱动轮以及刹车和油门踏板。

图 5-5　谷歌公司的新自动汽车原型

尽管谷歌公司处于自动驾驶技术的开发和测试前沿，但其关于无人驾驶的未来观并非曲高和寡。日产、通用汽车、福特汽车以及汽车零部件供应商大陆集团（Continental）都预计自动驾驶汽车能在 2020 年时上路。在接下来的一节里，我们将会讨论柏林自由大学所开发的另一款自动汽车，这款汽车将被作为社区遥控出租车投入使用。

AutoNOMOS 和社区遥控出租车

自 2011 年开始，柏林市马路上出现了一款自动汽车。这款汽车被称为“德国制造”（见图 5-6），它也是“柏林精神”（Spirit of Berlin）的后续产品。“柏林精神”曾经在 2007 年参加美国国防部高级研究计划署城市大赛。这是一辆在大众帕萨特基础上进行改装的汽车，也是 AutoNOMOS 汽车项目的成果。该项目由德国政府提供资金，由柏林自由大学的人工智能小组实施。“柏林精神”拥有6个固定和1个转动的激光扫描仪、7个雷达传感器、4个视频摄像头以及1个红外线摄像头，能最全面地了解周边环境。开发者已经获得许可，能在柏林和勃兰登堡等州的道路上进行试验。开发者的下一个目标就是驾驶该车穿越欧洲。

图5-6 自动控制汽车“德国制造”

AutoNOMOS项目的一大突破就是该汽车现在能够顺畅地进行驾驶，让人感觉是有人在驾驶。机器人常见的灵敏度缺失问题已经得到弥补，灵敏度缺失会导致汽车在驾驶时出现不平稳的现象。

最引人注目的进步就是你可以通过智能手机向汽车下单。开发人员由此也验证了未来的发展方向。其思路就是当汽车没有在行驶时就应该从路面上消失。在开发者看来，未来的汽车应该停在中心停车场里，直到有人下了用车订单。在收到订单后，无人驾驶的出租车就会出发前往顾客的位置，然后接上顾客，将他们送到顾客通过智能手机指定的目的地。在这趟旅程中，顾客可以阅读、工作、吃东西、打电话、看电影或者发送电子邮件。汽车的系统能够决定是否要顺路接上目的地也在计划路线上的另一位顾客。汽车不用停车，因为它要再次出发去接另一位顾客。

研究人员表示，在柏林这种城市里，如果同现有的公共交通进行衔接，那么无人驾驶出租车可以满足公众的个人出行需求，而车队的规模大概只要柏林目前运行的客运车辆数量的10%。这种观点也与伯恩斯等人的结论相一致。在新加坡的一场模拟中，斯拜瑟（Spieser）等人发现，只要25万辆机器人出租车就可以取代各种形式的个人交通，满足新加坡所有人的运输需求（其中包括私人和公共汽车、出租车、小型摩托车、公共汽车和火车等）。新加坡目前有大约 80 万辆客运车辆。这些研究人员的分析显示，在高峰时期内，机器人出租车车队的最多等待时间约为 30 分钟，而在非高峰期内，这个数字还要低上许多。这也能减少排放和拥堵，降低对停车场的需求。因此，研究人员认为这种发展也是“更环保”的汽车发展趋势的一部分。

德国研究人员的未来观与城市设计师、未来派人士迈克尔·阿特（Michael Arth）的观点颇为一致。后者预测，私人汽车 90% 的时间都会停在那里不用，还占据空间，他们将会改用公共自动驾驶出租车，这些出租车会一直保持使用状态。在这个系统中，将不再有个人汽车，而当前由火车和地铁组成的公共交通系统也将终结。取而代之的是高度定制化的公共交通系统：针对每类运输需求，都将有合适的解决方案，例如为一群人提供自动驾驶的公共汽车，为晚上外出的人提供自动驾驶的豪华轿车，以及为儿童提供自动运输。阿特表示，自动汽车的发展由此能带来公共交通发展的新前景。

在阿特所设想的场景中，驾驶员将会放弃他们的私人汽车，因为可以打电话叫汽车，让汽车在家门口等着自己，也就没有必要再拥有自己的汽车了。这种观点并不是非常有说服力，因为目前（有司机驾驶）的出租车也让人不再那么必要拥有私人汽车了。为了能取得成功，此类自动驾驶出租车的定价将必须能同公共交通进行竞争，从而使顾客们愿意放弃使用私人汽车。一种有用的思维试验就是分析如果所有出租车都是免费的，那么驾驶员是否愿意放弃私人汽车。会有更多的驾驶员更频繁地搭乘出租车，但他们并不会放弃自己的汽车，因为在许多情况下，私人汽车会更加方便：他们可以直接上车而不用等待（使用出租车就必须等待），他们可以将设备或行李留在车里，而且在需要时他们也能运载比较脏的东西。此外，自动驾驶出租车也会有额外的成本：当乘客吸烟、将食物或饮料倒在车内，或者是携带宠物后，就必须进行清洗；自动驾驶出租车通常都是故意破坏行为的受害者，所以常常需要进行修理；而且人们将必须放弃部分隐私，因为汽车可能会记录下他们的行为以便将清洗和修理的可能性降低到最小。

有一种场景也是可以理解的，即人们将会购买自己的自动驾驶汽车，并且用于处理各种额外的事情，甚至可能导致城市内的交通量更大。自动驾驶汽车可以被用来完成多种工作和任务，而人类驾驶的普通私人汽车可能无法进行这些工作。例如，如果一位女士驾车上班，那么这辆汽车就无法再被其他家庭成员使用。有了自动汽车之后，汽车送这位女士到工作地点后，再空车回家，接着安全地送孩子们去上学。家长将不再需要用自行车送孩子们上学并且一直盯着直到他们进入学校。在返回家中后，这辆车将可以再供其他家庭成员使用。到下午 6 点时，这辆车将会去接那位女士下班回家。这种场景将会增加交通流量，因为有那些空载的自动汽车。这种场景与阿特和 AutoNOMOS 项目的研究人员所提出的设想南辕北辙。其解决方案也许就是确保自动汽车成为新的公共交通方式，而不是被个人拥有。它们应该是由城市或出租车公司所有，这会减少私家车的保有量和停车成本。

汽车机器人化的社会和道德问题

显然，汽车机器人化或智能汽车的推出都会带来大量的社会和道德问题：在驾驶任务被汽车接替后，驾驶人的态度是什么？驾驶员的隐私会怎样？这些先进的系统可靠性如何？自动驾驶汽车在驾驶方面真的比人类可靠吗？汽车机器人在何种程度上可能会导致消极的行为适应？这些发展会给事故的责任划分带来哪些后果？法律允许协同驾驶或自动驾驶吗？接下来我们将对这些问题进行探讨。

认可度

在欧洲的数个研究项目中，针对人们对机器人控制汽车的认可度进行了调查研究，尤其是对驾驶辅助系统和协同系统的认可度进行了调查，例如主动型安全系统欧洲现场运行试验（European Field Operational Test on Active Safety Systems，euroFOT）和自适应人车集成界面（Adaptive Integrated Driver-vehicle Interface，AIDE）项目。这些研究主要关注两个问题：（1）驾驶员在技术接管驾驶工作后有何感受；（2）驾驶员是否能接受这些系统的干预。

理论上来说，驾驶员在是否接受接管驾驶任务的系统上是有所迟疑的，因为他们在最初通常会不太适应机器主导的环境，也因为他们认为这些系统限制了自己的自由，毕竟许多人将汽车视为一种真正自由的标志。不过，随着驾驶员驾驶过有这些系统的汽车，并在逐渐信任了该系统后，对自动驾驶的认可度会开始增长。唐纳（Donner）和斯科林斯基（Schollinski）已经表示，要想在市场上成功地推出驾驶辅助系统，关键在于应该让公众们看到，该系统是安全有效的。在防抱死制动系统和电子稳定控制系统刚推出时，负面宣传和消费者教育不到位等问题导致大众市场的发展被拖延。消费者并不是非常懂得如何使用该技术。不过在使用过程中，这些系统明显减少了事故伤亡率，结果都是可以量化的。在消费者懂得了这些系统的工作原理后，防抱死制动系统就得到了广泛采用，电子稳定控制系统也有了更为有效的使用。我们还需要进行更多大规模的实地研究，以确定不同类型的系统在长时间里如何获得人们的信任和接纳，从而实现协同驾驶辅助系统的理想效果。第一步可以是在考取驾照时，要求驾驶者必须掌握如何驾驶带驾驶辅助系统的汽车，并且在未来将这项要求的范围扩大，涵盖协同驾驶系统。此外，针对驾驶辅助系统和协同驾驶系统的国际 ISO 标准也有助于赢得公众的信任和认可。

自动汽车技术将会给驾驶体验带来革命性变化，驾驶员将需要花时间学习如何使用和管理这些新功能。他们将必须适应新技术的功能性和界面，可能还必须克服心理障碍才能放弃控制权，让汽车自动驾驶。大型跨国咨询公司毕马威表示，消费者似乎能接受他们某天可能要适应自动汽车的观点。事实上，“市场将不仅仅接受自动驾驶汽车，还将成为推动该行业发展的力量。消费者迫切想要新的出行方式，让他们能够保持联系，找回在交通拥堵和防卫性驾驶中所浪费的时间和精力。”不过塞平安软件公司（Seapine Software）针对 2 000 名美国成年人进行了一项研究。研究显示，80% 的被调查者对搭乘无人驾驶汽车表示担忧，尤其是担心设备出现故障，例如刹车软件出错或者是报警传感器出问题。此外，52% 的被调查者害怕黑客会入侵无人驾驶汽车的系统，从而控制该车。除非能够确保自己的汽车和出行环境 100% 安全可靠，否则消费者不会放弃自己的控制权。此外，自动汽车或互联汽车在早期所造成的交通事故可能会带来非常严重的后果：“负面消息对创新型汽车技术的应用是一种巨大的风险，即使事故并非是该技术本身所导致的。”同驾驶辅助系统一样，消费者驾驶过这些汽车后，对其的认可度可能会逐渐增长。我们还需要针对自动汽车的认可程度进行更多的研究。既然越来越多的自动汽车将会上路，那么在可预见的未来，将会针对该汽车的认可度和人们对自动汽车的信心进行第一次小型实地研究。

隐私

正如在本章前文中所提到的，自 2018 年起，欧盟销售的所有新车都必须配置 eCall 系统。除了 eCall 系统外，汽车内外显然还有其他系统能够生成和接收与位置及身份相关的信息，例如导航系统和协同系统。这些系统会传播个人数据，因此人们必须考虑到欧洲法令中的隐私法和各个国家关于隐私的法律法规。欧盟委员会成立的 eCall 推动小组（Driving Group of eCall）担心数据可能被用于其他目的，甚至被滥用。与时间和地点相关的数据可以被用于道路收费、拥堵收费，或者用于交通违章罚款，例如超速。

eCall的信息对保险商而言非常有用，这点不难理解。路政部门也可以使用这些信息对交通进行管理。此外，这些数据也提高了侦察犯罪嫌疑人的可能性。这种考量非常实际，因为在最近数年里，执法部门在这个领域的力量已经得到了大幅提高。例如在阿姆斯特丹，政府在2011年已经宣布，在该市用来监测汽车污染的摄像头也将被用于其他目的。这些摄像头收集到的图像现在也被用来分析车牌所有人是否有什么事情需要负责，或者是否仍有罚款未交。事实上，这些摄像头现在扮演着“城市数字护城河”的角色。调查机构在处理与驾驶员位置相关的服务时拥有哪些权力？能通过法律法规对此进行明确规定，会是非常理想的做法。

为了化解对隐私的担忧，eCall系统将会处于“休眠状态”，即只有在事故发生后驾驶员启动系统时，或者是汽车被盗后，系统才会打开与数据网络之间的连接。这点与eCall推动小组的观点一致。他们是否能坚持自己的承诺，让eCall系统保持休眠状态呢？

带SIM卡的导航系统可以让数据流向和流出汽车，因此它并非休眠系统。针对这些系统，处理隐私问题的一种常见方法就是通过加密让出行数据匿名化，由此预防第三方滥用数据。不过匿名信息也可能会导致争议。在荷兰，警察一直在使用TomTom的数据来决定在哪里设置交警，不是在车辆缓慢的区域，而是在那些人们加速的地点。尽管该公司让数据匿名化了，而且对其进行了分类汇总，以提供交通信息，但因此引起的争议会导致公众进行抗议，政府也进行了调查。调查排除了公司破坏荷兰数据保护法的问题。

当某辆汽车被发现曾经出现在犯罪现场的话，应调查人员的要求，导航系统的供应商可以对数据进行解密。但比如说，当驾驶员在交通肇事之后逃跑，又应该如何处理相关信息呢？警察是否应该追踪该车？不管怎样，相比于在地图上追踪驾驶员而言，这种做法又迈出了一大步。或者隐私更为重要，所以TomTom等导航系统要保证匿名性？

在协同系统中，因为多方必须彼此交换数据，因此产生了另一个问题。谁应该拥有或控制这些数据？与驾驶员相关的时间和位置数据应该如何存储？这些数据将会用来做什么？如何确保驾驶员的隐私得到保护？既然协同系统已经证实值得在现实生活中加以应用，那么政客和律师们就是时候开始对这些问题进行探讨了。

随着自动汽车越来越多，在交通运输系统里维护个体隐私将会变得越来越难。自动汽车为了能够安全驾驶，就会收集大量数据，但这些数据可能会被滥用。众多利益相关者已经认识到，车载通信平台针对汽车本身和其驾驶员收集的数据非常宝贵。例如，保险公司可能会有兴趣了解个人的驾驶习惯，而零售商们则想吸引驾驶员来到自己的商店。正如我们此前所说的，执法部门也非常有兴趣使用这些数据。在加利福尼亚州，消费者保护组织（Consumer Watchdog）的隐私项目总监约翰·辛普森（John Simpson）表示，自动汽车的相关法律法规应该“要求无人驾驶汽车仅收集汽车运转所必需的数据，而且只在运行所需的时间里保存这些信息。在没有获得消费者明确同意的情况下，这些信息不得被用于其他目的，例如市场营销或广告”。

安全和安保

正如我们上文所说的，支持者们表示，自动汽车将把撞车事故减少 90%，但自动汽车也会给安全和安保带来新的风险，例如责任划分、消极的行为适应以及网络攻击等。

责任划分

当汽车处于自动驾驶模式时，系统故障可能对乘客和其他交通参与者而言是致命的。同飞机零部件一样，自动汽车的各种核心零部件都必须达到较高的制造安装、修理、试验和维护标准。这点成本相对而言可能比较高昂。此外，包括传感器和计算机等在内的自动汽车所需的特殊设备成本也很高。

出于对责任划分的担忧，制造商只有在确保完全无误后才会将这些系统上市。ISO 标准在减少法律责任方面非常重要，因为汽车制造商可以辩称，他们达到了行业的一流水准，而且拥有功能安全性的监测机制。多数驾驶辅助系统已经拥有了 ISO 标准，例如针对自适应巡航控制系统有 ISO 15622:2010 标准。只有在制定此类规则之后，制造商们才敢于冒险进行众多研究。最近数年里，许多研究都将关注重点放在如何提高驾驶辅助系统的安全性上，安全性的提高由此也成为了独特的卖点。我们可以看到在各种车型上，这些系统的数量越来越多。这种发展趋势也有望出现在协同系统上，尽管后者相对较新。为此大规模的研究和制定 ISO 标准都是必要的。

消极的行为适应

协同驾驶辅助系统也可能会导致消极的行为适应，例如关注力下降和高估系统的优势，这些会冲抵一些积极的影响。自适应巡航控制系统似乎不仅仅能提高道路安全性，同时也导致了速度加快，以及两车之间间距缩短。另一种可能的、不经意间带来的负面影响——针对混合交通，可能是没有此类系统的道路使用者会期望汽车能像安装了此类系统那样采取行动，或者是猜测或模仿有此类系统时的行为，例如驾驶非自动汽车的驾驶员可能会试图加入自动汽车队列。此外，这些系统可能会导致技能下滑，从而可能使驾驶能力倒退。这也可能偶尔会导致危险的情况。当半自动汽车没有自动做出反应，而应该由驾驶员来控制车辆时，驾驶员已经变得不那么熟练了。

美国弗吉尼亚理工学院交通运输学院（Virginia Tech Transportation Institute）和通用汽车公司在 2011 年同美国交通部联邦高速管理局合作进行了一项研究，以了解人们在驾驶带有限自动驾驶功能的汽车时，哪些因素会影响可选操作模式的效力。具体来说，这些有限自动驾驶功能是指能保持设定速度和车距的自适应巡航控制功能、协同驾驶以及自动沿着高速公路上的车道行驶的车道保持功能。研究发现了部分让人担忧的现象，即驾驶员（1）过于依赖系统；（2）在操作系统时未遵守设计参数；（3）在系统没有按驾驶员意图运转时未能发现问题。证据显示，相比于驾驶非自动汽车，驾驶员在驾驶半自动汽车时通常观看前方道路的时间缩短，看路旁的时间会更久，而且也没能充分地预测到何时汽车需要采用非自动驾驶模式。詹姆逊（Jamson）、梅拉特（Merat）、卡斯滕（Carsten）和莱（Lai）的研究显示，驾驶员在自动驾驶模式时疲倦症状加重，而且在车载娱乐项目上变得更加投入。不过当交通拥堵状况加剧时，驾驶员们也会对路面状况多加关注，这意味着在自动模式时，驾驶员们更多地是承担监督的责任。

网络安全

协同驾驶系统（和自动汽车）必须解决信息和通信网络的安全问题。例如，协同驾驶需要通信硬件，也需要同发动机管理系统建立连接，从而使车辆能自行控制速度。其缺点就在于系统非常脆弱，而且汽车可能会遭黑客入侵。汽车嵌入式系统安全中心（Center for Automotive Embedded Systems Security，CAESS）的美国研究人员已经发现，入侵并全面控制汽车是可能的。理论上来说，心怀恶意之人可以控制某个高速公路节点，导致撞车和交通中断。欧盟研究项目汽车通信设备安全项目 Preserve（Preparing Secure Vehicle-to-X Communication Systems）在 2011 年启动，旨在开发和测试安全系统。数据保护非常复杂，因为加密技术推动了信息流，而可用的带宽是受到限制的。在美国，国家标准和技术研究院（National Institute of Standards and Technology）目前正在开发一个框架，以改善网络安全的核心基础设施，该框架所得出的建议和意见将会被整合到自动汽车和互联汽车技术中。

更出色的驾驶员

自动汽车让驾驶员变得多余，例如谷歌公司和柏林自由大学开发的自动汽车就是如此。许多研究人员将自动汽车视为预防交通事故的一种方式，因为人类有意无意犯的错误几乎是导致所有交通事故的因素之一。部分研究显示，超过 90% 的交通事故都是由人为错误引发的。只有 5%~10% 的事故是由车辆故障或驾驶环境所导致的。自动汽车可以保持注意力，遵守限速要求，不会醉驾，也不会有过激的行为等。此外，密歇根大学交通运输研究所所长彼得·斯维特曼（Peter Sweatman）表示："人类并不适合执行监控任务，例如驾驶，因为人类非常容易分心。"事实上，研究所的研究人员提出，预防交通事故的方法并不是对速度做更多的限制、增加使用气囊，或者是制定更多让人心烦意乱的交通政策，而是将人类直接排除在决策圈之外。在将人类因素排除之前，自动汽车必须在真正的动态交通环境中进行全面的试验，充分验证它们在道路上能安全地发挥功能。利维和莫曼（Murmane）则表示："司机在车流中左转时，要处理对面车辆、交通信号灯、街边门面、广告牌、树木以及交警带来的大量图像和声音。他要根据自己的知识估计所有这些物体的尺寸和位置，以及他们可能带来的危险……表述这些知识，并且针对高度结构化的环境将它们编入软件中，在当前是一项极其艰巨的任务。"或者，如果自动汽车的编程是完全遵守交通法规，那么当车前灯破碎时，它就会拒绝以自动模式进行驾驶，或者当高速公路上有一根小树枝时，它就会完全停下来，因为不得跨越实线，而人类就会稍微往旁边车道打点方向，然后直接开车绕过去。

史密斯则认为，不能说自动汽车就比人类驾驶员要安全许多。他使用了钟形曲线来准确分析碰撞和估算里程，得出的结论是，要说自动汽车更为安全的话，将必须在没有人类帮助的情况下在典型道路上安全驾驶 117 万千米，那样才能有 99% 的自信表示它们比人类驾驶员更不容易导致撞车事故。如果仅从导致死亡的撞车事故来说的话，则必须驾驶 4.83 亿千米。包括谷歌汽车在内的多数自动汽车截至目前主要是在双车道和高速公路上安全驾驶。尽管初步的证据并不能证实自动汽车比人类驾驶员更安全，但似乎自动汽车最终将能减少撞车率。

拥有一台自动汽车，能以绝对安全的方式来应对动态环境，要实现这点可能需要需要 5~30 年的时间。不过问题在于，自动汽车是否可以达到 100% 安全。马钱特

（Marchant）和林多尔（Lindor）认为：“即使自动汽车并不完美，但鉴于不完美的自动汽车也比现在路上跑的汽车要更加安全，那么早点拥有自动汽车就比晚点好。”林多尔认为减少整体死亡率的说法可能并不道德，因为这其中存在牺牲品，或者说是拿生命在进行“交易”。林多尔举了一个例子。假设一辆自动汽车要做出艰难的决定，究竟是撞上一台 SUV 还是一辆 Mini Cooper。从物理学角度来说，自动汽车会选择撞上一台相对而言更重的汽车，即 SUV，因为它可以更好地承受撞击的影响。此类撞击优化算法会要求对 SUV 特意进行系统性判别，将其视为更佳的撞击对象。那么 SUV 的车主和乘客就要承受这些压力，尽管他们本身并无任何过错。

在没有人类驾驶的交通环境中，就算是完美的自动汽车也会发生撞车事故。这些汽车仍然要面临野生动物、意外障碍物、行人和骑自行车的人等的威胁。因为在现实交通环境中存在这些意外情况，所以始终需要某类道德决策系统。自动汽车能够在瞬间做出选择，对撞击进行优化，从而将伤害降到最低。但在难以抉择的情况下，它们要怎么做？这点尚不明确。例如，一辆自动汽车正在公共道路上行驶，对面行驶来的一辆车突然变换方向驶入了同一个车道里（可能该车出了故障）。这辆自动汽车必须决定要怎么办。它有两个选择：（1）迎面直接撞上另一辆车；（2）向右边打方向盘，撞上两位骑自行车的人。在这种情况下，自动汽车需要一定的方法来帮助它做出道德决定。目前人们并未就此类方法达成统一。一种方法就是自动汽车在此类艰难情况下随机做出决定。这一决定模仿的就是人类驾驶员相同情况下的反应，因为大部分紧急状况下瞬间做出的决定是难以预料的。林多尔也表示，这种随机性可能还不够，原因有多方面。首先，模仿人类驾驶并没有明显的好处，因为开发自动汽车的关键原因之一就在于它们应该能做出比人类更好的决定。其次，尽管驾驶员在瞬间做出糟糕的决策时并不会被指责，但程序员有充分的时间来保证做出正确的决定。林多尔表示：“这也就是谋杀和过失伤人的区别。”最后，随机性也就逃避了做出深思熟虑的决定并能为之辩护。

另一种解决方法就是由顾客来选择个性化道德设置，让道德变成自动汽车的一个卖点，顾客可以根据个人品味进行改变。在一项调查中，44% 的被调查者表示，他们会更愿意拥有个性化的道德设置，而 12% 的被调查者认为制造者应该预先设定道德标准，33% 的被调查者则认为应该由立法者来预先设定。例如，人们可以选择让自动汽车牺牲自己以避免撞到儿童，或者说让汽车撞死儿童但保全自己的性命。又或者，人们可以选择让汽车撞向有保险的汽车而绕开未上保险的汽车，或者在男性和女性面前选择牺牲男性。

即使就进行道德决定的“最佳”方法达成统一，还有其他道德问题需要考虑。让我们以一个典型的电车难题为例。在一条狭窄的道路上，你的自动汽车探测到即将与另一辆车迎面撞上。你的汽车并不打算突然转向来回避这次事故，因为那样就会撞上三位行人。不转向可能是正确的选择，即牺牲你自己来拯救三位行人。这类道德决定是否应该清楚地告诉自动汽车的乘客？是否应该在告知详细信息后获得乘客的同意，因为车辆可能会故意导致乘客死亡？海威尔克（Hevelke）和尼达 - 诺姆林（Nida-Rümelin）认为，前文中提到的自动汽车的问题与经典的电车问题截然不同。不同于经典的电车问题，我们在试图确定自动汽车的哪种决定在道德上是可以接受的时候，不应该将关注点放在最终的伤害上：“在面对概率性情况时，不应该去考虑决定的真正后果。权衡在我们决定为了某个人的利益而选择某种可能的做法时，弄清楚这个决定的后果出现的概率是多少，而非后果本身。”

针对如何制定“最佳”方法来做出道德决定，古道尔（Goodall）提议采取三步策略：（1）根据通用的原则制定一个合理的道德系统，将撞车的影响降到最低，例如受伤比死亡要好；（2）使用机器学习技术来研究人类在一系列现实和模拟撞车场景下如何做出决定，从而树立类似的价值观；（3）让自动汽车使用自然语言来表述自己的决定，从而使人们能了解并纠正其高度复杂且人类可能难以理解的逻辑。

显然，自动汽车必须处理艰难的生死选择，而这些决定应该经过深思熟虑，并且应该公开，以确保这是一种负责任的产品，因为数百万人会购买和搭乘自动汽车。自动汽车可能导致我们受伤，这点事实让我们更有理由关注道德问题，促使交通运输未来朝着正确的方向发展。针对有道德的自动汽车进行辩论是有必要的，有助于提高公众、行业以及政客们的意识，确保自动汽车具有道德观念。在自动汽车大批上市之前，应该为根据道德做出有关生死的决定制定相关法律框架。

责任划分

驾驶辅助系统、协同驾驶系统以及自动汽车已经减少了碰撞事故，未来也将继续减少这类事故。但撞车事故还是会发生，就算是自动汽车也难以完全避免。接下来我们将简要探讨驾驶辅助系统、协同系统以及自动汽车上市后制造商、运营方和驾驶员三方在交通事故中的责任划分。

制造商的责任

当伤害是由产品故障导致时，制造商应该承担责任。如果产品未能如期望的那样在特定环境下保证安全性，则应该被视为产品出现了故障。从法律上来说，制造商对驾驶辅助系统负有不可推卸的责任。在评估驾驶辅助系统安全性是否达标时，法律会着眼于以下几个因素：公众的期望、产品的表现、合理的使用期望以及与安全规范的相符性。关于最后一个因素，目前缺乏法律或其他安全法规。是否达到安全标准将具体到评估系统是否达到了人们期望的安全标准。

在分析制造商对协同驾驶系统的责任时，问题会更多。对协同驾驶系统和自动汽车而言，导致产品出现伤害行为的可能是外在原因。例如，有可能是外场设备系统出现了故障，导致协同系统未能接收到当地存在危险的警报。原则上说，应该由遭受伤害的一方来举证证明此类缺陷。对于消费者而言，这基本上是不可能完成的任务，所以法官允许消费者提供暗示性证据。针对驾驶辅助系统，这种方式是可行的，因为频繁停车系统在交通拥堵情况下未能启动就是一种系统故障。但对协同驾驶系统和自动汽车而言，这种做法就会变得更难，因为系统未能正确发挥功能有可能是因为同其他道路使用者或与道路基础设施之间的数据沟通出现问题，那么暗示性证据可能就会不充分。要解决这种证据方面的问题，一种方法就是使用电子数据记录器，例如 eCall 系统或黑盒子，以捕捉系统运行和驾驶员行为方面的信息。由此制造商和路政部门就可以提供证据来证明产品在正常运转。还有一个与隐私相关的问题：哪一方可以获得这些数据？在什么条件下？为了什么目的？

自动汽车会将避免车祸的责任从驾驶员身上转移到制造商身上。莱瓦利（LeValley）认为，自动汽车制造商应该遵循与公共承运人一样的标准，因为自动汽车制造商与公共承运人有许多共同点，例如对车辆的运转有独有的控制权。通常，公共承运人必须为乘客提供最高标准的关注，而且必须格外认真地保护乘客的人身安全。自动汽车制造商要为自己的任何懈怠负责。事实上，要求公共承运人万般小心谨慎的理由也同样适用于自动汽车制造商，这种情况进一步强化了莱瓦利的观点。不过，制造商要背负的这些责任可能会阻碍自动汽车的开发和推出。

路政部门的责任

如果道路在特定状况下不能达到人们的期望值，那么路政部门就应该负责。公共高速公路也应该包括一部分为了保证道路使用的的设备，例如安全护拦、反光柱、道路标志以及交通信号灯。问题在于，数字化外场设备系统是否也属于道路设备，因为这些系统的运行取决于远程中央信息处理系统。由此也带来了关于“道路设备”的范畴以及路政部门的责任问题的讨论。最显而易见的解决方案，就是将外场设备系统和其潜在的计算机系统定义为道路设备。

驾驶员的责任

在多数国家，机动车车主要承担自身车辆所导致的损伤责任，除非事故是由不可抗力所导致。对不可抗力的解释也是非常明确的：仅限于事故完全由受害方的行为或者第三方的责任所导致。如果汽车突然出现故障，那么即使是驾驶辅助系统未能正常发挥作用，也不适用于不可抗力。其潜在思路就是这些享受了汽车所带来好处的人应该承担相应的责任。那么，由此而来的问题就是，在外场设备系统出现了故障，或者是因为外部原因或第三者的行为导致汽车与其他车辆之间的数据通信缺失，这是否适用于不可抗力？

驾驶员相对于其他机动车道路使用者而言，责任划分基于的是侵权行为，即驾驶员是否存在过失。当驾驶辅助系统未能正常发挥作用，那么在遇到特定的危险状况时，例如突然出现不可预料而且驾驶员没理由事先会考虑到的情况时，就不能将责任全部归咎到驾驶员身上，例如防撞装置导致车辆急刹，接着出现撞车事故。

功能完善的驾驶辅助系统能让驾驶员更好地应对危险情况，这点也可能会影响到他们的责任划分。如果系统报警地面湿滑，那么驾驶员就不能声称这是不可预见的情况。如果驾驶员未能启动防撞装置，而该系统本可以预防或减少损失，那么情况就会变得更为复杂。在这种情况下，法庭也许会裁定优秀的驾驶员——法律通常所采用的标准，应该能启动该系统。

正如我们此前看到的，驾驶员也许会变得过于依赖驾驶辅助系统和协同驾驶系统，因此变得没有那么专心了。当发生事故时，法庭的问题就是优秀的驾驶员是否本来可以预防这种事故。

对于协同驾驶系统和自动汽车而言，在进行责任划分时还应该考虑到一些特别因素。因此，针对协同驾驶和自动汽车将需要专门的责任划分法律法规。海威尔克和尼达-诺姆林提议根据严格责任原则来制定责任划分的法律法规。这两位作者认为应该让自动汽车的使用者集体为自动汽车导致的损害承担责任。自动汽车的车主可能只要承担使用车辆时的风险，而数百万人和相关物体每天都要承担这类风险。车主因此会与其他所有拥有自动汽车的人共同分摊这些责任：“从这个角度来说，他们参与的事情需要他人来承担风险和成本，所以他们也应该共同承担起这个责任。”收税或强制保险是让他们共同承担责任的最轻松且最实际的方法。

有限和完全自动驾驶的法律法规

1949 年,《国际道路交通公约（日内瓦）》签订，美国和多数欧洲国家都签署了该公约。公约并没有禁止自动驾驶。公约通过建立共同的规则来提高道路交通的安全性。其中的第 8 条要求所有车辆和车队必须有一名驾驶员，“能够时刻……控制”车辆。1968 年通过的《维也纳道路交通公约》中在第 8 条有类似的文字要求。美国并未签订该公约，但多数欧洲国家都签署了。对比日内瓦公约，维也纳公约要求驾驶员承担更多的责任，即“所有驾驶员必须在身体和心理上拥有必要的能力，并且在身体和心理上都适合于驾驶”。2006 年，该公约增补了第六段，针对的是分心驾驶：

> 车辆驾驶员在驾驶时应该时刻将其他行为降到最低。国家法律法规应该针对汽车驾驶员使用手机的行为制定详细规定。无论如何，法律应该禁止机动车和助力车驾驶员在车辆进行过程中使用手机。

这些公约不鼓励使用将人类排除在决策圈之外的自动汽车。这些公约的核心问题在于控制的概念，可能需要对其进行修订，以完全体现自动汽车的潜力。

为了更准确地体现这种潜力，需要针对 2 级以上的自动汽车技术的试验和使用制定法律框架。目前多数国家都缺少这些框架，这点可能会影响到自动汽车的采用率。但美国部分州和英国已经有了相关法律框架，而且部分欧盟国家的地方政府也通过了特别法定许可制度。例如，瑞典哥德堡市的政府已经允许沃尔沃在日常驾驶环境中在公共道路上测试 100 辆无人驾驶的沃尔沃车。沃尔汽车集团的 Drive Me 项目在 2014 年启动。在英国，自 2015 年开始已经允许在公共道路上对自动汽车进行测试。测试在公共道路上进行，而非在私人道路或专门道路上，这点对于确保自动汽车的安全测试和开发以及将其整合入公共空间而言是必不可少的。

欧洲部分国家和美国部分州已经表示有兴趣为自动汽车的测试和实施制定法律框架，而且部分政府已经开始积极地检查自己当前的法律。

驾驶辅助系统向自动驾驶的过渡

在本章中，我们已经通过驾驶辅助系统、交通管理以及协同驾驶系统领域的发展探讨了汽车机器人。我们也已经看到，汽车的机器人化正在全面发展之中。驾驶辅助系统目前存在一个明显的发展趋势，从通知向警告和干预发展。该趋势的下一步就是通过协同驾驶系统与交通管理系统配合实现自动驾驶。这个趋势有望带来自动驾驶汽车。最后，我们将会回顾从驾驶辅助系统到协同驾驶系统（与交通管理系统配合）以及自动汽车所带来的社会问题。在此基础之上，我们也会探讨在政治和公众领域内需要关注的部分问题。

短期：驾驶辅助系统

期望

高级驾驶辅助系统为驾驶员提供支持，但并未实现完全自动的驾驶。驾驶辅助系统的应用正在快速发展，而且汽车制造行业、研究机构和政府也在大力推动。人们对这些系统能提高安全性有着很高的期望。现有的驾驶辅助系统可能只是预示着一项重大的进步，而那项进步将带来驾驶工作的逐步“自动化”。这股趋势现在是可以观察到的。原则上，仅仅提供建议或发出警报的系统（驾驶员无意间偏离道路或加速时会向驾驶员发出警报）正在进一步发展，成为能实际进行干预的系统（在驾驶员无意间偏离道路时能让汽车返回正确车道）。随着技术的发展，人们希望在不久的将来，自行纠错功能更为强大的驾驶辅助系统将能干预驾驶行为，而不是仅仅向驾驶员发出警报或提出建议。

社会、道德和监管问题

尽管驾驶辅助系统的发展得到了鼓励，但多数研究仍然显示，许多消费者对驾驶辅助系统的作用了解不够。欧盟委员会目前已经解决了这个问题。它们建立了一个电子安全论坛（eSafety Forum），以提高驾驶辅助系统的公众意识。此外，这些系统也都要求驾驶员掌握新的驾驶技能。人们必须对此加以关注，而可能的解决方法就是在考取驾照时将驾驶带驾驶辅助系统的汽车变成一种强制要求。这种发展不好的一面就在于许多驾驶员逐渐会变得依赖这些系统，导致他们不如从前警觉。

这些系统的最大好处就是提高了交通安全性，这正是欧盟委员会追求的目标。委员会希望能在2020年前将因交通事故而死亡的总人数在2010年的基础上减半。这是一个雄心勃勃的目标。在我们看来，这个目标只有通过相当严格的举措才能实现，例如对众多驾驶辅助系统做出强制要求。欧盟委员会早已经对防抱死制动系统、电子稳定控制系统和eCall系统进行了强制要求。下一个适合进行强制要求的系统就是自适应巡航控制系统，以及车道偏离警报系统（Lane Departure Warning，LDW）。研究显示，这些系统对道路安全有着巨大的影响。

荷兰公共工程及水管理总司（Rijkswaterstaat）是荷兰基础设施和环境部的下属机构。公共工程及水管理总司的研究显示，高速公路上47%的事故是因为车间距过小。而在乡村道路和城市道路上，因为车间距太小导致的事故分别达到了24%和18%。有了自适应巡航控制系统，尤其是综合使用撞击预警系统之后，这种情况就可以预防了。欧盟委员会正在通过加大交通法规的执法力度来力争实现道路事故死亡人数减半的战略目标。

英国皇家事故预防协会（Royal Society for the Prevention of Accidents）的数据显示，如果所有驾驶员都严格遵守限速要求，那么死亡人数将会降低10%~26%，重伤事故的数量也将减少6%~21%。只要使用智能电子警察，这点就非常容易做到，因为驾驶员不能违反限速要求。智能电子警察是智能速度适应系统的变种，意义更加深远。但要使用这套系统并不简单，因为公众对此类侵入性系统的接受程度相当低。汽车被大部分人视为自由的象征，而侵入性系统限制了驾驶员的自由，驾驶员将被迫让自己的车内配备限制速度的技术。人们是否有一定的道德责任，为了道路安全可以放弃这种自由呢？智能电子警察系统将能够减少每年交通事故的受害者数量，因此也是欧盟委员会对智能电子警察系统进行强制要求的有力理由，尽管这点会受到驾驶员和各政党的大力抵制。此外，认为智能电子警察系统限制了驾驶员自由这个理由并不是很有力，因为从法律和道德上来说，驾驶人都不得违反限速要求，以免给其他道路使用者带来危险。

政策制定者应该意识到，如果他们想要推行能自动控制的干预式驾驶辅助系统，那么从一开始就必须有一定的渗透水平，以说服其他人采用此类系统。例如，2002年在比利时根特市进行了智能电子警察系统的试用。在试用过程中，研究人员注意到，多数驾驶员都信服其效果，而且也非常喜欢智能电子警察系统，但他们表示只有在更多或特定群体的驾驶员也强制使用该系统后他们才会进一步使用该系统。弗拉森霍特

（Vlassenroot）认为，在特定类型的车辆上使用该系统，例如公共汽车、出租车和卡车，借此进行推广，也许有助于这一系统获得公众认可。

中期：协同驾驶系统

期望

除了关注驾驶辅助系统的举措之外，科学界也通过联网导航来挖掘协同驾驶系统（配合交通管理系统）的潜力。现在，人们正在进行许多研究，欧洲的众多研究项目由欧盟提供资金。第一个试点项目目前已经变为现实，预计这些协同驾驶系统将缓解拥堵，促进道路网络的使用。欧盟委员会将会就车辆与车辆之间（V2V）以及车辆与基础设施之间（V2I）的数据和信息交换制定短期技术规范提议。提议的标准应该能促进这些系统的进一步推行。“队列”要求协同驾驶进行电子标准化，从而使不同品牌的汽车都能够加入“队列”。尽管协同驾驶能带来那些预期的积极效果，但相比于驾驶辅助系统而言，目前在协同驾驶系统的安全性和可能的副作用上还没有进行过什么研究。V2V 和 V2I 通信能足够安全可靠地用于协同驾驶之中，还要等待数年时间，而且首先从高速公路的长途运输开始。

社会、道德和监管问题

各方（政府、行业、研究机构和利益团体等）是时候考虑协同驾驶的技术和法律问题了，例如法律许可、系统安全、标准化以及功能出错时的责任划分。这些方面的问题需要一些时间才能解决，而且不管怎样，如果目前不采取任何措施的话，都将让协同驾驶系统的推行被拖迟数年的时间。

在隐私方面，短期内将会出现一些最为紧迫的问题。加强道路交通法规的执法力度可以通过 V2I 系统轻易地实现，因为 V2I 系统能够监督驾驶员的行为，让车主在违反交通规则时自动被罚款。此外，保险公司也会向那些安全驾驶并使用监测的驾驶员提供优惠。这也将被视为是侵犯隐私，但问题在于，长期来看，交通安全是否会比隐私更为重要。因此，剩下的问题就是政客是否会坚守自己的承诺，做到让 eCall 系统保持“休眠”状态，而且该系统不会被用作电子数据记录器，用来跟踪罪犯或惩罚违反交通法规的驾驶员。危险是切切实实存在的，正如在前面的例子所显示的那样，阿姆斯特丹的摄像头本应该只被来监视污染环境的卡车，而且在当初安装时也只是用于监督，但后来同样被用于其他目的。

长期：自动汽车

在自动汽车能够批量上市之前，还面临着许多挑战：改进汽车的可靠性，解决让人望而却步的法律和责任问题，以及其他问题。

期望

协同系统的发展将会推动自动驾驶进一步发展。自动驾驶也许必须应用在带协同自适应巡航控制的高速公路上，因为 V2V 通信将是必不可少的。基础设施将不需要做太多更改，因为驾驶员早已经通过导航系统或其他信息源了解到地方交通法规、交通拥堵情况、道路网络以及类似信息。或者可以在道路上安装外场设备系统来引导自动驾驶，尤其是在高速公路的匝道上。这种半自动驾驶技术让汽车可以在交通情况不太复杂的特定道路上自动驾驶，例如高速公路。在交通情况更为复杂的地方，例如城市里，这点就无法实现。科学家们认为半自动驾驶在 2020 年将变为现实。半自动驾驶有望提高高速公路的道路安全，在一定程度上缓解交通拥堵情况，尤其是激波拥堵，而且汽车也能更加节油。在自动驾驶的过程中，驾驶员可以阅读、上网、吃早餐或者是做其他事情。

完全自动驾驶到 2020 年还无法变为现实，尽管部分汽车制造商预计到 2020 年可以实现。例如，日产公司在 2013 年承诺到 2020 年时能交付第一批“商业上可行的”自动驾驶汽车。鉴于汽车机器人化领域的发展，自动汽车似乎不可避免会成为常态，但预计这些系统可能到 2030 年才会实现。在自动汽车能安全地在公共道路上行驶之前，还需要解决一些重大的技术障碍。在公共道路上操作自动汽车要比驾驶飞机更加复杂，因为在这个过程中要同一些意料之外的物体做更多更亲密的接触，例如非自动汽车、行人、骑自行车的人、动物、垃圾和路面坑洞。开发者们也必须解决与气候相关的问题。在推出完全自动驾驶汽车的过程中，一个自然的发展趋势就是推出短途汽车，能够在相对可控的环境内低速行驶。此类举措由英国城市米尔顿凯恩斯提出。该市在 2015 年至 2017 年期间投放了 100 辆自动电动车，在城市的中央车站、购物中心和办公楼之间行驶。这些自动豆荚车能搭载两位乘客，外加购物袋、行李或一辆婴儿车，而且在城市专用车道里速度可以达到每小时 20 千米。乘客们每趟将需要支付 3 美元，并且通过智能手机应用来叫车。

法国思迈汽车信息咨询公司（IHS Automotive）的研究显示，含驾驶员控制的自动汽车有望在 2025 年出现在全球的高速公路上，而完全自动驾驶的汽车（无人类控制）

预计要到2030年才能变为现实。在这份研究中，思迈汽车咨询公司预测，全球自动汽车的销量将会从2025年的23万台（在当年全球的汽车销量中所占比例不到1%）增长到2035年的118万台（在当年全球的汽车销量中所占比例达到9%）。总的来说，到2035年，全球使用中的自动汽车应该达到5 400万辆。该研究预计，在2050年后，几乎所有使用的汽车全部都是自动汽车。2025年时，自动汽车技术将让汽车的售价增加7 000到10 000美元，而这个数字到2030年将降至5 000美元。到2035年没有驾驶员控制功能时，该数字会降至3 000美元。这些销量多数来自成熟的汽车市场，例如美国、西欧和日本。

社会、道德和监管问题

汽车行业顾问思迈汽车信息咨询公司的研究也指出，自动汽车在推行中有一些潜在的障碍，也存在两大技术风险，即软件可靠性和网络安全。障碍包括自动驾驶汽车法律框架的实施和政府法律法规的建立。

自动汽车的推行可能会带来巨大的社会影响。对自动汽车未来发展的憧憬现在带来了各种不同的情境设想，有时候甚至相互矛盾。相比那些乐观的设想，自动汽车的好处可能没那么多，成本相对也要更高。因此政策制定者和政客们必须预见到这些可能的情境。究竟会给公共交通、隐私、安保、汽车所有权、道路安全以及道路使用等带来什么影响？我们应该针对每种情境进行调查，从而使政策制定者和政客可以设计未来的发展路线，对不甚理想的发展立即阻止。

自动汽车将会迫使监管者们反思汽车和驾驶员之间的关系，并且可能会更多地强调对汽车而非对驾驶员的监管。例如，国家可能不会为通过路试的驾驶员颁发证书，而是为能通过考试的汽车颁发证书，这将颠覆传统的驾照系统。自动汽车也对事故的责任划分提出了问题，因为制造自动汽车的技术是一种二级市场技术。当汽车撞伤什么东西时，过错究竟在于制造商还是在于对车子进行改装的科技公司呢？

此外，自动汽车的推动也将成为一种消除就业机会的技术。随着自动汽车的推出，的士司机和长途货车司机这些靠开车赚钱的人可能会面临就业机会减少的问题。

最后，汽车都会出现碰撞事故，就算自动汽车也会。最大的挑战就在于要将复杂的道德推理有效地解码编程，从而让汽车可以做出决定，尤其是与复杂驾驶环境相关的决定。国家如果开始针对自动驾驶颁布法律，应该不仅仅考虑自动汽车在碰撞发生前的技术行为，同时也要考虑在面对生死决定时进行道德决策的方法，其中包括判别和公正相关的问题。由此也带来了一个问题，即我们是否愿意将生死决定交给机器来做出。因为它们将会做出具有道德后果的选择，我们是否愿意要自动汽车呢？答案首先在于打造道德机器的技术可能性。这点难度很大，因为预先要为自动汽车提供面对各类紧急状况的潜在反应。如果这项尝试取得成功，那么成功推出有道德的自动汽车将取决于我们是否能够处理极具难度的道德问题，例如在自动汽车里应该植入何种道德算法，以及谁应该来做出这个决定？

自动汽车更可能给行人让行。

法学家兼工程师布赖恩特·沃克·史密斯致力于研究法律和技术的接口，并针对自动驾驶撰写了大量的文字。

提高车辆的自动化，这点现在已经变成了现实。汽车现在能做的事情与5年或10年前已经截然不同，而且我预计这种发展会越来越快。汽车能够送你去上班，而你在途中继续睡觉，或者汽车能去帮你取所购的日用品，这是人们追寻的圣杯，这种汽车距离我们也许比多数人所设想的还要远。只有在限定的区域里才会很快成为现实，例如校园里。

自动汽车要想被大家所接受，在安全性上应该达到何种程度？

这是一个社会问题。法律、技术和成本收益分析都与该问题相关，但归根结底还是一个社会问题。我们多数人都非常满足于现状，能接受许多人因为人类驾驶的汽车而丧生，却不能接受机器人驾驶汽车撞死人这个事实。此类自动汽车在性能上承受着巨大的压力，如果发生奇怪的撞车事件，尤其是人类可以预防的那类事件，所造成的影响可能会非常不好。

如果自动汽车到某个时候拥有了无可置疑的安全优势，那么是否可以认为人类驾驶将会被禁止？

随着技术的发展，对安全和合理的理解也会自然而然地发生改变。你现在不可能驾着马车上高速公路，所以到某个时候，人类驾驶的汽车肯定在所有情况或部分情况下也是不可接受的，或者说会被限制在特定区域内行驶。与此同时，人类驾驶也将得到越来越多的技术帮助和监视。

自动汽车在正常状况下可能会变得越来越安全，但它们的系统也存在被入侵的风险。

是的，那是所有信息技术面临的风险，其中包括当前的汽车，这点大家也早已经看到。我们必须认识到，自动化永远没有完美之说。我们必须设计多种形式的优雅降级，这是减少危险和潜在伤害的方法，不管问题是源于黑客入侵还是更为直接的故障。假设我们设计了一款自动汽车，它自身无法快速加速，甚至在避免危机状况时也无法快速提速。一方面，这意味着它有时会难以采用加速通过的方法来避免撞车事故，所以有人就会因此受伤。另一方面，这也意味着如果出现软件小故障或入侵，它仍然不会快速加速。系统里装有一个硬模块，能避免更大的危险出现。

就其他更为弱势的道路使用者来说，自动汽车对他们的安全有何意义？

自动汽车会彻底改变行人和机动车之间的关系。现在，许多人在过马路时会犹豫不决，因为他们不确定司机是否会看到自己，然后停下来让行，这种担忧也是有道理的。自动汽车更可能看到你，或者是注意到你并且让行。我们在市区将有对行人而言更友好的环境。

正如我们所知，机动车已经彻底改变了我们的城市规划。自动汽车又会让一切再次重演吗？

会的。从历史可以看出，人们愿意将通勤时间保持在合理的程度上。他们愿意浪费 20 分钟的时间紧张地驾车上班，如果这意味着他们可以住上大房子和上好学校。如果自动化让驾驶时间变得更有成效，而且如果高速公路的车流和通行能力都提高了，那么就可以让偏远的郊区越来越多，城市也变得越来越大（如果不加以限制的话）。长远来看，这种情况是有可能的。

自动汽车给城市设计带来的最积极的影响可能就在于停车。许多城市目前在中央商业区设有庞大的停车场。自动化将会通过机器人出租车和应需交通运输等提高车辆配置和车辆空间的使用效率，从而减少对停车空间的需求。

更广泛一点来说，高速公路正通过传感器和监视技术等变得越来越智能。这些技术与车队的整合将改变道路的使用方式，尽管最初可能看不出改变。

自动汽车的潜在优势包括减少撞车事故和污染，但交通流量大增可能会冲抵这些好处。监管者如何确保自动汽车的这些潜在收益实现，同时避免其负面影响？

我认为优秀的交通运输政策关键是分两步走：将驾驶成本内在化，让成本按照“驾驶才支付”的基础来收取。可以通过多种方法来进行：燃油税、出行税或者在保险中纳入更多的因素，从而使保险公司可以根据驾驶距离、出行时间、道路类型或天气类型等收取保费。

成本内在化会有多种影响。第一，它能让人们在出行行为上更加理性。如果驾驶 60 千米的成本更高，那么或许你就不会天天如此了。自动化本身可以减少驾驶的其他部分成本，所以它能让驾驶变得更具吸引力。如果成本因为政策原因而非常高昂，那么其效果就会降低。第二，成本内在化将让自动化相比人类驾驶而言更具吸引力。如果自动驾驶更加安全，而且根据出行情况或千米数来支付保费，那么自动驾驶就会成为更便宜的选择。同样，如果自动驾驶更节能，那么如果你要自行承担燃油的真正成本的话，就会更多地被自动驾驶所吸引。

你曾经针对自动驾驶相关的法律问题进行研究，而且得出结论，认为在美国多数州内，自动驾驶可能是合法的。但欧洲和美国在道路交通上签署了不同的国际公约。欧洲是否在这方面面临着更多的法律障碍？

我不认为存在什么障碍。与美国签订的日内瓦公约不同，维也纳公约可以轻松修订。此外，这些技术的发展在一定程度上独立于所谓的法律障碍。到某个时候，人们争论的就是“国家要依法治理，如果维也纳公约禁止这些汽车，那我们就不要该公约了。因此，维也纳公约就必须符合现实情况”。这样就会带来一些概念上的挑战。为这些汽车调整国家法律会是一项挑战。维也纳公约的确涉及人类驾驶员的义务。对这些义务的理解会带来一定的不确定性，但并非不可超越。

另一个法律问题就是责任划分。当自动汽车导致撞车事故时，谁应该负责呢？

公司要为自己所销售的产品和产品导致的伤害负责，尽管如此，他们还是在继续销售产品。从法律角度来说，如果自动汽车运行正常，但并不完美，那么公司将要在此类撞车事故中承担主要责任，但这类责任的绝对数将会减少。

有人提议，即使在事故发生时，人类并没有在操作汽车，他们也应该负有一定的责任。这个观点并没有听起来那么古怪。在许多州，当我将车借出后发生了撞车事故而导致有人受伤时，我仍然要为这些伤害负责。我会让保险公司来赔偿这些并非我直接造成的，而是由我的汽车所导致的伤害。有了保险，就有了另一种转嫁成本的方法。

我们必须认识到，在自动汽车的世界里，一切都将变得与现在不同。这并不是说汽车在飞速发展，而世界其他领域依然保持不变。我们将会拥有其他众多相关的技术。我们可能会让无人汽车去商店给我们买一个牙刷，可能通过无人机来送货，可能在家使用 3D 打印机打印一个牙刷，或者是我们目前完全无法想象的一种场景。同样，我们的价值观也将发生改变。我们对安全的期望将更高。对隐私的期望可能与现在截然不同，可能更高，也可能更低。在我们思考自动汽车在未来扮演的角色时，真正的挑战在于：那将是一个我们目前无法完全理解的未来。

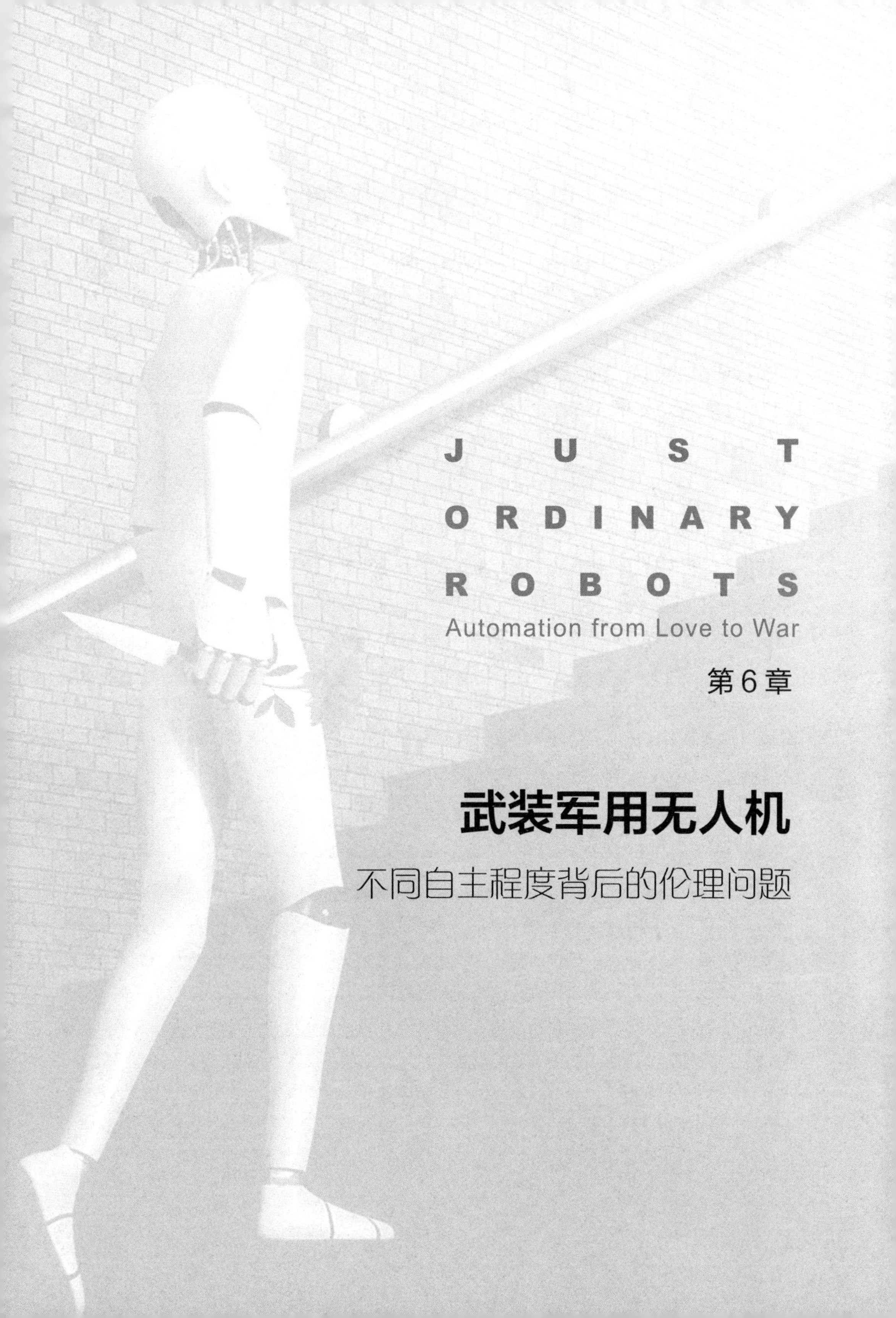

第6章

武装军用无人机

不同自主程度背后的伦理问题

远程操作和自主控制武装军用机器人

军用机器人技术发展势头迅猛。在全球范围内，目前处于研发之中，而且曾在军事行动中部署过的军用机器人数以万计。彼得・辛格认为，“这种发展给军事带来了新的革命”。美国未来作战系统（Future Combat Systems）是由五角大楼委托进行的项目，投入了 2 000 多亿美元开发未来的武器和通信系统。这一项目影响力巨大，军用机器人则正是该项目的重点，而且许多工业国家也因此受到了鼓舞。

在关于军用机器人的众多国防政策文件中，例如美国国防部的《2009 年至 2034 年无人机路线图》（*Unmanned Systems Roadmap 2009—2034*），最引人注目的是对军用机器人的社会和道德方面关注很少。新技术创新常有这种情况，大家强调的是宣传技术本身，而不去反思可能带来的负面影响。开发人员只是单纯地对技术进行拓展或改良。

军用机器人的使用，特别是武装军用机器人的使用势必会带来很多道德问题。随着军用机器人越来越多地被投入军事行动，我们也看到这个世界正朝着下一轮军事革命前进，许多科学出版物已经开始探讨军用机器人可能造成负面影响和道德问题。例如《伦理与信息技术》（*Ethics and Information Technology*）期刊针对武装军用机器人推出了特刊，以及《远程杀戮：无人军事系统的伦理学》（*Killing by Remote Control: The Ethics of an Unmanned Military*）一书的出版问世。这些出版物让我们看到，相比于非武装军用机器人，武装军用机器人给我们带来的社会和道德问题令人忧心忡忡。为了研究军用机器人的道德和社会影响，我们必须对它们进行区分。

非武装军用机器人

非武装军用机器人具有宝贵的价值，因为它们可以执行环境恶劣和危险性高的任务，提高任务的执行效率和效力。例如全天候行动、探测路旁炸弹、守卫军事区、提高态势感知能力等，甚至是执行一些进攻性任务，比如说在突袭敌区，机器人小组可冲破大门，侦察敌情。由机器人来执行这些任务可以有效提高作战人员的安全性。现在，这些行动的瓶颈主要出现在维和和重建任务中，即武装力量要应对叛乱分子进行的不对称作战，例如使用路边炸弹和进行城市作战。在城市作战中，人们难以区分平民和作战人员，由此平民也成为了作战空间中不可分割的一部分，同时叛乱分子也因为战斗给平民带来的危险性而获益。机器人技术可以为这些针对叛乱分子的军事行动提供可能的解决方案，因为无人飞行器（UAV）、微型飞行器（Micro Air Vehicle）和全球鹰（Global Hawk）这些机器人能够远程为军事人员提供重要情报，这些情报可以帮助军事人员作出更好的决策。

非武装无人飞行器

非武装无人飞行器的典型代表就是无人侦察直升机微型飞行器，是一种遥控的螺旋翼飞机，重量从 20 克到数百克不等，配备了功率较大的常规或红外线摄像头，执行自动侦察任务。摄像头拍摄的图像非常清晰，可以探测和监视到包裹炸弹或路边炸弹，并且向地方军事力量发出预警。这些飞行器也能够用于搜寻目标，并且对常规轰炸的目标进行监测。2001 年年底，美国在阿富汗部署了约 10 架无人侦察机。但到 2008 年，这个数字早已经增长至 7 000 余架。除了这些小型飞机之外，还有一种侦察机，即全球鹰。全球鹰的翼展可达到约 40 米，飞行高度为近 20 千米。全球鹰可以非常精确地对较大的地域进行调查，让军事决策者获得敌人的位置、资源和人员等实时信息。

非武装军用机器人可以帮助士兵们更加安全、高效地完成自己的任务。对于这些机器人的使用并没有太多的反对声音，少数的反对意见集中在公民的隐私或许会受到影响。

武装军用机器人

相比之下，武装军用机器人带来了许多亟待解决的重大社会和道德问题。我们会重点探讨武装军用机器人的部署和开发所带来的道德和社会问题，尤其是武装军用无人机或无人作战飞行器（UCAV）。美国在未来数年里对无人战斗飞行器期望颇高，并且相比其他武装机器人而言，在这类机器人身上投资巨大。

武装军用机器人的发展目前面临着三大拷问：

1. 武装军用机器人是否违背了《人道主义战争法》？
2. 当武装自动机器人参与了暴力行动后，谁应该对此负责？
3. 武装军用机器人的激增是否会导致军事人员做出不负责任的行为？

这些问题的答案通常取决于武装军用机器人的自主程度。在军用机器人中，无人飞行器的自主程度有一个发展过程，从有限自主（远程操作）到完全独立或者是自动运行系统，甚至是自主学习系统。夏基形容这种转变是“人类从掌控者到共同决策人，再到无控制权”。我们根据自主程度对这三种军用机器人进行了区分：远程引导、自动以及自我学习。本章重点关注远程操作和自动武装军用机器人，尤其是无人机。关于无人机的部署和发展的争论是非常及时的，因为无人机与无人机攻击的适度性、合法性以及潜在的非法性等现有问题是相互关联的。此外，美国是军用机器人开发的主力，而且未来5年内军用机器人开发预算的90%都将用在无人机的开发上。对美国而言，无人机已经成为了其海外军事行动的主力之一，因为无人机可以进行精确打击，而无须采取更多侵入式军事行动。最后，关于军用机器人自主程度的问题与无人机的关系最为紧密，因为无人机受框架问题影响最小。它们在空中飞行，但相比于地面机器人所处的山地环境，天空并不是一个非常复杂的环境。因此无人机在不久的将来可以变成完全独立或自动运行的系统。

多数军用机器人目前仍然由人类进行远程控制，所以都是远程引导系统。根据传感器的数据输入，这些机器人经过编程后能够执行或拒绝执行特定的任务，操作者在一定程度上控制机器人的行动。非自动机器人须有人类授权才能使用致命武器，也就是说，它们奉“人类为掌控者”。

当武装军用机器人独立执行任务并就是否摧毁军事目标完全独立进行决定时，也就是没有人类干预的时候，就成为自动系统。这些自动系统有明确的任务编程，并且根据特殊的固定算法来采取行动。这也意味着自动军用机器人的行动是可以预料的，也是可追溯的。

在神经网络、遗传算法以及代理架构的基础之上，学习型军用机器人能够针对一系列行动做出决定并采取行动，无须人类干预。在制造过程中，它们的行动规则并不是固定的，但在行动过程中可以由机器人自行改变。这些机器人的问题在于在某些的行动中，没有人能够预测到这些机器人下一步会采取什么行为。这些机器人将成为道德难题的“黑盒子”，避免他们的决策在事后遭到批评。控制权由此也交到了机器人手中，但那时让机器人来负责并没有意义，因为在未来20年里，机器人都不会拥有任何意图或主体能力。学习型武装军用机器人的部署将会导致出现一个责任空白区，因为它让人类为那些不受自己控制的机器人的行动负责①。尽管学习型武装军用机器人在美国军方未来规划的日程上占据重要位置，但这些机器人的部署在未来20年似乎不太可能出现②，至少根据现阶段的研究发展来看是如此。我们不会讨论这类军用机器人，因为他们在未来几十年内不会被开发出来，而且其发展尚未处于理论推测阶段。

军用机器人的自主性受到高度重视

近几年，许多国家陆续开始对军用机器人技术进行投资。美国仍然是其中的领头羊，未来5年内（2014—2018年）在军用机器人（主要是无人机）上的预算将达约48亿美元每年。在军用机器人领域美国仍是无可争议的领导者，但并不具有压倒性优势，其他国家正在加紧追赶，至少有76个国家已经开始大规模进行无人飞行器技术的开发。2012年时，全球约有680个无人机程序，自2005年来已经增长超过400个。我们将梳理军用机器人的发展历史，并且分析未来可能有哪些发展。

最初，针对军用机器人技术的研究主要都是在美国进行。1989年，研究获得了巨大的推动。当年，在国会的战略部署之下，各种武装无人地面车辆的研究被并入了联合机器人项目（Joint Robotics Program）。除为1990年制订计划之外，还为机器人的开发、研究、测试和评估留出2 200万美元。美国2001年的预算称，到2006年，美国军队至少拥有4 000辆无人地面车辆可投入使用；到2010年，可用的长距离飞行器中1/3须实现无人驾驶；到2015年，所有地面车辆中1/3必须是无人驾驶的。

针对这些目标，美国国防部高级研究计划署组织了一项研究，确定美国军队未来武器和通信系统。该研究被称为未来作战系统项目，总投入将达到2 300亿美元，是有史以来预算最高的国防项目。在该项目中，军用自动机器人是其中非常重要的部分。截至目前，美国2001年预算所制定的目标似乎都已经实现，使用无人系统执行的作战任务数量激增。自2009年开始，美国空军一直在为武装无人飞机捕食者（Predator）和死神（Reaper）培训“飞行员”（操作人员），其数量超过了战斗机和轰炸机飞行员。2012年，

① 关于学习型（智能）自动机器人的道德责任的划分机制和原则，我们参考了赫尔斯特伦（Hellström）和斯派洛的研究。——译者注

② 态势感知能力阻碍了人工智能研究中一些重大的突破，无法被整合到致命军用机器人的软件中。——译者注

现役操作人员达到了 2 300 人。自 2006 年以来，美国捕食者和死神的飞行时间已经超过 100 万个小时，执行任务达到 8 万余次，其中约有 85% 为作战任务。

无人作战飞行器：捕食者和死神

最有名的无人作战飞行器要属捕食者（见图 6–1）和死神。捕食者可以发射地狱火导弹①，在阿富汗战争中曾被大量使用。捕食者的翼展为 16.8 米，长 7.6 米，高 2.1 米，有效荷载为 204 千克，飞行高度为 7.6 千米，而且速度最快可达 217 千米 / 小时。该机型能够使用昼夜两用摄像头穿透云层进行观察。自从捕食者在战争中取得成功后，国防承包商通用原子技术公司（General Atomics）投入研发捕食者的升级版，于是对其进行了重新设计，以提高其性能，遂诞生了迭代产品——死神。死神的翼展为 20 米，长 11 米，高 3.8 米，有效荷载 1 700 千克，飞行高度 15 千米，速度最快可达 483 千米 / 小时。据称，死神最早于 2008 年在阿富汗战争中被投入使用。这些无人作战飞行器都是由一位驾驶员和一位传感器操作员共同进行操控，他们均位于内华达州的地面控制中心。在 2013 年 9 月，美国空军已列装有 156 架捕食者和 104 架死神。德国、法国、意大利、荷兰和英国等欧洲国家都曾向美国购置死神无人机。

图 6–1　捕食者

① 地狱火导弹是一种通用激光制导导弹，可以装载在飞机、军舰以及地面车辆上，摧毁敌军目标。地狱火导弹长 177 厘米、重 45 千克，速度可以达到 1 530 千米 / 小时。地狱火导弹的射程为 8 千米。——译者注

美国认为进一步机器人化会是一种线性的技术发展，无人机的自主性目前有限，需要远程操作，但无人机最终会发展完全独立或自动运行的系统。尽管无人飞行器会达到何种自主程度尚不明确，但自主性越来越强的系统最终得到部署是种不可避免的趋势。美国曾认为 2010 年就是一个转折点。到时自主系统会超过远程操作。据预测，到 2020 年，机器人将实现自动运行（见图 6–2）。这种预言是否能变为现实尚待观察，显而易见的是军用机器人在未来数年内仍然无法独立完成操作。美国军方曾做出预测，到 2047 年将实现部署第一台武装自动飞机。

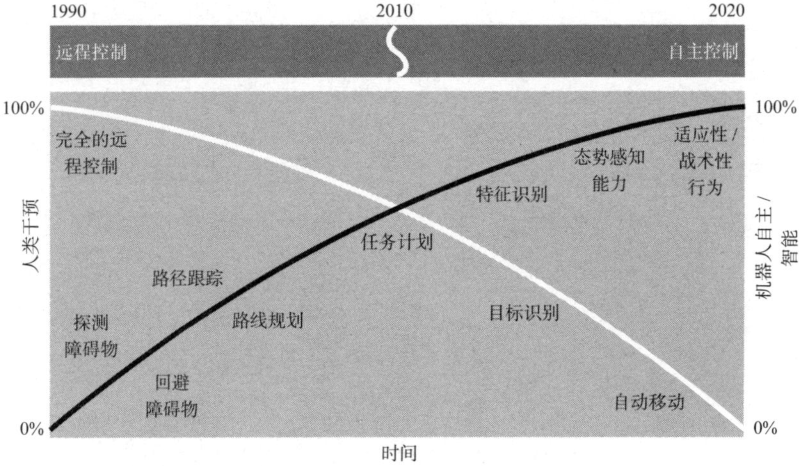

图 6–2　机器人学的革命

因此，军用机器人的自主性受到了美国空军的高度重视。美国独立政策咨询机构国家研究委员会（National Research Council）表示："空军和海军应该积极利用自动车辆和自动飞机在战场上创造的巨大优势。" 2012 年，美国国防部就武器系统的自动化下达指令；2013 年，国防部在《2013—2038 年无人系统综合路线图》（*Unmanned Systems Integrated Roadmap FY2013-2038*）报告中称："自动化的研究和发展正在从要求人类控制的自动系统向无须人类干预且能够自主进行决策和做出反应的自动系统发展。"

部署自主机器人的愿望主要基于远程操作机器人成本高昂：一是因为远程操作机器人制造成本高，二是这类机器人需要有人提供飞行保障，增加人工成本。因此，未来作战系统项目的主要目标之一就是将军用机器人作为"力量倍增器"，实现一个操作员就可以发起一场大规模、多方位的机器人打击。为了实现这一目的，机器人的编程必须能让它们进行群体合作，从而可以协同作战。2003 年，美国在一场协同飞行中首次尝试部署了 120 架小型侦察机。这种群体技术正在快速发展，数年后即有可能被应用到实战中。

为了推动机器人学的研究，美国国防部高级研究计划署在 2002 年组织了一次自主机器人比赛，名为美国国防部高级研究计划署大赛（见第 4 章）。这次比赛为新型军用机器人应用的研究提供了极具价值的新信息和技术创新。欧洲也照搬了这样的做法，组织了欧洲陆地机器人竞技赛（European Land Robotic Trial，ELROB），只是规模相对要小得多。

除了技术方面的推动力之外，对军事应用也存在需求拉力。美国社会一直要求降低战争中的伤亡人数，由此也大力推动了美国机器人学的发展①。数年前，在军事行动中丧生的美国士兵数量一直居高不下，原因在于伊拉克和阿富汗的极端武装分子大量使用自制致命性武器，即简易爆炸装置（IED）或者是路边炸弹。在牺牲的美国士兵中，40% 都是因为这些简易爆炸装置而丧命。在 2003 年的伊拉克战争中并没有使用机器人，当时认为常规武器就足够带来“震慑力”。但数千名美国士兵和伊拉克平民丧生，导致公众对伊拉克战争的支持度大幅降低，这使得部署军用机器人的条件也变得迫切起来。斯特劳瑟（Strawser）认为，在特定条件下，武装军用机器人的使用效果不仅非常理想，甚至根据他所谓的“不必要风险原则”强调在道德上的必要性。基于这条原则，斯特劳瑟提出，如果士兵被要求执行可能造成致命伤害的任务，而该项任务可以由军用机器人来执行，那么要求士兵去执行的做法在道德上就是必须谴责的②。到 2008 年年底，在伊拉克已经部署了 1.2 万台地面机器人，多数用于拆除路边炸弹，此外还部署了 7 000 架侦察机和无人机。

军用机器人和《国际人道法》

在武装军用机器人被批准使用前，应该根据国际法的原则进行评估。在与战争相关的国际法中，通常会对《诉诸战争权》（*jus ad bellum*）和《战时法》（*jus in bello*）进

① 前参议员约翰·格伦（John Glenn）曾经造出了多佛试验（Dover Test）这个词语，即公众是否支持某场战争，其衡量标准就是公众对运回美国的牺牲士兵的反应。他之所以称这为多佛试验，是因为牺牲的美国士兵的棺木会从海外运到特拉华州多佛市的空军基地。——译者注

② 部分作者对“不必要风险原则”提出了质疑。——译者注

行区分。《诉诸战争权》是允许在何种程度上针对他国使用武装力量的国际规则。《战时法》（或《国际人道法》）是关于如何进行限制武装冲突的国际规则，例如如何部署无人机。从《诉诸战争权》的角度来说，军用机器人是否会提高或降低开战的门槛是存在争议的。针对远程操作和自主控制的武装无人机的部署，在过去数年里已经进行了更加严肃的探讨。基于这个原因，我们重点关注武装无人机在战争环境中的使用，并且分析根据适度性和判别原则，它们可以在何种程度上加以应用。我们首先来看看远程操作的武装无人机，然后再分析自主控制的无人机。

《国际人道法》

《国际人道法》的内容包括以下方面：

- 适度性：所采用的武力必须与所获利益成正比。如果平民伤亡情况与军事优势成正比，则作为附带伤害是可以被接受的；
- 判别：在选择目标时，必须区分战斗人员和非战斗人员、军事目标和非军事目标，例如医院和教堂。受伤和投降的士兵不得作为目标；
- 双重效果原则：如果某项军事行动会带来多重效果，尽管效果是可预见到的，但负面效果会冲抵正面效果。

远程操作无人机

远程操作武装军用机器人目前已得到积极的部署，可能会给《国际人道法》原则带来积极的影响。无人机可以通过目标识别传感器实现准确的识别，在目标打击上更加精准，所以无意的附带损害非常有限。但我们也会看到，随着远程操作无人机的部署，这些原则面临着挑战，而且远程操作无人机有针对性的杀戮并不符合《国际人道法》。

适度原则

适度原则可能会因为远程操作武装无人机而被忽视。捕食者和死神都可以非常准确地锁定目标，并且将目标的全球定位系统坐标和实时图像传输给操作者。因为有了这种精准性，机器人可以大幅降低附带损害，而且可以大幅降低风险。在科索沃战争中，出于保护飞行员安全的考虑，北约的飞机飞行高度都不低于 4 500 米，从而保证敌方火力无法击中飞机。在该飞行高度进行的一次空袭行动中，北约飞机投掷的炸弹击中了一支公共汽车车队，而车上全是难民，当时执行空袭任务的飞行员认为自己所攻击的是敌方方的坦克。如果使用无人飞机，这类悲剧是可以避免的。无人飞机的飞行高度更低，而且它们装备了先进的传感器和摄像头，便于操作者更加清晰地识别目标。因为有这些优势，部署武装无人机的作战效果较之 B-52 轰炸机要好得多，自身伤害更小，附带伤害也更少。所以，使用无人机可以打击更多目标，而且因为它们的精准性，也可以打击更多靠近平民设施的目标。但无人机空袭数量激增也会带来较之以往更多的杀伤。

美国政府极少会承认有平民伤亡，但有充分证据证明，美国无人机的空袭已经造成了平民伤亡。例如，据柏根（Bergen）和蒂德曼（Tiedemann）预计，2004 年至 2007 年期间，美国在巴基斯坦使用无人飞行器进行的空袭次数为 10 次，受害者高达 175 位，其中包括 40 位平民（另有 87 人情况不明）。到了 2010 年，空袭次数达到了 136 次，导致了 883 人伤亡，其中 20 人为平民（另有 160 人情况明）。根据四家独立组织的估计，我们可以推断出，在 2009 年之后，平民伤亡所占比例一直在下降；在 2010 年以后，空袭的次数逐渐下滑，伤亡人数也就随之下降。

适度原则不仅要求无人机导致的平民死亡人数远远小于（疑似）敌方士兵的死亡人数，行动的预期军事优势还要远远大于可预见到的平民伤害。普劳（Plaw）表示："在巴基斯坦打击基地组织的指挥和控制时，必须用无人机袭击，所以在这里也可以做出一个看似有道理的结论，即基地组织给平民带来的威胁以及其所获得的支持可能会渗透到地方特许行动中，因此适用中央情报局无人机袭击的适度原则。"他的分析显示，美国无人机违反原则的情况并不多，也不是系统性的。由此他得出结论，从适度性角度来说，"应该至少暂时允许更大规模地使用无人机袭击来实现他们的目标，并且证实无人机袭击的精确和有效性。"

斯坦福大学法学院和纽约大学法学院联合发布的《无人机下的生活》(*Living under Drones*）的报告显示，除了平民伤亡之外，美国无人机袭击政策也给普通老百姓的日常生活带来了大量损害，而且找不到该为此负责的责任人。这些损害不只是死亡和肢体伤残的威胁，空袭导致平民社区焦虑感增强，遭受心理创伤的人增多。"这些生活在无人机空袭阴影下的人时刻担心随时可能发生的致命袭击。"该报告也对无人机袭击的效力和负面影响表示担忧。在无人机袭击所导致的伤亡人数中，只有 2% 是"高层"目标；其余 98% 都是低级别的目标甚至是平民，而这些低级别的目标中，只有少部分人参与了针对美国的直接对抗。此外，无人机袭击导致争取和平的努力失去了支持：74% 的巴基斯坦人称美国是他们的敌人。无人机袭击未能赢得平民阶层的支持，反而给恐怖分子创造了滋生地。巴基斯坦塔利班普什图司令官贝图拉·马哈苏德（Baitullah Mehsud）表示，每杀死一位平民，就会有 3 至 4 名自杀式恐怖分子出现，多数都来自受害者家庭。2009 年 8 月，马哈苏德被美国无人机击毙。此后，其继任者哈基穆拉·马哈苏德（Hakimullah Mehsud）向美国中央情报局的一个据点派去一名人体炸弹袭击者，7 名中央情报局特工被杀。2013 年 10 月，哈基穆拉·马哈苏德接受了英国 BBC 的采访。在采访中，他表示愿意接受和谈，但停火的条件就是必须停止无人机袭击。2013 年 11 月，哈基穆拉·马哈苏德也被美国无人机射杀。

无人机袭击也导致了一些本不该出现的情况发生。因为有了这些无人机袭击，恐怖分子的常规武器成了摆设，所以他们的报复方法就是驱使组织成员使用那些惨无人道的方式来还击，这也是被迫之举。此外，如果极端组织掌握了武装无人机技术和操作人员，后果会非常严重。美国研究人员和前战斗机驾驶员玛丽·卡明斯（Mary Cummings）曾给我们描绘了一幅世界末日般的场景：在恐怖分子发起的袭击中，动用了生物武器的小型无人机，它们在街区疯狂杀戮。

判别原则

判别原则可能被远程操作的武装无人机和定位所破坏。“棱镜门”事件中爱德华·斯诺登所揭露的美国国家安全局绝密文件显示，美国国家安全局使用无人机上的特别装置对疑似恐怖分子的 SIM 卡或手机进行定位，定位信息可以让中央情报局或美国空军轻松地发起无人机袭击，继而杀死疑似目标。一位前无人机操作人员表示，在阿富汗的无人机袭击中，锁定目标的参考依据约有 90% 靠的是定位，并不清楚被袭击的手机持有者是不是希望打击的目标。这很可能会导致家人或朋友圈借用了被跟踪的手机后被错误地当作袭击目标。一位无人机操作人员如此说道：

> 人们守着一个目标人物清单。这就像是我们在瞄准一台手机。我们不是去追踪人——我们追踪的是他们的手机，希望导弹另一端的那个人就是坏人……但我们并不知道究竟是谁在手机后面，是谁拿着手机。我们当然假设那个手机属于一个穷凶极恶的人，一个被视为“非法的敌方士兵”的人。无人机袭击正是因此才变得让人怀疑。

通过定位，士兵和非士兵的区别变得模糊，因为这个区别是基于谁持有那台被跟踪的移动电话，而不是基于确定目标的身份。

定点清除

美国将无人机视为打击恐怖主义的有力武器，而公众也会明确地联想到使用无人机进行定点清除。定点清除的定义就是有针对性地射杀特定目标，他们直接参与了敌对行为，但又无法通过合理手段来逮捕他们。在国际或非国际武装冲突中，会由政府下令锁定目标。针对疑似恐怖分子进行无人机袭击，这种做法受到的批评越来越多，因为根据国际法，没有审判就授权杀害公民是违法行为。此外，如果跨国恐怖主义与现有冲突缺乏具体的关联，是否构成了“武装冲突”呢？对于这点仍然存在争议。使用无人机进行定点清除的理由就是所谓的威胁逼近，但在布鲁克斯（Brooks）看来，许多伤亡人士并没有直接造成或即将造成威胁，仅仅因为是嫌疑人，是可能在某天会对美国或其海外利益发起攻击的人，就被军方做了“定点清除”处理。

人们对法外执行之所以特别关注，是源于美籍也门裔激进派教士安瓦尔·奥拉基（Anwar al-Awlaki）于2011年在也门丧生。这也是人们首次知道，美国无人机根据总统的旨意蓄意杀害了一位美国公民，而安瓦尔·奥拉基并未被正式指控罪行或被判决有罪。安瓦尔·奥拉基被怀疑谋划进行国际恐怖行动[①]。在被袭击的那辆车里，与安瓦尔·奥拉基同乘的是美国公民萨米尔·可汗（Samir Khan），他甚至都没有出现在“杀戮”名单上，显然在袭击开始时，他在一个错误的时间出现在了一个错误的地方。两周后，安瓦尔·奥拉基16岁的儿子在也门也被美国无人机射杀。可汗在2011年时曾提出，这些在巴基斯坦使用无人机袭击杀害疑似恐怖分子的行为从道德角度是站不住脚的，因为这些袭击并没有去区分恐怖分子和无辜的人。使用无人机的战术行动会适得其反，“不经意间给恐怖分子帮忙”。他表示，只有制定明确的战略，美国在国际上开展的打击恐怖主义的工作才能取得成功：采用透明、合法的程序，在巴基斯坦的协助下将恐怖分子绳之于法，从而取得长期的成效。越来越多的学者认为，美国很有可能会在巴基斯坦、也门、索马里或其他什么地方进行非法的定点清除。政府必须为违反宪法和国际法的杀戮行为负责。

美国拒绝就被杀人员的威胁性、采取行动的必要性和紧迫性以及编制“杀戮”名单

① 2014年6月，联邦法庭发布法律备忘录，证明针对美国被控恐怖分子安瓦尔·奥拉基的无人机杀戮是合法的。到目前为止，该事件的法律争端已持续多年未决。——译者注

的依据等透露任何信息。约翰·贝林格（John Bellinger）曾经在乔治·布什总统政府任法律顾问，他称美国的这些无人机袭击是“奥巴马的关塔那摩湾”，没有任何必需的程序就杀戮平民。面对美国实质上存在的、不被允许的“杀戮许可证”，一些作家和组织要求美国政府保证透明度：“如果不披露选择特定目标的合法理由和基础（符合真正的安全需求），那么那些所谓的安全行动就是在一个‘责任真空’中裸奔。”美国在无人机的部署上必须坚持严格遵守现行国际法律框架，并且在使用武装无人机时必须尽最大可能阐述其合法理由。这也是美国作为一个超级大国在国际舞台上理应树立的标杆。

自主控制的无人机

根据判别原则，部分科学家提出，自主控制的武装军用无人机尚无法在军队中使用，因为如果没有人类的干预，它们还不能区分平民和士兵，缺少对打击目标身份识别的能力。在这些科学家看来，现阶段的问题在于没有机器人有足够的能力来独立进行区分。摄像头、声呐、激光以及感温设备等传感器只能锁定目标，但无法辨别目标的身份。这种识别要求有态势感知能力和同理心，即能了解他人意图并判断他人在某种情况下可能会做什么。这些能力更为重要，因为事实上，越来越多“不对称的”和非常规的战争是由常规部队使用现代技术来对战叛乱分子。叛乱分子由军阀式领袖指挥，通常纪律散漫，缺乏训练，所以外表看起来很难区分是士兵还是平民，而且他们的军事行动不遵守《国际人道法》的规则，例如他们会放置路旁炸弹。

要区分平民和军事人员在很大程度上取决于所处的背景。例如，军用机器人将某人识别为士兵，但如果他打算投降或身受重伤，那么就不应该再被视为袭击目标。许多科学家断定，除非在人工智能的研究上出现重大的突破，否则人类干预，或者是让人类来作为掌控者将仍然是必不可少的。这点也适用于“适度性”和“双重效果”这两条原则。目前没有算法能够确定伤害相比于收益而言是否适度。在科学家们看来，做到这点也要求必须具有态势感知能力和人类的判断力。

要解决自主控制武装军用机器人相关的框架问题，一种方案是大幅降低它们攻击平民的可能性。实现方法可以是明确定义机器人可以杀害的对象，设定界限。例如，只将它们部署在特定的战争区，也就是所谓的进攻区域，那里没有平民。平民已经预先得到警告不得进入进攻区域。这种方式的代表例子就是韩国和朝鲜之间的非军事区。在这里，自主控制的机器人能够射击入侵者。有了这种方法，武装军用机器人的使用就会被限制在平民不得进入的区域内。另一种方案由坎宁（Canning）提出。他建议对框架问题进行简化。方法就是对机器人进行编程，从而使它们只攻击携带了敌对武器系统的敌方士兵。但在许多情况下，这种方法也会带来问题，例如阿富汗的地方部落通常在进行日常活动时会随身携带武器，导致难以区分这些部落人员和武装叛乱分子。袭击敌人的武装系统可能也不合适，因为会造成对平民的附带伤害。

非军事区

为了监视韩朝两国之间长 250 千米，宽 4 千米的非军事区，韩国使用了武装机器人 SGR-A1。SGR-A1 机器人是一个固定的系统，配备了由三星 Techwin 开发的机枪。这些机器人可以自动探测方圆 3.2 千米范围内的入侵者，并且向他们进行射击，无须人类干预。2011 年年底，第一台 SGR-A1 被安放在岗哨上进行测试。韩国边境上负责巡逻的士兵有数千名。2014 年，韩国安装了更多的 SGR-A1 系统来替代部分士兵。

自主控制的军用机器人不能完美地进行必要的区分，无法遵循判别和适度性原则。但美国机器人工程师阿金提出，这不能作为禁止自主控制机器人出现在战场上的充分理由。阿金预言，等未来有了更好的目标识别算法来区分平民和士兵时，自主控制机器人将会变得非常可靠。他认为机器人士兵的能力将在未来超过人类士兵："我不仅认为无人系统在战场上的行为能符合道德要求，同时我也深信它们可以比人类士兵更为道德地开展工作。"机器人将会是穿越"战争迷雾"的第一人，因为各种机器人传感器的最终开发和使用意味着它们将能够获得更好的装配，便于在战场上进行观察，其能力会超过人类的感知能力。具体来说，它们没有恐惧或复仇感觉，当目标确认存在不确定性时它们无须进行自我保护。人在军事行动中会犯错，尤其在面对巨大的压力时[①]。

基于这种对战争合理化的理念，阿金针对在武装军用机器人身上引入充分的人工道德意识（即将《国际人道法》和参战规则编程，安装到机器人身上）进行了调查。这些机器人的优势在于，它们"拥有潜力来独立客观地监视战场上各方的道德行为，并且汇

① 在战争中，士兵们要面临巨大的压力，而且承受所有的后果。一份关于伊拉克战争中士兵士气的报告清楚地显示了这点，该报告中也有一些骇人的数字。——译者注

报观察到的违规行为。这种方式也许可以减少违反人类道德的行为。”开发带道德尺度的自主控制机器人，这种机器人伦理学是一个新生的领域。有了形式逻辑的帮助，这些机器人“能够通过道德原则计算从道德尺度选择最佳的行动”。因此，可以认为逻辑理论能够充分体现道德理论，从而减少该道德理论带来的影响。比弗斯（Beavers）认为机器伦理学对道德虚无主义是一种威胁，“该理论认为道德不需要什么内部制裁，也无须进行道德评判，即不必用什么心理力量去禁止自己满足欲望，而是一开始就要注意自己的道德状态。”

道德是可以计算的，这个观点也误解了道德的特性，即不可简化性。阿金提出，一些道德理论根据严格的道德准则来定义模型，所以本身说服力不强，例如美德伦理。但他也表示，解决方法很简单，就是消除那些拒绝此类简化的道德方法。道德具有不可简化性。许多道德场景也许可以简化，但要在场景中进行道德行为，就必须能进行判断，而这种能力只有人类才有。这种方法带来的后果就是道德原则本身将被修改，以满足技术指令的需求：“技术会恒久地威胁要将道德关到笼子里。有效的方法就是通过‘技术指令’实现自身的目的，但‘技术指令’会被理解为仅仅因为我们拥有某种工具而在道德上可以使用该工具。”

关于将《国际人道法》和参战规则编程装入机器人，另一个问题在于这些规则要加以诠释，而且并不会为特定场景提供现成的答案。此外，应用这些规则也要视背景而定，必须能够理解复杂的社会情况。为了能做出道德决策，这种能力是必不可少的，而且只要机器人缺少这种能力，它们就肯定做不出比人类更高质量的道德决定。

最后一点，但并非最不重要的一点，阿金没有谈及一个基本的道德问题：我们是否要将杀死某个人类的决定交给非人类的机器来做出？这是一个事关生死的决定，应该只能由人类做出，而不是机器。这也是四位顶级科学家（诺埃尔·夏基、彼得·阿萨罗、罗伯特·斯派洛和尤尔根·阿尔特曼）在 2009 年成立国际机器人武器控制委员会（*International Committee for Robot Arms Control*，ICRAC）的主要原因之一。该委员会希望尽可能限制武装机器人的军用。其目标之一就是禁止自动控制武装机器人的开发和部署，因为该委员会认为机器永远不能就人类的生死进行决定。2010 年在柏林，该委员会组织了专家研讨会来探讨限制远程操作和自动控制的武装系统，并且邀请了科学家、政治家和军方代表参加。委员会在研讨会后发布了声明，与会人员大部分都签署了这份声明。声明再次强调必须减少武装军用机器人，而且应该禁止自动控制的武装军用机器人，因为生死决定必须由人来做出。声明中写道：“不可接受在冲突或战争中由机器来控制、确定或决定武力或暴力的使用。不管在何种情况下，在做出此类决定时，必须至少有一个人能从个人和法律角度对决定和可预见到的后果负责。”机器人绝对不能减轻人类在战争中对道德决定所背负的责任。用荷兰退休少将基斯·霍曼（Kees Homan）的话来说：“自动杀戮的观点是违反常理的。后果如此严重的行动不应该交给没有思想的机器。机器绝对不能免除人类在战争与和平时期做出道德决定的责任。”在由联合国特定常规武器公约组织的专家非正式会议上，联合国通过联合国办事处代理总干事表达了对自动控制武装机器人的担忧：“人们可以采取预防行动，确保终结他人生命的最终决定仍然牢牢由人类来控制。”2014 年 12 月，联合国针对该主题组织了一次大会，参与该会的 117 个国家均表示会重视禁止或限制自动控制武装机器人的工作。

责任问题

卢卡斯（Lucas）指责阿金认为机器人的行为“可以更加道德”是一种毫无意义的挑衅：

> 它们（自动控制机器人）不可能“有道德行为”，我们也不需要它们如此。这个要求的确是超过了我们目前的能力，可能也远远高于我们的需求。相反，我们希望军用机器人在工作时能安全可靠，而且有效地履行它们的任务，其中包括听从符合武装冲突法的指令。

谁应该为这些机器人的行为负责？或者当机器人参与到通常被认为构成战争罪的暴力行动时，谁应该负责？是设计人员、程序员、制造商、指挥官、国防部，还是机器人本身？斯派洛是率先讨论该问题的专家之一。他表示，没有人可以为自动控制机器人的行为负责。斯派洛对自主的定义也颇具说服力：智能机器人可以独立做出决定，所受到的监督不比人类战士多。因为（若可能）还要过数十年此类机器人才会被部署到战场上，所以本文中我们将探讨半自动机器人的责任问题。这些半自动机器人是远程操控的，还是受以下三种人的监督：设计者 / 制造者、人类操作人员以及指挥官。

制造商的责任

军用机器人出现功能故障或程序错误时，可能会导致平民或本国军事人员的伤亡。此类功能故障的例子早已经存在：2007 年 10 月，在南非，一架功能出现故障的机器人枪发射了 500 发高爆弹，杀死了 9 名士兵，另有 14 人受重伤。在军事行动中，无人机的损失率相对较高，尽管部分原因在于无人机飞行高度低且速度慢，但这可能也意味着它们并不可靠。例如，多年前，美国空军称其当时拥有的 90 架捕食者无人机已经损失了 50%。美国国防部所要求的“抢占市场”也提高了军用机器人出现设计或编程缺陷的风险。政策制定者和科学家们通常为了追逐其他利益而忽视这些风险：“公共政策必须意识到这些危险，但在应对这些危险时应注意方法，不得过度影响研究，阻碍新技术被推向市场或进一步应用到国家安全上。”

可以说，设计人员有责任（至少是道德责任）保证产品的安全和可靠性，满足法律和道德要求。例如，在《国际人道法》（包括判别原则、适度原则以及避免不必要伤害的原则）中可以找到对军用武器的严格要求。从目前来说，关于军用机器人设计者的责任问题，并不缺乏相关的法律和道德概念，而设定义务似乎是最合适的。义务框架将激励制造者认真对待自己的责任。

从军事实践角度来说，设计者极少会为糟糕的设计造成的事故负责，因此必须有监管框架要求武装军用机器人的设计者承担“合理的注意义务”。承担“合理的注意义务”是指在武装机器人被大规模引入军队前，必须对其潜在故障进行适当评估。这些评估多数通过模拟和实验，或者是小规模试用来完成。这些评估并不一定能就科技产品的运行、潜在危险和相关风险提供完整可靠的信息。例如，实验室和试用并不一定就能代表军用机器人在执行任务时面临的复杂多变的环境。显然，在实验环境下，很难完全重现在“战争迷雾”中出现的情况。

不管怎样，对风险评估的监管可以为我们提供一个军用机器人设计的监管框架，为军用机器人技术的设计、生产和使用制定一系列条条框框。如果此类监管框架满足特定的标准，那么就可以被视为是一种不错的方法，足以应对技术设计在安全和责任方面产生的道德问题。此类用于管理风险的监管框架应该使用具体的规范来制定，就像是针对工业机器人的 ISO10218 要求。该规范“详细列举了工业机器人固有的安全设计、保护性举措以及使用信息等方面的要求和指南，它描述了与机器人相关的基本危险，并且提出了消除或充分降低与这些危险相关的风险的要求。”尽管该规范是针对工业机器人，但它也可以使用到其他背景中："非工业机器人的应用例子包括但不限于海底、军用和太空机器人。"直到现在，此类专门针对军用机器人的监管框架仍然缺失。国际法律安全指南可以预防武装军用机器人因为在开发和实施上压力日增而忽视安全方面的工作。此外，可以使用军用机器人来拯救那些"友好"的人类的生命，这点也许可以解释为什么当今政府未通过针对军用机器人设计的法律法规，尤其是那些可能导致军用机器人的特定设计被禁止的法律法规。

人类操作人员的责任

人类无人机操作人员是"格子间里的勇士"。他们通常都是在位于内华达州的控制中心开展工作，那里距离真正的战场还有数千千米（见图 6-3）。无人机将人类操作人员和战争区联系在一起；它们就是这些进行远程控制的士兵们的眼睛，有时候也是他们的手。根据计算机屏幕上所显示的信息，这些远程控制士兵会决定是否要瞄准目标。他们在屏幕上看到的东西可能会从心理和情感上影响这些人类操作人员，从而影响到他们的决策过程。尽管在计算机后面进行战斗并不像在战场上那样具有强烈的情感冲击力，但远程杀戮仍然相当有压力；各种研究结果已经显示，那些负责控制伊拉克和阿富汗的捕食者无人机的军事人员在私生活中也出现了情绪和生理疲劳且压力增大的问题。例如，无人机驾驶员可能会亲眼目睹战争犯罪却无法阻止，他甚至可能会看到自己的行动怎样杀死了平民。

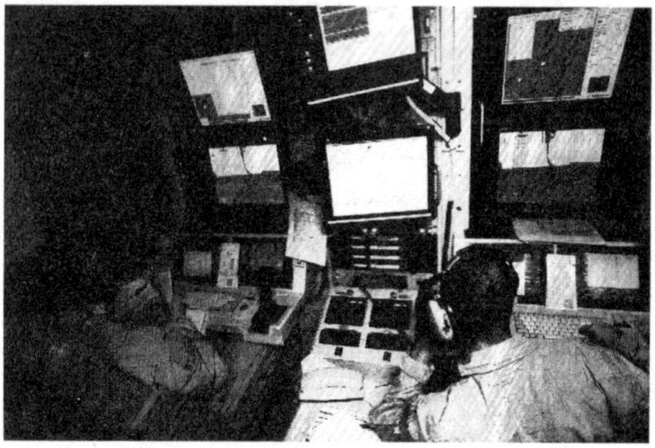

图 6-3　格子间里的勇士

人类操作人员随后产生的"残余应力"已经带来了如何消除这些压力的提议。可视化界面尤其可以在减少压力方面发挥重要作用；这些界面只显示战场上的抽象和间接的图像，相比更为先进的实时图像带来的压力较小。从技术角度来说，该提议是可行的，因为对战争景象进行重新编码并不难，而这种方法也能减少操作人员的心理不适感。不过这种方法也可能带来一些讨厌的副作用。抽象的图像可能在实际上会让敌人显得不再像人，由此导致操作无人系统的军事人员变得麻木不仁。这种发展的危险之处在于操作人员在进行生死决策时就像是在玩一场视频游戏，一位操作人员的话就证实了这点。他说："这就像是视频游戏。它可能会有点嗜血，但酷毙了。"由此提出的问题就是操作人员是否可以在道德上为他们的决定负责。道德责任意味着他们必须对自身行为进行完全的控制。也就是说，他们完全懂得自身的决定可能带来何种后果，并且是根据自身意志做出决定。这就要求进行道德反思。界面间接显示敌人和军事目标的抽象图像，会导致操作人员不能完全意识到自身决定所带来的后果。所以，为了避免压力，操作人员的道德反思就被降低，甚至被取消。简而言之，这类界面通常会让操作人员失去人性。

考科尔伯格认为，监视技术也可以在操作人员和潜在目标之间架设起一个"感同身受的桥梁"，从而减少去人性化的危险。在最终试图杀死目标之前，操作人员通常会密切监视潜在目标进行大量正常的人类活动，其中包括吃饭、抽烟以及和朋友家人打交道。通过锁定潜在目标，监视他们的行为和他们在被炸死时发生的情况，操作人员获得了"一定的亲切感"："我看到母亲带着孩子们，我看到父亲和孩子们在一起，我看到爸爸妈妈们在一起，我看到孩子们在踢足球。"（引用一位操作人员的话）。正如我们前文中所说的，这种亲切感也可能会带来巨大的压力，因为对操作人员来说，攻击目标变得越来越像平常人，或者在他可以回忆起攻击目标的图像时，要杀死目标就变得没那么轻松了。2010 年和 2011 年，美国空军针对 900 名无人机机组成员进行了调查，现役的无人机驾驶员中，46% 的人表示压力很大，29% 的人表示在情绪上感到精疲力竭或濒临崩溃。正如考科尔伯格所推断的，我们需要更多（实证）的研究来更好地了解无人机作战实践和无人机操作人员的心路历程。

另一方面在于未来，武装军用机器人将会越来越多地干预决策。人工智能技术正让军用机器人变得越来越自动化，而且通常还包括了"道德管理员"功能，即在一定程度上把《国际人道法》编入软件。通过道德管理员，远程操作的武装军用机器人在未来会纠正操作人员的错误，或者可能在操作人员决定是否要使用武器时提供建议。阿金的研究将重点放在这个方面。道德管理员会告诉操作者应该使用何种武器实现目的，并且预测由此可能导致的伤害量。如果操作人员作出的决定可能导致过多附带伤害，那么道德管理员就会发出警报，并且阻止炸弹发射。操作人员可以推翻道德管理员，但他知道，他很可能正在违反《国际人道法》，而且他可能会因为犯战争罪而被审判。这种技术调停的缺点就在于操作人员不再做出道德选择，而是简单地执行会带来一定影响的行动，因为他们会无意间越来越依赖，甚至是过度依赖军用机器人。因此，在人类操作人员和他们的行动之间会产生"道德缓冲带"，让人类操作人员告诉自己是军用机器人在进行决定。这样可能会模糊自主控制系统和非自主控制系统之间的界限，因为人类操作人员的决定并非人类思考的结果，主要是由军用机器人来决定或者甚至是强制执行的。这也意味着从“控制”向“监督”的转变，而且军用机器人实际上可能会自主决定。这些决定基于不同来源的信息量增多，而这些信息必须进行整合并快速诠释，然后才能做出决定。对于人类来说，这几乎是不可能完成的任务。相比人类而言，军用机器人可以更高效地进行这项工作。操作人员将仍然是“共同决策者”，而且有权力否决系统的开火行动。

人权观察组织的数据显示，当操作者只能瞬间做出否决决定时，“共同决策”将很快变得毫无意义。这也是部分早已经在使用的系统存在的情况。这意味着我们将不能再让人类操作人员为他的决定负责，因为实际上并非操作人员在进行决定，而是军用机器人。这也可能会从另一个方面影响到责任划分问题。德特尔特（Detert）、特雷维尼奥（Treviño）和斯韦策（Sweitzer）已经提出，认为自己对特定情况没有什么个人控制权的人（如那些进行监视的人）更可能会遵守规则、决定和条件，即使这些规则和决定并不道德或会带来伤害。

此外，瓦勒也提出，人类从“掌控者”到“共同决策者”的转变导致军事人员出现了危险的道德技能退化。她表示，“监督他人决策的专家必须拥有一定的专业技能，面对类似或同样的问题时能做出高质量的决定，这样才能拥有监管的权力。”问题就在于，“这类监督者如何才能有资格进行判断呢？在这种专业背景之下，他们要监督的决策不再常由人类去执行。”

“人类从掌控者到共同决策者、再到无控制权”的转变带来了真正的威胁。无人机袭击更多地依靠电子信号情报，而非人类情报，生死决定实际上并不需要人类这个掌控者或共同决策者。

指挥官的责任

即使没有人类操作人员直接控制机器人，仍然是由人类主体来决定是否部署机器人：“即使系统是完全自动化的，这并不意味着就没有人类参与。必须有人对军事行动进行计划、定义参数、制定交战规则，并且部署该系统。”在定位上也是一样，必须有人下令出动无人机通过定位瞄准某个手机。这个观点的依据在于指挥责任原则，尽管对于这种古老的原则，不同作者的诠释不同，但它通常涵盖了武装军用机器人的部署。正如舒尔策所说的：

> 指挥官应该为在战争中根据不公正或不充分的交战规则（ROE）使用自动武器系统（AWS）、未能确保安全使用武器，或者在不公正的冲突中使用自动武器系统等行为负责，因为所有启动或限制自动武器系统的条件都是由指挥官控制的。

例如，自主控制的无人机可能会射击错误的目标，这种可能性应该是系统公认的局限性。斯派洛提出，如果设计者已经向购买或部署该系统的人清楚阐述了这种情况，那么他们就不用再为这种情况的出现承担责任；如果出现错误，则应该由指挥官承担责任，因为尽管知道无人机的局限性，他还是故意将无人机派往战场。

最后，我们想以一个问题来作为结尾："当自主控制的武装机器人参与到了暴力行为中，谁应为此承担责任？"我们引用克里希南（Krishnan）的话来回答："与责任划分相关的法律问题也许没有军用机器人的部分批评者所想的那样严重……如果机器人不能在其参数范围内操作，那么就是制造者的错误。如果机器人的使用环境导致它的使用不合法，那么就是指挥官的错误。"未来会有越来越多的自动系统，这点似乎已经是板上钉钉的事情，但基于众多原因，放弃特定类型的自主控制机器人也许是一个不错的想法。虽尚未明确究竟谁应该为它们的使用负责，但这可能并非是放弃的原因之一。人们是否愿意承担那种责任，是另一个完全不同的问题。

扩散和安保

与军用机器人技术相关的国际军备竞争无疑已经初露迹象。全球有大量的资金正投入到武装军用机器人的开发上。在美国、英国、加拿大、中国、韩国、俄罗斯、以色列和新加坡都是这种情况。而且通过机器人的技术、材料和知识的转让，这种情况向其他国家扩散也是不可避免的。许多憎恶美国的国家和非国家组织也已经开始进军无人飞行器技术。例如伊朗已经开发出自己的武装无人机，名为死亡大使（Ambassador of Death）。该无人机的续航里程高达 1 000 千米。许多国家和非国家组织都可以获得此类无人机，因为不同于其他武器系统，武装军用机器人的研究和开发都是相当透明，容易获取。此外，机器人技术的复制相对比较容易，而且生产武装军用机器人所必需的设备也能轻易购买到，价格也不是太高昂。

伊朗手中的美国无人机

2011 年年底时，一架美国 RQ-170 Sentinel 侦察机坠落，完好无损地落入了伊朗人的手中（见图 6-4）。这是一款无人隐形飞机，能够躲避雷达监测。在 2009 年之前，该型号的飞机一直是保密的。伊朗拒绝将该设备归还，并且宣布将会复制该隐形技术和软件。五角大楼很奇怪为什么它会偏离航线。有人猜测，伊朗通过网络攻击摧毁了美军对 RQ-170 Sentinel 的控制系统。

图 6-4　伊朗手中的美国无人机

此外，许多机器人技术实际上是军民两用技术，未来可能同时推动军用市场和民用市场的应用。潜在威胁在于未来可以在公开市场上购买到的商用机器人设备中，特定的设备可以相对轻松地改造成机器人武器。

动荡的国家和恐怖组织未来有可能部署武装军用机器人。彼得·辛格担心武装军用机器人将会成为民族叛乱分子、宗教激进分子和恐怖分子在垂死挣扎时的终极武器。诺埃尔·夏基也预言，机器人很快将会取代人体炸弹。夏基表示："恶魔早已经逃出了魔瓶。"关于武装军用机器人使用的国际法律法规并不能解决这个问题，因为恐怖分子和叛乱分子根本就不在乎《国际人道法》。

要遏制武装军用机器人的扩散，一项重要的工具就是执行全球武器装备控制公约，控制这些机器人的生产和采购。一个主要问题就在于，美国和中国等国家并非这些公约的签约国。此外，联合国框架内应该包括针对武装军用机器人出口的法律法规，以打击武装军用机器人的非法走私，为武装军用机器人技术的贸易商建立许可制度。波义耳（Boyle）认为，美国控制无人机技术销售的能力将会消失，因为“会有另一位供应商出现，为那些因为出口控制而无法购买美国无人机的国家提供无人机技术，这种情况迟早会出现。”

另一种危险在于军用无人机将会被入侵，甚至感染病毒。2011 年 10 月，美国捕食者和死神无人机都感染上了一种神秘的病毒。在基地的控制室里，当飞行员远程驾驶无人机在阿富汗和其他战斗区执行任务时，该病毒会记录驾驶员的每个按键操作。2012 年，得克萨斯大学的美国研究人员据说通过入侵一架正在飞行的无人机的 GPS 系统，继而控制了该无人机。这是为了接受美国国土安全部奖金额为数千美元的一项挑战。他们使用的技术被称为地址欺骗。该技术会让无人机将入侵者所发出的信号错误地当作 GPS 卫星发出的信号。在这两个例子中，情况还不是非常严重，但此类病毒的危险性似乎已变得迫在眉睫。通过入侵，他人可以控制无人战斗机，或者病毒可以摧毁无人机，让它们变得无法控制，并且可能被挟持，从而发动恐怖袭击，例如撞向建筑物或瞄准平民。

武装军用机器人的扩散

作为技术发展，机器人对现代军事行动有着巨大的影响，而这也被视为一种新的军事革命。与此同时，军用机器人已经成为了军事中不可分割的一部分。目前，数十万军用机器人正在使用当中，其中多数为非武装军用机器人。在过去 10 年里，人们在该领域取得了一定的进步，尤其是在武装军用机器人的开发方面。自 2009 年开始，美国空军培训的操作人员（或者说是格子间里的勇士）比战斗机驾驶员还要多。预计无人机将会逐步取代有人驾驶的飞机，而且从中期来看，无人机甚至会使有人驾驶的飞机被废弃。

在军用机器人的发展中，我们正观察到的趋势就是“从掌控者到共同决策者，再到无控制权”的转变。我们已经看到，格子间里的勇士们正越来越多地执行监视任务，而不是扮演监督管理的角色。下一步将会是让格子间里的勇士们变得不再必要，让无人机完全自主运行。自主控制的无人机在美国军事议程上有着重要的位置，而且美国空军认为到 2050 年左右就可以部署完全自主控制的无人机。鉴于军用机器人技术当前的发展和投资，美国空军的这番预言似乎并不是乌托邦式的想法，而是未来的真实画面。未来，死亡自动化也会变为现实。

在最后一节里，我们将回顾与武装军用机器人相关的社会和道德问题，并且列举公共和政治领域必须关注的部分监管问题。

社会和道德问题

扩散和滥用

最大、最容易被忽视的问题就是武装军用机器人的扩散。武装军用机器人的复制相对比较廉价和容易，而军备竞争的初期迹象早已显露无遗。制造自主控制的机器人武器并不需要许多技巧。自主控制的机器人武器将会成为恐怖分子取代人体炸弹的标准武器装备（例如 GPS 制导的人体炸弹），这点让人颇为忧心。

此外，无人系统被入侵是一种实实在在的危险，由此敌方可以抓取到无人机上的视频图像（例如 2009 年时伊拉克人和一架美国捕食者无人机发生的情况），甚至是由敌方来接管并控制无人机。

自食其果的特征

尽管军用武装机器人因为拥有精确的机器人技术而可以非常准确地击中自己的目标，但它们的使用最终会带来更多的受害者，原因就在于它们将会更快速且更频繁地被部署，甚至被部署在平民区内。此外，武装无人系统的使用通常被本地人视为是一种懦弱的行为，此类自动设备的每位平民受害者将会被叛乱分子当作宣传的工具。所有这些都导致武装无人系统在地方缺少心理支持，而要平息冲突，支持是至关重要的，可以带来积极的影响。正如阿利（Alley）所总结的：

> 人们将逐渐认识到，基地组织和塔利班领导队伍的势力被削弱是无可置疑的，但代价就是对西方世界的仇恨被点燃，国家政府的权威被削弱，激进网络又重新开始招募人员。这种情况已经导致了国内和跨境犯罪与暴力，以及中东、西南亚、北非和中非地区的派系冲突恶化。自 2004 年开始部署无人机武器以来，这种结果并没有得到什么正视。

人性化 vs. 去人性化

远程引导的无人机由操作者或格子间里的勇士进行远程控制。控制界面是格子间里的勇士们获取信息的最主要途径，然后他们必须根据信息做出生死决定。日常工作给操作者的心理造成了巨大的压力，为此制造商正在开发一种界面，只显示敌人和军事目标抽象和非直接的图像。这种去人性化的结果就是在致命行动和该行动可能的影响之间制造出道德和情感距离，让操作者对自身决定会带来的后果麻木不仁。操作者将不会对这些决定进行道德反思。我们希望操作者在做出生死决定时就像是在玩视频游戏吗？对设计者而言，关键挑战就在于要开发出一种界面，不仅能减少压力，同时也能克服道德距离的问题，让操作者能完全意识到行动的后果，从而从道德和法律上为自己的决定负责。

自主性

关于武装无人系统的一个重要问题就是，它们是否应该能就致命力量的使用独立并自主进行决定。当然，这种死亡的自动化也带来了道德问题。自主控制的军用机器人是否能遵循适度性和判别原则？要遵守这些原则，通常必须有同理心和态势感知能力。远程引导的军用机器人对于操作者来说作用会很大，因为它们拥有高度复杂的传感器，但在未来 10 年内，军用机器人似乎不太可能拥有同理心和常识。部分科学家们质疑这点是否可能，因为这些自主控制机器人所必须应对的战争环境是复杂的，且在不断变化中。

关于自主控制的机器人，另一个问题就在于他们将人类道德主体彻底放在了开火决策圈之外。有人提出，自主控制的军用机器人令人难以接受，因为它们绝对不可能消除人类在战争中做出道德决定的责任 ①。

监管

针对自主控制的武装机器人制定国际禁令

人类始终为掌控人，而且关于生死的决定不应由机器人来做出，这两点非常重要。因此针对自主控制的武装军用机器人制定国际禁令是非常理想的做法。这项工作必须马上开展，因为当前的趋势就是人类为掌控者的身份正日渐被剥夺，而且技术正在快速向自主控制机器人的方向发展，而这似乎也是无数针对这些机器人的研究和政治意志所必然会带来的结果。苏林斯（Sullins）在谈到武装机器人的快速发展时说："现在再来思考其他选择似乎不太可能了，但我们应该在最初就避免武装机器人。"

① 这种从道德方面反对自主控制武装机器人的观点来自博尔顿（Bolton）、纳什（Nash）和莫伊斯（Moyes），例如："杀伤的决定不应该由机器做出，尤其当这些机器还不完美的时候。士兵和平民之间的区别必须由人类来进行确定。"——译者注

此类禁令是否可行，主要取决于美国的态度。美国已经将自己的目光准确瞄准这类机器人。其他北约国家和联合国必须将美国争取到谈判桌前。这项工作难度很大，因为美国常常会阻挠这些发展。美国未签署军备控制条约，也不是《国际刑事法院罗马规约》的签约国，这两点事实就说明了一切。国际刑事法院对种族灭绝、反人道犯罪以及战争罪等领域的刑事事务拥有管辖权。波义耳总结认为：

> 建议美国完全停用无人机，或者认为其他国家会接受暂停购买和使用无人机都是不现实的想法。恶魔已经逃离了魔瓶：无人机在未来数年后将成为生活中的一部分。我们还要做的就是确保无人机的使用和销售都是透明的、受到监管的，而且符合国际上公认的人权标准。

联合国特定常规武器公约（CCW）针对自主控制的武装机器人组织了一场非正式的会议。87 个国家参加了这场会议，其中包括一些拥有非常先进的机器人技术的国家，例如美国、中国、俄罗斯和以色列。2014 年 11 月，所有 117 个国家参加了联合国关于《联合国特定常规武器公约》的正式大会。该公约的目标就是禁止或限制特定武器类型的使用，这些武器会导致士兵受到不必要或不合理的伤害，或者会不加判别地影响到平民。未来将会告诉我们该次大会的成果是否真正有助于目标的实现。

遏制武装军用机器人的扩散

通过推行全球军备控制公约来遏制武装军用机器人的扩散，这是一条必须满足的条件。由此可以让武装军用机器人能够以负责的态度获得进一步发展，并且能部署到军事行动中。宗教激进分子和恐怖分子如果拥有武装军用机器人，后果会相当具有破坏性，路旁炸弹的效果会相形见绌。

霍曼（Homan）曾说："随着机器人价格的下滑，技术变得越来越容易，就可能会出现机器人军备竞赛，而这种竞赛难以被停止。必须及时针对在战争中使用自主控制机器人制定国际法律法规和道德准则，这点至关重要。"

有关军用机器人影响的更多国际探讨

针对军用机器人技术的发展，有必要就政府、行业、科学界、律师、非政府组织和其他利益相关者的责任在全球范围内进行讨论。此类探讨尚未实现，原因就在于军用机器人技术目前发展快速。幸运的是，正如我们所看到的，在 2014 年 5 月由联合国特定常规武器公约组织的专家非正式会议上，这场争论已经开始。军用机器人的现代技术发展不能完全被称为道德的发展，由此也充分体现了那种讨论的必要性。

武装军用机器人的部署影响到了整个世界，因此持各种利益和观点的利益相关者必须加入共同的探讨之中。这种探讨的起点必须是一系列获得国际认可的、针对武装军用机器人的销售和负责任使用的标准和准则。否则这些机器人的扩散将会失去控制，并且会被国家组织或非国家组织所滥用。

我希望能针对自主控制武器制定禁令。

30年来，尤尔根·阿尔特曼曾在德国多个大学担任物理学家。在这段时间里，他一直积极地致力于军备控制。2009年，他与来自澳大利亚、英国和美国的科学家们联合创立了国际机器人武器控制委员会。该委员会也是停止机器人杀手运动（Campaign to Stop Killer Robots）的发起者之一。

国际机器人武器控制委员会从根本上反对自主控制武器系统。我们认为不管是从道德上还是法律上来说，都无法接受让武器自主选择目标并且决定杀死谁。我们深信它们的部署将会导致内战受害者的增多，国家必须依法避免。

从个人角度来说，我认为我们应该从更广泛的角度来看自主控制武器系统的影响。因为在我看来，它们会增加战争的可能性。想想看，在边境上或公海上的某个地方，两队这类武器系统相对而望。它们可能会轻易就将闪灯和意外的噪音等一些小事情误解为攻击并自动开火。这种一触即发的系统可能会轻易导致敌对行为，使双方均不能从中获利，也不能期望获利。此外，自动武器会降低国际暴力的使用门槛，因为攻击方会希望自己的士兵少受伤。在最近数年里，远程控制武装无人机这种半自动系统已经让我们预先品尝到了这种错误的苦果。

有人提出了截然不同的观点，即自动武器可能会做出更为道德的决定，减少而不是增加平民的伤亡数字。同人类士兵不同，它们始终能保持理性，而且面对压力时不会发狂。

我不能彻底排除这种可能性。但在可预见的将来，比如说未来20至40年，这种情况是极度不可能的。佐治亚理工学院（Georgia Tech）的机器人专家罗纳德·阿金正在研究可以根据简单的如果-那么条件决定是否应该发起攻击的软件。该软件无法充分理解复杂的战场局势（可能旁边还有平民），然后做出道德上正确的决定。如果不理解社会背景，没有情感经验，以及不了解本地文化背景等，那么这点就做不到。人工很难再造这种能力。我担心如果没有国际禁令，军事动机可能会导致在没有达到这种条件时就开始引入自动系统。

国际机器人武器控制委员会和停止机器人杀手运动到目前已经取得了哪些

成就？

舆论开始非常关注这一问题，联合国也是如此。2013 年，许多国家在联合国大会上提出了该问题，而且联合国法外处决、即决处决或任意处决问题特别报告员号召国家暂停引入自动武器。当年 11 月，联合国特定常规武器公约的缔约国在日内瓦开始讨论是否需要限制或施以禁令，由此也带来了 6 个月后的专家会议。2015 年进行了更为详尽的讨论，以解决一些实际的问题，如对禁止对象加以定义。“有意义的人类控制”这句话似乎可以有效地区分被联合国特定常规武器公约禁止或不禁止的武器。

根据该公约颁布禁令的好处在于所有相关方都参与了其中。不好的一面在于只有取得共识才能达成协议，所以每个国家都可能阻止自己不喜欢的内容。谈判可能会导致最终的妥协结果力量过弱。如果是这样，我们的运动也许可以改变这种方法，争取一个更强大的单独公约，即使那意味着一些国家不会参与。那也是其他类似运动出现的一种情况。这些运动带来了禁止杀伤性地雷和集束弹药。但当前，只是我希望能如此。即使是在美国，也有许多人因为自动武器而感到不安。

刚才你提到“即使是在美国”。在这些武器的认可度上，美国和欧洲是否存在很大的差距？或者甚至针对战争整体而言也是如此？

我不是政治科学家，但很显然，美国认为战争在任何时间都是潜在事实。而且其军用技术战略明确表示它希望能在技术领域维持领先地位，让它可以在所有战场上战胜所有敌人。在欧洲，可能英国除外，我们对战争有着截然不同的看法，尤其是在德国。在这里，对新武器技术加以限制的潜在意愿更强烈。

在我看来，美国在一定程度上比较短视，低估了其他国家在自动武器军备竞赛中快速赶上的能力，因此美国公民最终在海外，甚至是在国内不是变得更加安全，而是更有风险。我会倡导美国放弃宣称其绝对的军事优越性，而是更多地关注合作安全的概念。不过华盛顿不会有人愿意花上一秒钟来听听德国一些鲜为人知的专家的建议。应该让美国科学家和美国舆论来改变军事政策制定者的思维。

关于普通老百姓面临的风险，你认为自动武器会成为恐怖分子弹药库中的一

部分吗?

是的，一些品种肯定会。模型飞机上可以装载炸弹，并且配备一定程度的自动目标识别技术。但我并不认为任何一小群被法律所通缉的人都可以打造出复杂的武器系统。另一方面，鉴于技术领先的国家在进行军备竞赛，复杂的系统也可能会出口到恐怖集团活跃的地区。在黑市上，他们到时候也许能够成功购买到永远无法自行制造的武器。尽管恐怖分子无法参与到预防性军备控制协议中来，但许多国家的确大幅减小了新型武器流入危险人士手中的风险。这的确是这些协议间接带来的好处。让我再补充一点。即使没有武器控制，恐怖分子也不可能使用这些系统，那些扛在肩上或放在卡车上发射的武器系统除外。我是指，那些需要 1 000 米跑道或拥有 30 米翼展的东西对他们而言是很不实用的。

再回到关于禁止自动武器的谈判，对实施前景你怎么看呢?

在一个各国权力平等的系统里，实施总是一个难题。只有联合国安理会有资格，而它也常常因为否决票受阻。但履约验证是必要的前提条件，也是各国加入武器限制协议的前提。如果所有无人作战系统都被禁止的话，验证会容易许多，而且在我看来，也更加和平和安全。在那种情况下，我们可以只派遣检查小组来检查军事设施，核查是否所有作战车辆 / 飞机都有驾驶舱室，并且在执行任务时都由人来控制。这点类似于其他公约的实践方法。遗憾的是，此类全面禁止在政治上是不可行的。

在自动武器上执行禁令的问题只在于，国家也许能够在几分钟内就将遥控系统变成自主控制的系统，只要改变软件就可以了。甚至在发射后也可以这样做。

实施将必须效仿其他一些公约的例子，例如对达姆弹和杀伤性地雷的禁令。预先没有检查，所以国家可以在自己的弹药库里存放此类武器和军火。只有在发现典型的伤口后，红十字或联合国委员才开始进行调查。目前的情况要更为复杂：自动武器也可以造成与遥控武器同样的伤口。在特定的环境下，例如有巨大的伤口存在，而且该伤口事实上是不可控制的，那么就可能会怀疑特定的袭击是在缺乏有意义的人类控制的情况下进行的。在这种情况下，操作国就必须要证实有人类操作人员的存在。

为了让这点变得可能，将必须强制要求武装力量记录遥控武器系统的进出数据流：它们的视频和其他传感器、它们与基地的通信、决策过程以及操作者的手部动作等。此类数据只要足够真实，就可以证实攻击事实上是在“有意义的人类控制”之下进行的，是在少校或其他人的直接指挥之下的，而且是由上校等人员操作的，并不是自动的。我在美国的同事马克·古布鲁德（Mark Gubrud）和我已经开始着手这方面的工作，但显然还需要更多的努力。

从个人的角度来说，你认为自己是一位激进主义科学家吗?

我觉得这句话只说对了一半。我没有时间去组织示威游行或类似活动，尽管我希望能看到更多的示威活动出现。我的时间多数都花在了专业工作上，例如跟踪军事产品研发和思考其对和平和稳定潜在的长期影响——显然，正是这些促使我联合创立了国际机器人武器控制委员会。除此之外，我也在研究可以用来验证特定武器控制协议的地震技术和声学技术。我致力于使用自己作为物理学家的知识来维护和平，因为示威游行在一定程度上是一种少有的专业技术，所以我想还是让其他人来组织示威游行吧。

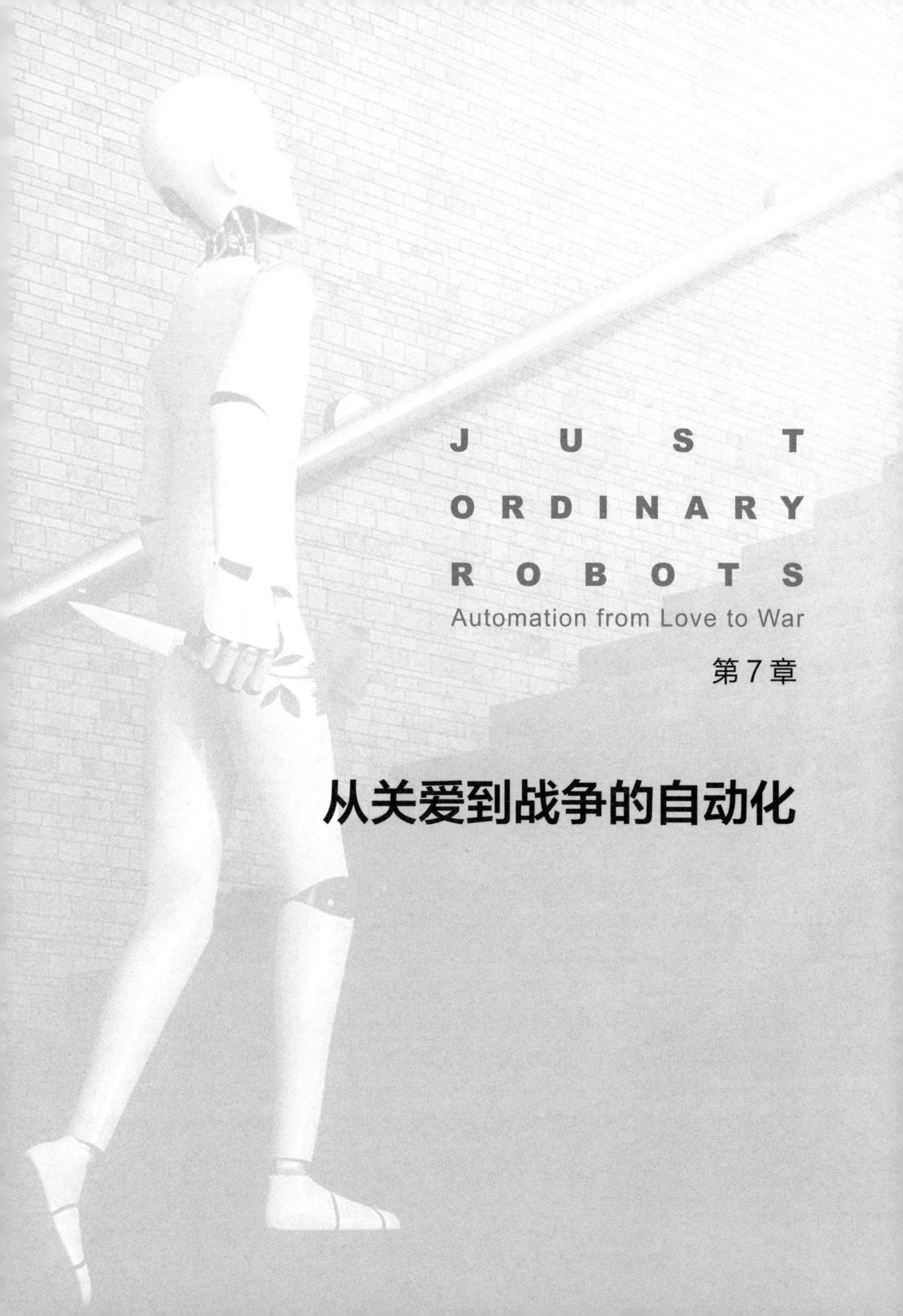

JUST ORDINARY ROBOTS

Automation from Love to War

第7章

从关爱到战争的自动化

直到最近，机器人主要还是应用于工厂的自动化生产。20世纪70年代，工厂机器人的出现导致人们对其给就业带来的影响争论颇多。人们担心的大面积失业问题并没有出现，但机器人仍然彻底改变了无数工厂内的工作。在追求效率的驱动下，20世纪工厂和工作都得到了重新设计。20世纪上半叶，工作经历了意义深远的简化和专业化，这也为生产流程的机械化和自动化铺平了道路。在正在进行的生产合理化中，机器人发挥了核心作用。从本质上来说，机器人化代表了一种对特定社会实践进行合理化的方法，即减少对人的依赖，并最终用机器来替代人类。

不管是合理化还是机器人学都不再只是与工厂应用相关。目前，人类生活的方方面面都无法再对合理化免疫。本书探讨的是在工厂之外的多个社会领域里对机器人的实际应用或预期应用。我们的研究分析了家用机器人、护理机器人、城市里无人机的使用、汽车机器人以及军用机器人。由此，我们从家庭出发，逐渐走得越来越远，最终来到了战场上。我们也相应探讨了无数人类活动的自动化，例如护理病人、驾驶汽车、性生活，甚至是杀人。21世纪的机器人学由此涉及从关爱到战争的各种自动化。

本书探讨的是在复杂且非结构化的世界，即我们的日常社会环境里机器人的应用。我们必须认识到，在工程师开始对环境进行合理化之前，普通工厂也是一个乱糟糟的地方。现在，我们甚至已经拥有完全自动化的工厂，根本不需要人类的存在。我们使用这些历史上关于工业机器人的观点来反思在工厂之外对服务机器人和社交机器人的使用。基本上来说，要在复杂的社会实践中使用机器人，必须等这些实践围绕其技术局限进行组织。所以在机器人能被应用到特定社会实践中之前，该实践首先必须根据机器人有限的能力进行调整。换言之，在机器人化之前，必须实现特定社会实践的基本合理化，从而可以再进行下一步更深入的合理化。

最后一章，我们将探讨通过机器人化来实现社会合理化的社会意义，我们分析了其优缺点，即合理和不合理的方面。在我们的社会中使用机器人不仅仅可以带来众多的可能性，让人类生活变得更加开心和安全，同时也带来了无数的社会和道德难题。在前面各章的讨论基础之上，我们首先分析了在社会上使用机器人技术的可能性和未来的期望。接下来，我们探讨了机器人学可能给社会带来的积极效应。此后，我们也介绍了一点事实所带来的社会和道德问题，即机器人是信息技术，有着逼真的外表或心理状态，而且拥有一定程度的自主性。此外，我们还讨论了机器人系统可能在何种程度上带来了去人性化的系统，成为反人类，甚至是摧毁人类的系统。在最后，我们也谈及了一些通过社会问题而被提上公众议程的政治和行政管理话题。

对未来的期望和技术可能性

不管是好是坏，机器人学的未来与两项长期以来的社会技术虚构画面密切相关。人们有着打造多功能机器的工程梦想，该机器能够在复杂的人类环境里自动行动。与这种程度的自主性相关的是一种恐怖的画面，即邪恶且具有摧毁性的智能机器失控。乐观一点的梦想则是友好的机器人展现出出色的社交技能，并且在行动中遵循较高的道德标准。认为这种画面在几十年里将变为现实的观点被称为是强人工智能观。

在本书最开始的时候，我们介绍了与社交和服务机器人的技术水平和对它们未来发展的期望相关的三类概念。为了说明机器人系统的自主程度，我们使用了“人类为掌控者”“人类为共同决策人”以及“人类无控制权”这三种状态。我们也介绍了社交机器人的三种类型：位于社会中、嵌入社会中和社交智能。我们将机器道德划分为四类：道德影响主体、隐性道德主体、显性道德主体以及完全道德主体。我们将使用这些概念来探讨以下问题：在未来几十年内，强人工智能观对拥有社交智能和道德能力的自动机器人的憧憬在何种程度上将变为现实？

强人工智能观颇具影响力的白日梦

在本书所探讨的这 5 个领域内都存在社会技术的虚构画面，而自动操作的机器人正是画面中的一部分。荷兰应用科学研究组织预计从现在开始的 25 年后，自动驾驶汽车将会在我们身边行驶。美国空军预计，到 2050 年，第一架武装军用无人机将会出现在空中。有人预计到时将会出现有社交和情感行为的、同人类高度相似的机器人。国际机器人足球比赛机器人世界杯的组织者则相信，到 21 世纪中期，机器人足球队将能够打败世界冠军队。而大卫·利维则预计到 2050 年左右将首次出现人类与机器人结婚。最后，诺埃尔·夏基则预计和人类一样的机器人警察将在 2084 年出现。

这些不仅仅是对未来的非正式猜测，也是对当前社会技术议程和研究预算有着重大影响的预测。它们准确地反映出人们目前认为重要的趋势，以及科学技术的挑战：更多自动行为以及人工社交和道德智能的发展。这点适用于我们研究过的各类机器人。在日本，科学家和工程师们携手媒体，正在描绘多功能仿生机器人的形象。这些仿生机器人将在未来取代人类护理人员。这样雄心勃勃的目标成功地为机器人学的基本研究争取到了公共资金支持。军用机器人领域尤其如此。美国已经出现了类似的发展趋势。美国陆军希望在21世纪中期能拥有自动机器人军队。为了实现这个目标，他们投资数十亿美元，制定了非常具体的目标。

为家庭、护理、交通管理、警察以及军队开发机器人的积极目标会带来新的研究目标，从而也会出现新的社会目标。技术领域希望能够让越来越多具有道德和社交行为的自动机器人变为现实。因此一条激进的发展道路就展现在大家面前，即对人类在新社会领域的行为、决策和行动进行建模、数字化和自动化。推测性的社会技术虚构画面（例如具有社交智能和道德判断能力的自动机器出现功能故障）至少在一定程度上让这些工作变得合法化。

成功且务实的弱人工智能方法

从中短期来看，新机器人领域发展的主要特征就是“人类为掌控者”和“人类为共同决策人”。机器人专家提到了合作机器人学（co-robotics）。第一，这标志着众多此前低技术领域的数字化。机器人学让人们可以在传统的劳动力密集型产业领域利用机器来开展工作，第二，在高科技领域，例如汽车行业和军事方面，我们可以看到从“人类为掌控者”向“人类为共同决策人”，甚至是“人类无控制权”的发展方向。

多功能的家政和社交护理机器人还有待发展。在过去10年里，小规模进入家庭的第一代机器人都是执行单一任务的专业化机器，如扫地机器人、除草机器人等。不过长远来看，对于那些想更长时间地在家中独立生活的病人来说，机器人将成为护理人员的助手。不过此类机器人护理助手在短期内不会大规模地进入护理领域。护理机器人的利用率在很大程度上与家庭自动化的发展相关。通过家庭自动化，陪床护理人员的部分工作可以远程操作。如果这点变为现实，那么人类的护理就可以通过技术系统来进行协调，由此护理人员将会成为技术闭环的一部分。尽管家庭自动化的推行会是一个任重道远的过程，但在未来10年里，全球在远程护理方面有望取得突破。

另一个机器人可以发挥作用的、目前相对而言科技含量较低的领域就是私人性生活，尤其是性服务行业。性爱机器人在未来数年里将会有何种发展，现在尚不得而知。目前，成本高昂的机器人技术正在慢慢地被引入性服务行业。有人认为性爱机器人会有美好的未来。这点不是没有道理，因为性爱曾经是新技术引入背后重要的推动力量，例如录像机和互联网。

在医疗卫生和性服务行业里，目前正在推行的是“人类为掌控者”。而从期以来，军事和汽车领域也一直都是“人类为掌控者”。不管怎样，人类始终作为司机自行驾驶汽车。在这些领域，我们看到了从“人类为掌控者”向“人类为共同决策人”的转变。在汽车行业，目前存在一种发展趋势，即从系统提供信息以支持驾驶变为系统发出警报甚至进行干预。这种发展趋势的下一步将是让协同系统（与交通管理系统配合）完全接管驾驶工作。鉴于机器人领域的快速发展，很可能在2030年左右，自动驾驶汽车将会慢慢地变为常态。

同汽车机器人一样，军用机器人也有从“人类为掌控者”变为“人类为共同决策人”，再到“人类无控制权”的发展趋势。美国多年来都在对监视机器人进行投资，同时还投资了远程清除路边炸弹的机器人和远程控制的武装军用机器人。在清除路边炸弹时，操作人员在安全距离之外控制拆弹机器人。有了战斗机，我们可以看到飞机从由飞行员驾驶向由操作人员远程控制的机器人系统（无人机）快速转变。这些操作人员在驾驶飞行系统时不再需要传统飞行员的那些技能，因为无人机会自动飞行。远程操作人员可以将重点放在其他任务上，例如监视或瞄准目标。同样，与驾驶无线电控制的传统模型飞机相比，操作小型娱乐消遣用的无人机要求的技能少一些。就像数码相机已经让非专业人士在机器人学的帮助下拍摄出非常漂亮的照片一样，远程操作模型飞机的专业门槛也降低了。如果可以通过机器人学来操作家用无人机，那么就会有更多的人能够变为“掌控者”。此外，技术系统正越来越多地就必须采取的行动向人类操作员提出建议，这即是“人类为共同决策人”。换而言之，现在正从操作人员远程控制机器人向能为操作人员提供建议的机器人系统，再向越来越自动化的系统发生转变。

我们的研究显示，机器人系统的自主程度在很大程度上取决于其所处的社会技术环境的架构。目前的自动机器人（例如扫地机器人）要成功开展工作，前提条件就是我们对生活环境进行调整，适应其有限的能力。对于工业机器人而言，工厂进行了重新设计，从而使机器人能够替代人类完成被简化后的任务。同样，在工厂之外成功使用机器人不仅取决于工程师们能设计出外表类似人类且具有思维能力的机器人（就如强人工智能观点所宣传的那样），更多地是依赖于对特定社会实践重新进行聪明的界定，并且建设合适的社会技术环境，让“简单的”机器人也可以开展工作。例如，目前让机器来模仿人类熨烫衣物效果很差。相反，工程师们重新定义了熨烫，从而使这项活动适合机器进行。此外，从通信到传感器网络的技术系统正在快速发展，正日渐将我们的日常环境封装到适合信息和通信技术（ICT）的信息域内。正是这些大型技术系统的逐步稳定发展才推动和限制了我们所探讨的社会领域内的机器人使用：GPS 系统让无人机能够出现在城市上空和战场上，而护理机器人的使用将取决于家庭自动化系统的发展。

探索人工社交智能

关于生产具有社交智能和道德能力的机器人的雄心壮志，也可以做出与前文类似的分析。从中短期来看，机器人不可能会展现出社交和道德能力。具有社交智能的机器人是指“机器人能够依靠人类认知能力和社交能力的深度模型而展现出类似于人类的社交智慧”。开发这种机器人是一个长期目标。是否能让机器采用类似于人类的、未曾简化的方法来进行道德决策，这点目前仍然存在很大的疑问。

尽管如此，人们正在进行许多产品研发工作，让信息和通信技术更加“社会化”。该目标是环境智能观的一部分，自 21 世纪初开始，这种观点就一直在推动欧盟委员会和许多大型 ICT 公司的信息和通信技术的研究议程。根据这一观点，人类身边被“智能环境”所围绕，计算机能了解到有谁在现场，而这些人又有何种特征、情绪、需求和意图。智能环境可以预见到这些信息，并且根据这些信息进行调整和做出反应。环境智能观对护理、汽车和家庭环境等领域内的信息和通信技术发展有着重大的影响。例如，环境智能观对于我们未来应该如何来处理自己的卫生情况有明确描述：我们应该尽可能地拥有自动化的个人卫生护理。环境智能观最初将重点放在信息、通信和娱乐上。在机器人学的影响下，过去数年里对体力劳动自动化的关注日渐增多。最终目标就是接受过良好教育的机器人能够帮助人类完成日常任务。机器人学已经成为环境智能观的辅助元素。所以，开发位于社会中的机器人（机器人能够理解特定的社会环境并做出反应）和嵌入社会的机器人（机器人能够与主体和人类进行互动，并且至少在一定程度上能够懂得人类的互动结构，例如转身）已经成为了环境智能观不可分割的一部分。

人机互动是现代机器人学研究的重要组成部分。现代机器人在社交互动上仍然可以预见，且能力有限。人机互动的逐步发展同样不是取决于强人工智能的突破。当前的前进路线试图利用人类的社交智慧绕开信息和通信技术目前有限的能力。例如，当最先进的聊天机器人 Cleverbot 和 Eugene Goostman 在回答问题时会利用类似问题已知的答案。

这些问题此前曾经有人回答过，且能够在互联网上找到。这被称为基于人智的计算，因为计算机会利用此前人们解决问题的方法，或者是数据驱动（弱）人工智能。由此这些聊天机器人的社交表现在很大程度上取决于一个大型的社会技术系统，即互联网或者是社交网络。更为重要的一点在于，正如弗洛里迪所解释的那样："我们花了无数时间来对一切进行打分和排名，这点是必不可少的，能帮助我们利用智能又愚蠢的信息和通信技术以明显有意义的方式来应对这个世界。"除了能决定机器人的行为方式之外，人类智慧在人机交互方式上也发挥着重要的作用。人们可以让机器人自身大力推动社交互动：我们赋予机器人人类的特征。此外，人们对此类机器人并没有明确的期望，并且将它们视作一种可供玩耍的玩具。

探索人工道德智能

当前，机器可以像完全道德主体一样行动，即能够做出明确的道德判断并且可以为之找到合理的理由，这种场景还只出现在科幻小说中。目前的科学探讨关注的是隐性和显性人工道德主体的可行性和理想程度。隐性道德主体的设计是让他们能够暗中推动道德行为，而显性道德主体则在自身软件中对人类道德进行了编码。

要设计能遵守人类价值观的信息技术，这被广泛视为是一种合法行为。但要在机器人系统的设计中嵌入道德因素，人们首先必须承认开发和应用机器人是合乎规范的，而且所有机器人因此被视为是道德影响主体，应该根据其道德影响来加以评估。本书试图提高这种意识，并且简单介绍针对机器人在多个社会实践内潜在的道德影响而展开的讨论。我们必须确认在被重新设计的社会实践里有哪些重要的道德价值观，然后在机器人设计中让这些价值观得到体现。

将道德决策设计到机器中，这点的可行性有多大？或者在多大限度上可以在道德上被人们所接受？这个话题在一部分伦理学家中引起了热烈讨论。两种方式的差别似乎也类似于弱人工智能和强人工智能之间的区别。以强人工智能的观点来看，道德可以编码成软件，甚至可以让机器人的行为比人类"更加道德"，例如当机器和人类驾驶员或士兵面对同样的情况时。就务实的人工智能观点来说，机器是否能"进行有道德的行为"这个问题并不重要。相反，机器人能够安全地发挥作用，并且能够高效地完成指定的任务，包括遵循符合法律的指令，这些至关重要。

机器人将会成为比人类更为出色的驾驶员，这种观点现在非常普遍。同样，在战场上涉及生与死的决策时，有些人也认为未来的机器人的能力将会比人类更强大。自动行动也意味着此类机器应该能“有道德”地行动。例如，自动汽车机器人必须遵守交通法规，而军用机器人必须在行动中遵循《日内瓦公约》。在这些社会技术虚构画面的驱动下，人们已经进行了多种工作，让机器能拥有道德决策能力。最著名的就是罗伯特·阿金由军方资助的研究工作，其研究主题是如何让无人机能够处理战争行为的复杂的道德问题。阿金、乌拉姆（Ulam）和邓肯（Duncan）提出了“道德管理员”的概念，即“能够根据战争法和交战规则限制自动系统的致命性行为”。不过建设此类显性道德主体的可行性究竟有多大目前尚不明确，尤其是将道德编码到机器的软件中似乎与人类道德推理不能简化这点存在冲突。换言之，计算机未来是否能够以合适的方法来处理道德框架问题，这点尚存在很大疑问。

要以务实的方法打造可以遵循人类价值观和法律的机器人系统，核心在于规避该道德框架问题。该方法并不是完全取决于建设人工道德的工程设计能力，更多依靠的是聪明地对特定社会技术实践进行重新界定，让“简单”的机器也能够成为隐性道德主体。例如，在第6章关于军用机器人的一章里，我们探讨了如何让机器人遵守战争法中的判定原则。要大幅减少武装自动机器人攻击平民的可能性，一种方法就是仅仅在平民不得进入的地方部署这些机器人。坎宁提出了建设仅攻击携带危险武器系统的敌方士兵的机器人。但是，如此简化框架问题实际上可能会带来道德问题，例如当居民通常随身携带武器并且难以将之与武装叛乱分子进行区分时。事实上，通过跟踪目标的手机来定位，然后再通过远程引导的武装无人机来进行定点清除的做法就是一个典型例子，这种做法简化了区分敌人和平民的问题。如此简化框架问题也是不道德的，因为不能肯定拥有被跟踪手机的人事实上是不是要打击的目标。总的来说，以道德方式来简化道德框架问题是一个切实的挑战。技术上势在必行（因为可行而做，并非因为理想而做）的危险始终随行。

预期的社会收益

机器人化代表的是对社会实践合理化和减少它们对人类依赖的一种方法。合理化可以有众多好处：效率更高、错误更少、产品价格更低、安全性更强以及服务质量更高等。机器人的使用会得到推广，因为人们认为机器人做事比人类强。正如前文所提到的，人们广泛认为在不久的将来，机器人将会成为比人类更出色的驾驶员，而且阿金认为机器人将能够在激烈的战场上做出比人类更高明的道德决策。利维则预计性爱机器人在不久的将来会成为比人类更为出色的爱人。

将公共资金投入到机器人开发上的另一个原因在于人们预计在不久的将来，特定的社会工作将缺乏人手，例如老年人护理，除了可以节约劳动力，以及提高老年人护理的质量、覆盖范围和效率之外，机器人学还能让老人们更长时间地生活在家里，让他们能够对自身的护理过程有更多的影响力，从而赋予他们更多的权利。这种赋权前景也出现在前文针对家用机器人的探讨中。当家政机器人在进行清扫时，家庭成员可以有更多时间去享受快乐。利维也认为性爱机器人有许多优点，例如它们可以成为性爱老师，拯救那些因为性生活不和谐而影响到两性关系的人，还可以被用来澄清人们的性取向。

最后，机器人系统的开发和使用通常之所以合理，是因为事实上，它们将接过那些脏乱环境中的、乏味和危险的工作。如果可以由机器来完成这些工作，那么再让人类来进行就未免显得太不人道了。一个很好的例子就是在卡塔尔的骆驼大赛上使用机器人来担任骑师。

机器人骑师取代了骆驼大赛中的儿童

在 21 世纪初期，使用 4 岁以上的儿童担任骆驼大赛的骑师是海湾国家常见的做法。这些孩子通常是从苏丹和巴基斯坦等周边贫困国家绑架而来，处境恶劣。多数人都没有接受过教育，为了保持低体重，他们都营养不良。在阿联酋，约有 3 000 名这样的儿童，在卡塔尔有数百名。2003 年，巴基斯坦人权活动家阿斯纳尔・伯尼（Asnar Burney）发起了一场运动，反对使用儿童骑师。他的努力得到了联合国和美国的支持。美国谴责卡塔尔的奴役行为，并且威胁将对其进行经济制裁。因此，卡塔尔酋长宣布所有儿童骑师将被机器人取代。瑞士公司 K-Team 开发了一款机器人骑师卡马尔（Kamal），该款机器人此后接过了儿童骑师的工作。这些轻型机器人都是由在赛道旁驱车随行的操作人员遥控。

使用技术来取代此类不人性化的工作任务，使机器人可以帮助我们有道德地解决特定的社会问题。有人提出，“不必要风险原则”导致了人们在道德上有义务在特定情况下使用机器人。我们的研究显示，在许多情况下，对特定人类行为机器人化是否可行，或者说是否理想，这些都还是个问题。

斯特劳瑟认为如果机器人可以执行同样的任务，那么如果再下令士兵去执行可能会有生命危险的任务，这种做法在道德上就是不可接受的。不必要风险原则让人们有道德义务在特定情况下使用机器人，例如在搜寻和拆除路边炸弹时。

在世界许多地方，妓女是一种肮脏、危险和低贱的工作。很多女性因此遭受到巨大的痛苦。国际劳工组织预计在全球有 450 万名性交易受害者。这个全球问题的处理非常复杂，而且在国家层面对卖淫和嫖娼合法化或是刑事化通常都会带来意想不到的后果。1999 年，瑞典法律规定禁止嫖娼，使得瑞典的卖淫现象要比周边国家要少。瑞典的性工作者要面对羞辱和被驱逐的风险，因为房东如果从卖淫赚的钱中提成，就有可能被指控为皮条客。此外，性交易者已经选择了其他利润更高的目的地。在荷兰，性交易于 2000 年合法化，而性服务者的“福祉”却受到影响，性交易数量增多。从事性服务行业的 2.5 万名女性中，50%~90% 的人是强迫提供性服务的。当前的问题是政府要如何才能解决此类广泛存在的问题，这也给那些涉及其中的女性带来巨大的痛苦。性爱机器人的开发也许可以给这种探讨带来一个新的视角。它提出了一个问题，即性爱机器人是否可以成为人类性工作者的合理替代者。鉴于性服务行业的环境正在恶化，此类技术替代品的存在是否会让人们从道德角度而言有义务使用性爱机器人呢?

不必要风险原则也同样适用于驾驶汽车。与航空和工作环境等其他社会领域不同，我们可以接受每年有数百人因为交通事故而丧生。1997 年，瑞典议会宣布放弃这种对交通安全的实际看法。政府提出了所谓的零死亡目标（Vision Zero），即拒绝接受交通事故导致人员死亡的情况。该政治观并不是基于成本收益分析，而是基于一条道德原则，即不可接受人类在使用交通工具出行的过程中出现死亡或受重伤的情况。多数致命的事故都是由人类的错误导致的，根据这种观点，道路使用者不应去责怪他人；尽管如此，交通系统本身的不足也被视为是这些致命事故的根源所在。

机器人学为改进当前的交通系统提供了巨大的机遇。这点也适用于现有的智能速度适应系统（ISA）。该系统会提供限速方面的信息，而且当速度过快时会发出警报或进行干预。专家们表示，智能速度适应系统的强制干预能将欧洲的交通死亡人数减半。2009 年，超过 3.5 万人因为交通事故丧生，有超过 14 万人因为交通事故而永久残疾，另有 140 万人严重受伤。交通事故、医疗卫生以及由此导致的误工成本等，总成本每年达到了 1 300 亿欧元（约 1 450 亿美元）。在这个领域内，新机器人学也提出了一个问题，即在道德上我们是否有义务从法律角度对自动速度适应系统提出要求。

本书想要传达的关键信息就是，在评估通过机器人化进行合理化的潜在社会收益时，也应该分析其潜在的社会成本。例如，在法律上对自动速度适应系统做强制要求也可能带来家长做法，或者是导致政府从上到下对自由加以限制。这点迫使我们去认真思考：在哪种情况下以及在何种程度上个人的自主性会受到影响？如果我们采用这种方法大规模应用技术，是否还给人们留有做出个人决定的空间，让他们有机会承担个人的责任？后面，我们将会探讨机器人作为信息技术，其逼真的外形以及拥有一定程度的自主性这几点带来的各种道德和社会问题。此外，我们也将介绍过度合理化会在何种程度上导致机器人系统的去人性化。

机器人是信息技术

机器人系统是一种信息系统，这点带来了大家熟悉的、与 IT 相关的各种问题，例如隐私、知情同意、数据所有权、网络安全以及黑客问题等。下面我们将会总结机器人是监视设备这点所带来的隐私问题。此外，我们也会分析可以在何种程度上保证机器人在社会中被安全使用，避免误用。

监视和隐私

人们可以使用各种方式通过机器人来对特定情况进行监视，例如病人的健康状况、汽车司机的专心程度以及街道或战场的安全情况。其直接后果就是机器人技术可能会从各个方面影响我们的隐私。隐私权和相关的数据保护权并不是绝对的，但它们常常被人们从特定的社会角度来进行诠释。机器人的使用要求我们对各领域潜在的各种利益冲突进行认真明确的考虑，例如健康和隐私之间、交通安全和隐私之间、公共安全和隐私之间，或者是就无人机新闻而言的传媒自由和隐私之间的冲突。我们还必须考虑到这类信息技术的利用也会伴随着对护理人员、（专业）驾驶员、警察和士兵们的行为进行更密集的记录。

当涉及重要的公众安全问题时，公民们可能会暂时失去隐私权。此时，公共安全问题要比个人隐私更为重要。监视无人机上可以装备高清摄像头、红外线摄像头或味道探测传感器，从而让警察可以有许多种新方法来对罪犯进行调查和执法。美国北达科他州的警察使用带热成像设备的 Qube 无人机几分钟内就从 1.8 米高的玉米地里找到了酒驾嫌疑人，这是一个很好的例子。但使用监视无人机会侵犯到公民的隐私。不管是在私人空间还是公共空间里，守法公民的隐私都必须得到保护。关于在公共空间的隐私，人类应该对在公共道路、公园和其他公共场合下的隐私或匿名有合理的预期。

作为公共空间最古老的数字化应用，闭路电视为如何保护街道上的匿名性提供了一些指南。历史显示，20 世纪 90 年代那些激烈的舆论和政治讨论都是必要的，激励了政府制定具体的法律框架。制定这些框架的目的就是明确谁可以来进行监视，以及在何种情况下可以监视谁。其出发点在于人们应该对公共空间的隐私具有合理的期望，但如果安全受到威胁，则匿名性就不能保证。不过，监视无人机的使用必须得到民主的控制；无人机政策和无人机的实际使用都应该公开；无人机的图像保留应该受到限制，而且对无人机监视的成本和收益应该进行系统化的检查。例如，在荷兰，尽管使用闭路电视的法律框架是基于前文提到的原则，但在实际操作中仍然发现了一些瑕疵。这个问题主要是由公共和私人摄像头的界限模糊导致的，因为警察会使用私人（安保）摄像头拍摄的内容，公民也在积极地传播自制的事故影像。配备了摄像头的无人机肯定会加强这股趋势。根据前文提到的原则，或许可以对警察部署监视无人机的行为进行监管。事实上，这也正是荷兰所采取的举措。该国关于闭路电视使用的法律法规已经进行了修订，以在无人机上装配监视摄像头。根据新的法律法规，将由该市的市长决定使用哪类摄像头来进行监视：固定的、装在车辆上的或者是空中的。但是，隐私法律对私人拥有的无人机可能效力要低得多，因为对恶意使用成功进行侦查的概率有可能会非常低。

家庭自动化和远程护理机器人早已经带来了短期的隐私问题。一方面要保护个人的生活环境，另一方面要满足病人独立生活的需求，我们必须在这两点之间找到平衡。一个重要的因素就在于人们可以在何种程度上控制自身被收集的数据，以及家庭自动化能通过何种方式让护理人员远程查看到他们的家庭私人空间。

就交通的机器人化而言，密切相关的是对交通安全和隐私进行比较性评估。欧盟委员会已经设计了 eCall 系统，该系统能够在发生车祸时自动联系急救中心，而且自 2015 年起，所有出售的私人汽车都必须装配该系统。欧洲议会要求 eCall 系统处于“休眠状态”，只有在发生事故时才会启动。因此该系统不能被用来追踪罪犯。但目标的改变（功能渐变）会带来持续风险。问题在于，未来为了确保交通安全，是否也可能发生同样的事情。例如，交通法规的执法可以通过车辆与基础设施的通信系统来进行，该系统会监视驾驶员的行为，甚至是进行执法。此前，我们提出过，我们是否在道德上有义务引入此类强制性系统以确保交通安全。

安全、网络安全和滥用

对安全的追求是推动机器人开发的重要力量，技术的安全性和机器人的可靠性一直是人们关注的重点。尤其是因为服务机器人和社交机器人要与人类进行大量互动，所以机器人的安全性是公众能否接受它们的重要条件，这点与工厂机器人截然不同。在机器人使用过程中必须避免严重的事故。2014 年，个人护理机器人的安全标准 ISO13482 发布。该标准适用于移动服务机器人、理疗辅助机器人以及个人搬运机器人。目前自动汽车还缺乏得到国际认可的安全规范。没有安全规范这点也影响到了创新和社会对自动汽车的认可。在汽车领域，驾驶辅助系统的国际 ISO 标准可以大幅提高公众的信任度。

公用无人机和民用无人机的使用也带来了颇为紧迫的安全问题，尤其是在美国，无人机使用的快速增多使联邦航空管理局对航空安全颇为担忧。联邦航空管理局尤其担心无人机和飞机在空中相撞。尽管无人机不允许飞得太高（必须低于 120 米），而且不得太靠近商用机场（距离不得低于 3.8 千米），但众多操作人员并不遵守这些规定。此外，当前用来保证民用航空安全的空中防撞系统常常无法探测到小型无人机。

机器人的滥用也会破坏公众的信任，因为它会让人们产生强烈的恐惧感。想想看，如果罪犯或恐怖分子使用机器人，结果会怎么样？机器人可以成为强大的武器。罪犯和恐怖分子可以利用机器人，也可以入侵机器人，从而带来危险。汽车的机器人化让汽车容易受到黑客入侵。通过入侵，敏感数据有可能落入一些图谋不轨的人手中。通过入侵汽车，甚至可能对汽车进行完全控制。这点也同样适用于警用机器人和军用机器人，甚至对它们来说概率更大。此类机器人系统的脆弱性是与它们联网的特征相关联的。这是因为机器人要依靠信息和通信网络，但对这一网络进行保护相当有难度。通信速度和网络安全（通常靠的是信息的复杂加密）是相互矛盾的。

社交机器人的逼真外形

弗里德曼（Friedman）和卡恩（Kahn）提出了机器人拟人化的发展趋势带来的另一

个严重的道德问题：将机器没有的机能强加给它们所带来的伤害。

除了语言之外，人类之间的交流更多的是非语言的沟通。因此，主要的目标就是设计一些具体的沟通类型，例如面部表情、身体温度和姿势。为了表现这些非语言沟通形式，就需要一个虚拟的或实实在在的身体。为了取得成功，机器人身体并不一定要像人类的身体，因为人类非常喜欢将自身的动机、特征或行为赋予动物或非生命体。由此人类可以轻松地对机器人进行拟人化。与此同时，旨在拥有逼真的动物或人类外表的机器人也能让人们对它们的身体和行为产生很高的期望。看上去和人类或动物差不多，但又不是非常像人类或动物的机器人会让我们心生厌恶。这种心理效应长期以来被称为"恐怖谷"。套用帕特里克·达菲（Patrick Duffy）的话来说就是，社交网络的工程设计就是要控制"虚假的力量"。

对任何技术而言，这种力量可以赋予或剥夺人们的权利，有时候两者之间仅是一线之隔。例如，国际儿童援助组织地球社（Terre des Hommes）借助名为甜心（Sweetie）的 10 岁虚拟儿童，让许多西方国家将网络儿童色情产业的事情提上了公众和政治议程。在这个例子中，"虚假的力量"已经让 65 个国家的 1 000 余名网络恋童癖者落入陷阱。在美国、英国和荷兰等国家，拥有虚拟儿童色情作品是违法行为。荷兰某法庭裁定，虚拟儿童色情作品也是一种变态的亚文化，会导致对儿童的性侵。同样，开发儿童性爱机器人也产生了一个问题，即为了"消遣娱乐目的"而使用有着儿童外表的社交机器是否应该被视为犯罪？但在制定完全的禁令之前，机器人道德学家罗纳德·阿金和机器人专家本·韦（Ben Way）请求先针对问题进行研究和讨论。例如国家对儿童性爱机器人的使用严格限制，将此作为恋童癖的治疗方案的一部分，这样是否能减少儿童性侵案？

因为人们轻易就会将计算机理解为社会角色，所以计算机可以被成功用来影响我们的行为和思想。这点用在机器人身上尤为正确，因为机器人就是有着虚拟或现实身体的计算机。社交机器人是说服性技术，会带来关于自主性以及身体和精神的完整性的问题。这些问题的重要性取决于实际应用，以及众多背景因素，例如使用者是否非常清楚机器人会如何影响自己，以及使用者是否愿意让机器人影响自己或者下意识地操纵自己。

在多数例子里，人们会因为好玩和开心而主动与陪伴机器人建立起感情。玩具机器人会成为儿童梦幻世界里的一部分。同样地，只有能激发使用者的想象并且成为其想象世界中的一部分，性爱机器人才能发挥作用。例如，第一款女性性爱机器人洛克斯就可以让用户选择5种不同的个性，有非常保守羞涩的冷淡型法拉赫，也有性虐待型苏珊。在这种情况下，使用者自愿和机器人建立关系，共筑他们的梦想世界。“虚假的力量”丰富了大家的想象。当梦想世界变得比现实世界更为重要时，问题也会随之而来，也许人们会沉迷于机器人，就像许多人沉迷于网络游戏一样。另一个危险在于机器人将会主导人们的虚幻世界，甚至会“帮你做梦”。

社交机器人也可以用来进行培训和治疗。例如，人们感觉自己的性取向不明时，就可以相对轻松地使用男性和女性性爱机器人来进行试验。日本的西姆罗德（Simroid）是一个机器人牙科病人，能够用来培训牙科医生。这款类人机器人是一位28岁的女性患者，非常害怕去看牙医。通过嘴巴中的传感器，西姆罗德可以对实习牙医的错误动作做出反应，说：“嗷……疼！”这款女性机器人的胸部也有传感器，当医生偶尔触碰到其私密区域时就会发出警报。在比利时，一个名为卓拉（Zora）的Nao类人机器人可以在院内带头进行每周的健身和宾戈游戏（A Game of Bingo）。互动技术也可以用来进行治疗。例如，飞行模拟有助于化解飞行员对飞行的恐惧。英国赫特福德大学已经开发出一款儿童大小的机器人，名叫KASPAR，是一种可以被用作治疗或教育工具，提高自闭症儿童的社交技能。KASPAR具有一定的人类特征，但显然不是人类，这点让孩子们可以安心地去了解社交机器人，他们所采用的一些方式可能针对真正的人来说是很难接受或不合适的，例如按对方的鼻子。模拟社交可以成为一条帮助他们获得自我认知、信息和社交技能的安全道路。

治疗机器人帕罗小海豹据称可以给老年病人带来三重好处：心理（减轻孤独感、帮助病人放松，鼓励病人照顾机器人，提高他们的自信）、生理（如改善生命体征）和社交（如鼓励病人与机器人互动，并且成为病人和其人类护理人员之间的谈话主题）。对于患老年痴呆的老年人而言，通常难以就帕罗这类社交机器人的使用征得他们的知情同意。如果这些效果真的能实现，即使他们在一定程度上会被人工的社交陪伴所“欺骗”，但他们的近亲也只会认为这是一种善意的谎言，至少当使用帕罗并不会影响到亲戚们对其进行照顾的时候。

说服性机器人技术也可能会欺骗和操纵人类，尤其是一些弱势群体，例如儿童和有智力障碍的人。例如，互动技术并不只是复制或模仿人类的行为。人类-技术交互（HTI）领域的科学家们正在进行试验，“了解人类对那些改变或增强我们能力的媒介技术有何反应，这些能力曾经被我们认为是不可能的，但给我们创立了全新的体验和社会现象，需要我们去研究。”例如，针对虚拟人物进行的试验证实，相比于眼神交流，听到他人的心跳声能让人感觉彼此关系更为亲密。这也意味着性爱机器人的人工心跳声具有强大的影响力，甚至会让人上瘾。人类-技术交互教授艾瑟尔斯泰因（IJsselsteijn）认为，此类研究说明了“媒介可能对我们的社交有着强大的改变效果，深刻影响到人们的人际关系和行为”。

机器人的自主程度

机器人的自主程度在于机器人系统的使用者赋予了该系统何种程度的控制权。此处探讨的是人类向机器人系统的这种授权对责任和义务有何影响。我们重点关注汽车行业和军事领域。在这两大领域里，从“人类为掌控者”到“人类为共同决策人”，再到“人类无控制权”（自动机器人）的转变尤为明显。因此在这两项社会技术实践中，机器人学的推行也带来了一系列复杂的责任和义务问题。

责任和义务的系统视角

解决这些问题必须有系统视角。让我们以汽车为例。针对汽车，我们已经逐渐建立一个法律、社会和技术的整体系统来处理责任问题。该系统涉及赔偿权利，据此可以确定谁应该以何种方式来承担责任，从过失责任到严格责任再到产品责任等。此外，还有法律定义来确保那些有罪之人能够承担债务责任。责任险可以保护被保险方，不用承担责任风险。此外，根据法律规定，汽车所有人必须对车辆进行保养（机动车必须定期接受检测），而且必须购买保险。另外，汽车制造商必须保证产品能达到各种 ISO 标准。机器人化可能会从各方面给这个责任和义务划分系统带来压力。在下文中，我们将会讨论如果人类授予汽车机器人和武装军用机器人越来越多的权力，那么可能会带来哪些问题。我们将会根据人类的控制权情况分析汽车和军用设备的制造商、汽车驾驶员、路政部门、无人机操作者以及军官们的角色和责任的变化。

人类为掌控者

汽车驾驶员和飞行员始终都是掌控者，即技术系统的一部分。但机器人化正在改变这个社会技术系统，挑战现行的责任和义务划分，例如任务辅助系统的推行就要求有新型的ISO标准。前面已经提到，目前此类机器人系统缺少ISO标准。不过尽管当产品故障导致伤害时制造商要承担责任，但目前尚不明确他们必须如何来保证自身产品的安全性。军用机器人的使用也面临类似的问题。尽管制造商有道德义务来生产安全可靠的军用产品，从而能够满足《国际人道法》等各种法律和道德要求，但他们极少要为设计不良所导致的事故负责。ISO规范等具体的国际安全指导方针可以预防武装军用机器人的安全因素被忽视。不过目前缺少此类法律框架。

机器人系统的复杂性也日渐要求对其运行情况进行记录，从而能追溯问题是人为导致的还是技术缺陷导致的，记录也可以完全采用数字化的方式进行。协同驾驶系统就是一种复杂的机器人系统。除了汽车之外，汽车与汽车（V2V）和汽车与基础设施（V2I）之间的通信都是该智能系统中的子系统。此类复杂的系统让制造商的责任确定变得更加复杂。如果道路不能达到特定情况下的预期要求，则路政部门具有一定的责任。当道路变得更加智能，那么"公路设备"这个词语的范围就存在争议，由此路政部门的责任划分也存在争议。将智能路边系统和其计算机系统定义为公路设备是最显而易见的做法。但如何才能确定造成伤害的原因可以被追溯到产品故障，而不是外因呢？

飞机的机器人化也面临着同样的问题。为了确定谁应该为特定的事故负责，飞机上都安装了黑匣子（飞行数据记录仪），能使用电子方式记录下最后一段旅程的所有飞行数据。这点也可以用在其他机器人系统上。在美国，国家公路交通安全管理局（National Highway Traffic Safety Administration，NHTSA）要求，自2012年9月开始，所有生产商在所有新车上都必须配备所谓的事件数据记录仪。此类黑匣子会同其他设备仪器一起记录下事故发生前的汽车行进速度、刹车的使用情况以及安全带的使用情况。同欧洲的eCall系统一样，美国的事件数据记录仪的推行也带来了隐私领域的众多问题。尽管美国国家公路交通安全管理局宣称该系统的推行是为了提高交通安全，但其他人表示，这种做法是为了解决责任划分问题，尤其是那些与汽车制造商相关的问题的责任划分。除了记录汽车的运行情况外，还必须记录下智能机器人汽车系统其他相关部分的工作情况，例如V2V和V2I系统。这种需求的呼声正愈发高涨。

关于驾驶员的责任划分，根据"优秀"驾驶员的标准来衡量是常见的做法。驾驶辅助系统能帮助驾驶员在面对危险时做出更好的反应，但也可能会影响他们的责任划分。例如，如果系统已经发出警报指出前方道路表面湿滑，驾驶员就不能再宣称自己未能预见到前方的环境。越来越多的驾驶辅助系统正变成强制要求，例如在欧盟就是如此。这也导致了一个值得人们思考的问题。按照优秀驾驶员的标准来看，驾驶辅助系统将提高驾驶员的责任。另一方面，驾驶员对这些系统的依赖性将会让他们心生懈怠。此外，驾驶辅助系统也可能会导致他们技能退化，驾驶能力降低。因此在推行这些系统的同时，最好是在考取驾照的过程中将驾驶带辅助系统的汽车作为必考内容。

人类为共同决策人

当我们从“人类为掌控者”向“人类为共同决策人”转变时，人类对技术的依赖性，或者甚至是过度依赖的问题就变得更加重要。在“人类为共同决策人”时，人类所做出的决定会越来越多地被机器人系统所干预。因此，一个至关重要的问题就在于，技术干预会以何种方式影响操作者的行为。在作决定时，无人机操作人员高度依赖武装军用机器人系统传输过来的信息。尽管操作人员在法律上承担责任，但人们也存在疑问，即他们要为自己的行为承担多少道德责任才算合理。

以定位为例。无人机操作人员涉及生死的决定似乎越来越多地靠的是人工智能（由电子信号启动），而非人类智慧。这类干预的缺点在于操作人员不再做出道德选择，而是简单地展示被影响后的行为，因为他们下意识里将会越来越依赖，甚至是过度依赖军用机器人。这种做法甚至可能模糊半自动系统和自动系统之间的区别，因为人类操作人员的决定不再是人类思考的结果，而主要是由军用机器人来确定，甚至是执行。

人类无控制权

尽管在公共道路上操作自动汽车要比驾驶飞机更为复杂，但思迈汽车咨询公司预计，全球汽车销量中自动汽车所占比例将从 2025 年的 1% 增长到 2035 年的 9%。根据这些预测，在 2035 年时，全球将有 5 000 余万辆无人驾驶汽车上路。

在这种场景变为现实之前，需要进行大量的实验，不仅仅是在封闭的试车场里，还要在公共道路上进行。一些政府正在针对自动驾驶汽车的实验制定法律，否则这类实验就是非法的，也是不能获得保险的。也有人提出了针对各类机器人建立自由试验区的请求。在日本，筑波市政府已经被指定为移动和服务机器人开发的试验区。除此之外，该市还建立了一个机器人安全中心来为服务机器人制定安全标准和建立认证系统。

与汽车驾驶员不同，这些自动机器人汽车的乘客们没有避免车祸的责任。该责任已经完全转嫁给了机器人系统的开发商和操作人员，即汽车制造商和路政部门。自动汽车制造商成为了同铁路公司和出租车公司一样的公共承运人，因此有责任提供最高标准的服务，而且要为哪怕最轻微的疏忽承担责任。

未来，当军方部署完全自动的武装机器人时，仍然会有人要参与其中，“计划行动、确定参数、制定交战规则，并且部署该系统”。如果机器人未在规定的参数范围内操作，那么这就是制造商的错误。此外，传统的指挥责任原则也意味着指挥官要为自动机器人的合法和非法使用负责。

机器人系统是去人性化的系统

努斯鲍姆（Nussbaum）认为，从政治角度来说，采用能力方法的基本原因在于从道德上应该对人类能力加以开发。

授予机器人大量控制权，这点也带来了一个基本问题，即我们希望或不希望将哪些决策或行动交给机器人来进行。我们是否希望将杀人与照看小孩和老人这些涉及重大的道德和社会责任的行为完全交由计算机来决定？在工厂之外的社会实践中部署机器人也会带来此类问题，因为相比于工业机器人，服务机器人和社交机器人都是亲密技术，让它们能靠近并融入人群中，收集我们的信息，并且拥有人类的特征，比如它们可能会展现出智力行为或社交能力，或者是靠着外表打动我们。因此，此类亲密机器人技术可以给我们的人性带来巨大的变化。什么是人类？这个问题将成为 21 世纪核心的道德和生物政治问题之一。前面我们介绍了机器人将如何改善技术人类学，下面将探讨的是机器人可能会导致去人性化这个存在性的问题。当作为合理化方式的机器人化超过界限，导致反人类，甚至摧毁人类的社会技术系统时，那种情况就会出现。

关于人类或反人类的争论通常围绕的是人类尊严的概念。在 1948 年联合国颁布的《世界人权宣言》（*Universal Declaration of Human Rights*）中，人类尊严是人权的基础，例如自主权、自我决定权、隐私以及身体和精神的完整权。在反思技术人类学时，我们相信人类可持续性的概念能有所帮助。人类可持续性涉及保护让人类真正具有人性的一些因素：我们认为作为人类而言最具标志性的东西是什么？我们希望能保护哪些方面？例如，关于机器人的使用是否会导致技能衰退的问题所涉及的就是人类可持续性的概念。努斯鲍姆也提出了类似的观点。她问道：“哪些变化或改变不会与人类的继续存在起冲突？哪些会？我们认为要将某特定生命体称为人类，它必须具有哪些特征？”她的能力、方法和相关的人类必备核心能力清单有趣地综合了人权和人类能力，这些是保证人类发展所必需的。除了基本的人权之外（例如身体的完整性、言论自由以及加入组织权），人类核心能力清单还提到了感官、想象、思考（例如，能够使用感官、能够进行想象、思考和推理，而且是用“真正人类的方式”来做这些事情）和情感（例如，能喜欢自身之外的物体和人，能够去喜爱那些爱我们和关心我们的人）。在接下来的内容中，我们将介绍机器人的部署可能会从哪些方面导致去人性化，影响到人类尊严或人类可持续性。

破坏人类尊严

许多思想家们指出，机器人学在护理、娱乐和军事方面的应用可能会从多个方面破坏人类的尊严。针对在护理行业使用机器人这点，人们尤为担心最终会导致被护理者的对象化。当前医疗卫生行业内的冷酷无情更是推动了这种讨论。想想看，成人尿片的使用减少了护理人员送老年人上厕所的工作，但也引发了激烈的讨论。病人的生活质量应该是远程护理的首要原则，独立性和与他人的社会交流又是生活质量的核心所在。

从人类尊严的角度来说，远程控制的武装无人机的确提供了多方位的图像。首先，就算没有机器人，战争也可能会给士兵和公民带来去人性化的影响。想想看，在参加伊拉克战争的士兵中，只有半数不到的人认为应该对平民加以尊重，1/3 的人认为在拯救同伴生命时可以进行拷问，而且 10% 的士兵承认曾经虐待伊拉克公民。远程控制武装军用机器人的倡导者表示，机器人的使用将会改善这种状态。他们认为在无人机的操作者和其行动的道德影响之间营造一个情感和道德距离，这将减轻军事人员的心理痛苦，带来更为理性的决定。批评者们则担心在行动和后果之间制造更多距离有可能导致操作者在进行生死决定时就像是在玩视频游戏。

在实际操作中，无人机的使用的确既制造了一定的距离，也搭建了特定的情感桥梁。在现役的无人机操作员中，近半数表示他们要承受巨大的压力，而且 1/3 的人表示他们在精神上感到殚精竭虑。这也许是因为相比于飞机驾驶员，无人机操作员在最终尝试杀死潜在目标前常常要对其进行观察，而且可能会看到他们的行动将带来的种种后果。另一方面，使用定位技术来瞄准敌人肯定可以在道德方面制造一定的距离，由此可能让操作者感到麻木，仅仅将敌人视为一个物体。武装无人机的使用也让平民社会产生了焦虑感，受到心理创伤，因为“这些生活在无人机下的人不得不时刻担心随时可能发起致命的袭击”。

破坏人类可持续性

建立有意义的社会关系，处理暴力冲突，并且关心其他人，这些都需要复杂的技能。在这些领域使用机器人的帮助可能会带来一个问题，即机器人的使用在何种程度上可以提高此类技能或的确会破坏这些技能。后一种情况也就是人们所说的技能退化。特克担心，如果人们与具有社交能力的机器人相处时间过长，就会失去自身的社交能力，例如如何处理被拒绝的情况或如何在打架之后修复关系。斯派洛甚至担心到某个时候，人们不再认为自己是在与机器人（具有社交和情感的机器）交流，而是在与人类打交道。人们担心不仅仅是个人的技能受到影响，我们沟通的文化方式、我们彼此相处的方式、我们的情感以及我们如何与自然相处等方面最终都会受到影响。因此，关键问题就在于：就我们眼中真正的人类应该拥有的、也希望能得到加强的社交技能和文化而言，机器人会带来积极的还是消极的影响？

前面介绍了在娱乐和治疗领域利用机器人的一些机会。机器人可以被用来教授自闭症患者慢慢地在安全的环境下懂得特定的人类情感，而性爱机器人可以教人们性生活的艺术。科罗尔认为机器人作为理想的性伙伴有一定的优势，但也担心这将让性进一步合理化。机器人主导的性文化将会降低性生活的价值，让人们不再在乎是不是与人类一起享受性福。科罗尔提出了一个有趣的问题：“性服务行业让性变得如此机械化，是否会导致性服务最终变得机器化？”

这个观点发人深思，因为它让我们想起了工厂在 19 世纪前半叶内所经历的合理化过程，而该过程也为生产过程的机器化铺平了道路。此后，机器人带来了对生产进行再一次合理化，这个持续的过程最终就是让机器来替代人类。科罗尔的观察迫使我们反思合理化过程目前正在如何改变和重塑除工厂之外的其他社会实践，而机器人和人类在其中又扮演着怎样的角色。它也提出了一个问题，即特定社会实践目前处于合理化的哪个阶段，而合理化又将带领该社会实践走向何处。例如，战争是否已经充分机器化，让杀人的工作可以直接外包给机器人？为了思考这类问题，我们必须将特定社会实践的机器人化分解为多个阶段。例如，最初是由飞机的飞行员来投射炸弹，而无人机的引入带来了格子间里的勇士。第一批无人机操作员多数都是有着飞行和战争经验的飞行员。新一代无人机操作员最开始就是作为远程控制飞机的操作人员来进行训练的。这些观察早已经让人开始思考，飞行员所必须具备的技能已经发生了哪些改变，以及飞行文化已经经历了哪些转变。

社会文化实践既推动又限制了特定个人技能的发展。例如，瓦勒提到了当前护理文化的好处。通过照顾他人，护理人员可以培养特定的人际关系能力，例如同理心。护理机器人的使用则剥夺了他们培养这些能力的机会。这点对于军用机器人和警察机器人而言也是适用的。汉布林提出，通过远程控制，警察是否最终会丧失处理危险情况所必需的技能，以及一些必须经过长时间的训练和经验才能培养起来的能力。在这里，不仅仅是个人技能，就连处理冲突和暴力的文化也会有被改变的风险。阿姆斯特丹前警察局长诺德霍尔特的经验就是，机器人技术对警察工作的组织方式和舆论有着重要的影响。他发现，对技术的关注会强化警察的监督角色（执法和刑事侦察），但要以牺牲其社会角色（为市民们提供支持）为代价。

与当前的相关性

作为合理化方式的机器人化带来了对去人性化的担忧。这些担忧代表着具有社交和道德能力的自动机器人梦想的对立面。因为这种工程梦想是猜测性的，人们也许会提出，它所带来的担忧也是猜测性的，不用太认真对待。但机器人学对人权、技能和社会文化资本的影响不只是一个长期的问题，它现在就值得我们关注。例如，驾驶辅助系统早已经导致驾驶员变得鲁莽，警觉性下降。而且特克担心社交机器人的反社会影响，这种担心是基于她对社交媒体和手机对年轻人之间沟通的影响的长期研究。特克表示，相比上几代人而言，年轻一代非常欠缺同理心，因为彼此之间可以没有亲密的往来，而通过互联网或设备建立起来的关系没有那么强烈。对去人性化的担忧迫使我们不断思考人类在机器人社会里究竟应该扮演什么角色。

在就这一问题进行争论时，我们应该从社会合理化的长期过程来看机器人的使用。在前面我们曾得出结论，通过将我们的日常环境封装到信息和通信技术友好信息域中，我们正在为服务机器人和社交机器人在各种社会实践中的应用奠定基础。这种封装是一个社会技术过程，也就是建设技术基础设施（例如 GPS、4G 移动网络以及数据管理系统）。这也是一个社会的形成过程。例如，扫地机器人是否能使用取决于鲁姆巴化，即对家庭环境进行合理化以适合于机器人的使用。正如此前所说的，合理化带来了各种机会。对去人性化的担忧提醒我们要去注意目前正面临的风险，正如弗洛里迪所解释的："通过对世界进行封装，我们的技术也许会改变我们的实体和概念环境，对我们加以限制以适应它们，因为那是让一切运转的最好或者最简单，有时候也是唯一的方法。"

我们应该努力避免建设那些迫使我们一切都围着效率转的恼人的机器人系统。这肯定是一个热门话题，尤其因为一些微妙的系统化形式会轻易地逃过我们的关注。例如，数字护照的面部识别迫使所有居民在拍摄护照用照片时不能笑。由此我们也失去了一些美好的东西：自由表达的时刻。去人性化的视角让我们警惕这些容易被忽视的方面潜在的累积效果。合理化的机器人系统可能就会在不经意间限制我们。无人机对我们的隐私和自主性的影响尤其需要公众及时进行讨论。在战争区，生活在无人机下面不仅让平民社区紧张加剧，心理创伤加深，对公众在和平时期的行为也可能带来寒蝉效应。同边沁和傅科（Foucault）的观点一样，加拿大信息和隐私专员安·卡沃基安（Ann Cavoukian）表示："无人机的使用……可能会导致圆形监狱结构的广泛部署，让整个社会时刻都处于无形的圆形监狱之中。"在一个监视（"老大哥"在空中观察我们）和反监视（"小老弟"在地面观察我们）的社会，人们将会认为他们无时无刻不被他人所观察，自主性已经丧失。

社会对机器人的管理

关于如何对创新进行民主管理，目前探讨的主要内容是负责任的创新这个概念。负责任的创新旨在进行道德上可持续的、从社会角度来说可接受的创新。要进行负责任的创新，就必须及时吸纳相关社会部门的观点，利用他们的能力。关于如何组织所需的互动，我们仅提出两点。一是，政策制定者、政客和公众都必须对机器人在社会中的使用加以关注。政府有责任确保提前对新机器人的应用加以讨论。例如，对军用机器人的利用的讨论就开始得太迟了。二是，我们在本节一开始就强烈请求使用者们参与其中。在后面，我们将分析众多必须解决的政治和监管问题，从而以负责任的方式在社会中引入机器人。

以用户为本

在创新中，必须注意（技术）开发者的专家观点和用户的愿望之间的差距，并且消除这种差距。因此在开发过程中，必须尽早对未来用户的观点、需求和担忧加以考虑。在当前的产品研发环境下，通常只在后期才会去咨询用户的意见，或者根本就不去考量。每个对象，包括机器人系统的对象都有其价值所在。所以在设计过程中，必须考虑到利益相关者的各种观点。这项工作可以通过“建构性技术评估”和“价值敏感设计”来进行。通过“价值敏感设计”，人们会对道德问题和影响技术开发应用的各种价值观加以特别关注。

用户必须在早期就被告之机器人系统可能和不可能做到的事情。该技术改变了各种社会实践，而且通常是在潜移默化中进行的。这种问题出现在各领域的机器人应用上。在医疗卫生领域进行用户教育时，必须特别关注远程护理和由此带来的护理人员的角色变化。从飞机驾驶员到飞机操作员的改变也存在类似的问题。在交通领域，驾驶员必须熟悉自适应巡航系统等。第一步可以是在驾考中将驾驶辅助系统作为必考内容之一。

政治和监管问题

全球对军用机器人的研究和利用的投资在过去十年内大幅增长。这场全新的军备战需要我们在全球针对使用军用机器人的后果进行更广泛的讨论。此类讨论的一个重要目标就是遏制武装军用机器人的扩散，并且阻止这些机器落入恐怖分子和宗教激进分子手中。第二个目标就是制定通用的道德和法律原则，对武装军用机器人进行负责任的使用。《国际人道法》的一个基本原则就是不管什么时候都有人能够为不良后果负责。因此人类必须时刻是“掌控者”，就生死问题进行决定。但因为目前正在从“人类为掌控者”向“人类为共同决策人”，并且最终向“人类无控制权”发生转变，所以那条原则正面临威胁。在可预见的未来里，在国际上禁止自动控制的武装军用机器人是一种理想的做法。全球对该主题的讨论开始于 2014 年 5 月。当时联合国特定常规武器公约就自动杀人机器人组织了一场非正式的会议。

交通领域也正在持续稳步地进行机器人化，这点也要求政府及时采取行动，就未来的发展形成一定的观点。对于机器人汽车来说，对安全性和隐私进行对比评估非常重要。在部分国家，自动驾驶汽车在宣传时声称的是提高交通安全性。从长远角度就安全性进行探讨是一个聪明的做法，能够促使政客们就现有技术手段的使用进行讨论。关于速度自适应系统的使用和必要性的探讨早应该进行，必须从政治角度就该系统会如何促进安全性（即减少因为交通事故而造成的伤亡数量）进行评估。正如前面提出的，目前面临危险的核心道德观就是不必要风险原则。从本质上来说，这涉及我们这个社会整体是否能接受交通事故会导致伤亡这一事实。如果我们能接受这个观点，就像瑞典议会在其零死亡目标上一样，那么我们就会选择通过最佳的可用（机器人）技术来合理提高交通系统的安全性。

从中期来看，协同驾驶将会发挥作用。尽管还需要数年时间才能保证协同驾驶足够安全，但政府、行业、学术界和相关社会组织现在已经是时候开始从技术和法律上，对安全性、标准化以及功能故障的责任划分等方面进行讨论。协同驾驶潜在的影响值得我们关注。要在这些方面进行高质量的管理，需要大量的时间。而且我们必须预见到自动汽车的逐步推行，并且思考不同的情境，以把握自动汽车给公共交通运输、汽车所有权、道路使用、城市规划和其他种种领域带来的巨大影响。自动汽车也将迫使监管者反思汽车和驾驶员之间的关系。在不久的将来，也许这些汽车将会被强制要求参加驾考。自动驾驶汽车将会遇到一些必须做出生死选择的情况。将道德决策编码成软件，这是一项技术上和道德上的挑战，同时也是对政治和监管的挑战。

在家用机器人领域，性爱机器人带来的社会问题值得我们去关注。儿童性爱机器人的使用会给我们带来哪些道德和法律问题？性爱机器人最终是否会成为人们可接受的人类性工作者的替代品呢？在不同国家，购买或拥有虚拟儿童色情作品都是要受到处罚的。目前还没有充分的法律条文将同儿童机器人发生性关系入刑。如果政客们希望禁止此类行为，立法者必须为此制定法律框架。当前，性服务行业存在非常严重的虐待现象，存在从拐卖女性到非法奴役等各种形式。我们必须针对性爱机器人是否能在未来成为人类性工作者的合理替代品而进行研究。

护理行业也需要形成一定的观点，尤其是对远程护理或家庭自动化等人们期待的突破。我们要如何处理隐私、病人自主性和知情同意的问题？第一个挑战就是在隐私、健康和病人的安全之间找到一个很好的平衡点。机器人学和家庭自动化将能够提高病人的自主性和独立性，但必须从病人的角度来对这些辅助技术手段进行评估，这点非常重要。在许多情况下，外部护理被视为一种对自主权的侵犯，但它也能化解孤独感。孤单是一个严重的社会问题，我们必须警惕家庭自动化不会让这个问题变得更为严重。

执法机构、公民和企业在城市环境内使用无人机的需求在增长。公用无人机和民用无人机的部署带来了各种安全、安保和隐私方面的问题，都需要法律来加以指导。欧洲和美国政策制定者对安全问题尤为担心。目前有零零散散的规定来对无人机的临时使用进行授权。但我们需要一个更全面的监管框架，将各种无人机的使用整合到航空系统中。目前，美国和欧洲对无人机的安全使用的管制进度缓慢。尽管基本的隐私规定适用于所有无人机操作人员，但并没有统一的方法来应对隐私方面的一些重要问题。为了解决隐私问题，制定基本消费者保护法，对执法部门和私人机构在民用空域内使用无人机的详细要求进行规定，将是一种好方法。

均衡预警和先发制人

面对风险管理，可以采取预警的态度，也可以采取先发制人的态度，这两种方式都可能会影响到政策的制定。注重预警的政策制定者是在预防出现最糟糕的情况，而先发制人的政策制定者希望能利用最佳的可用机会。监管应该争取在预警和先发制人上找到一个平衡点。机器人学在现有的国家和国际法律框架下发展。一方面，现有的监管架构可能会给机器人的利用制造多余的障碍，阻碍创新。另一方面，要以负责任的方式将机器人引入社会，就需要监管。关于隐私问题，让我们想想欧洲数据保护指令（European Data Protection Directive），或者是军用机器人必须满足《国际人道法》的要求。我们看到新机器人常常要求对现有法律进行调整，或者甚至是制定全新的监管框架。例如，许多新机器人系统缺乏详细的法律社会系统来应对责任划分问题。这种监管空白也可能会阻碍创新。面对这种不确定的环境，必须为创新创造一定的空间，同时逐步建设法律和社会体系。我们请求设立试验区，只要符合特别规定就可以在这里对机器人进行试验。政府应该为多种风险承担起责任。除了这种试验空间之外，还应该鼓励标准的制定，以及安全标准的开发。让我们以日本的机器人安全中心为例。该中心正在建设一个服务机器人的认证系统。

除了要求我们建立一个适应未来发展的法律框架之外，机器人还促使我们反思现有的准则和法律，有时候会迫使我们去重新思考现在看上去可行和理想化的东西。这些思考会带来争论，并且带来新政策目标的形成，以及满足这些目标的机制。例如，汽车机器人要自动做出道德决定的前景提出了一些复杂的问题。它们应该使用何种道德决定设置？使用者是否可以自由选择汽车的道德设定？林认为让汽车拥有可加以调整的道德设定是一种糟糕的做法。但那正是我们在当前情况下的做法。使用者可以自由购买带牢固的安全保险杠的大型车，这些保险杠能够消除对乘客们的伤害。因此，机器人系统的发展带来的那些道德难题也许能激励我们反思现有社会技术体系下的准则和价值观。让人人都看得见这些准则和价值观，并且对其进行讨论，而且在必要时重新考虑，然后相应地调整目前的体系，这也许是以负责任的方式在我们这个社会引入机器人系统的最佳方法。

机器人和人类之间的比赛

当我对人失去信任，我开始去相信其他物品，
为了不让他人在得到我的信任之后让我失望……
我一切靠自己，身边堆满自己的物品，
但我发现身边高墙让我看不到外面，
这里有设计巧妙的装置，有完美无瑕的机器，
有可以下载来帮你做梦的程序，
甚至可以每月付费让它帮你做梦，
提升肤色，免费使用100个小时，
拥有物品并不能让你得到其他人可以带给你的感觉，
当我懂得如何关心他人，也就从男孩变成了真正的男人。

约翰·戈尔卡（John Gorka）

机器人被引入社会，随之而来的是人类面临巨大的挑战。充分抓住机会，这些社会、法律和道德问题需要人类智慧去解决。信任技术的能力是其中一个重要的方面。让我们希望对技术的信任不会占到上风，因为那样可能会导致技术统治论，甚至在这里是机器人统治论。相信人类，接受人类的能力，但也接受人类的失败，这应该是我们行动背后的推动力。

同其他技术一样，新的机器人学也是从人类获得启发。该技术旨在照搬并由此改善人类的特征和能力。机器和我们之间似乎存在一场比赛。比尔·乔伊害怕这种比赛，因

为他担心人类最终会变得更加糟糕。在他看来，最可怕的情境就是“未来不再需要我们”。在这个超级合理化的世界里，机器人和拥有它们的精英们控制了我们，甚至是取代了我们。但通过机器人化实现的合理化应该不是把合理化当作最终的目的。机器人学的最终目的不应该是创造一种拥有社交和道德能力的自动机器人。这只是工程师的梦想。这类憧憬不应该成为指导原则，机器人学并不是要打造完美的机器，而是要为人类的福祉服务。

我们的探索和研究显示，社会实践在“硬”和“软”任务上会进行平衡。警察负责执法和刑侦，同时也为市民们提供支持。战争必须取得胜利，但也要去争取人们的“心和思想”。护理既是“照顾”（清洗和喂食），也是通过和善的言语和对话去“关爱”。我们享受身体的欢愉，但我们也希望能爱和被爱。机器人能在社会实践的功能方面发挥一定的作用。但我们必须注意，对技术的关注不应该抹杀那些社会实践人性化“软”的一面。我们应该去重视阿姆斯特丹前警察局长诺德霍尔特等人的真知灼见。他说过：“当前对控制的思考很大程度上是受到技术的驱动。”此类陷阱会轻易导致可怕的社会实践：缺乏人性化的道德护理、采用高压政策的警察队伍、冷酷的性文化，以及残酷的战争犯罪行为。

机器人并不是为了自己而存在的，而是为了这个社会。机器人学应该是去为人类提供帮助，而不是去给人类蒙上阴影。我们的目标不应该是建设一个适合机器人的高科技世界，而是创造一个适合人类的世界。首先就要认识到机器人学为我们提供了巨大的机会，让我们可以改善自己的生活，深刻领悟将这个世界封装到适合机器人的环境会如何决定我们是否能抓住这些机会，或者是否会导致一心只追求效率的去人性化的社会。这也意味着有时候，机器人在这个社会上并没有位置。我们现在有能精彩地吹奏小号的机器人（见图 H-1）。

图 H-1　可以演奏小号的机器人（由丰田公司开发）

比利时伊普尔市为纪念第一次世界大战期间的数百万受害者会每日进行《最后一岗》(*Last Post*)的演奏(见图 H-2)。如果该演奏也由机器人来完成，那将是一种耻辱。此外，我们必须警惕，对科技的信任并不会导致技术的家长作风。即使在遥远的未来，机器人在抚养小孩方面比我们做得更好，我们也必须亲力亲为。其中重要的一点在于这是个人责任，而且人类有权力自主决定和犯错。尽管机器人在部分事情上比人类要做得更好，但人类自己来做要更有意义，尽管做得没那么好。

图 H-2　演奏《最后一岗》

译者后记

机器人曾经只生活在工厂、电影和书籍里面。工厂内的机器人默默无闻地做着各种工作，但我们鲜能看见。而在一些电影和书籍中，机器人有着独立的思维和强大的能力，妄想控制人类和整个宇宙，于是也就出现了人机大战。人们曾经认为机器人属于遥远的未来，却不曾想到它们已经悄悄地进入了我们的生活，在各个领域扮演着越来越重要的角色，改变着这个社会。扫地机器人为我们提供清洁的环境，陪伴机器人给孤独的人带来一些慰藉，无人机为我们直播热门的新闻，无人驾驶汽车让我们有了更广阔的天地。机器人是当今的热门话题，各种相关的新名词和新技术层出不穷。

机器人技术会发展到什么程度？它究竟会给世界带来什么变化？对此人们的观点各不相同。《人机共生》的作者选择了一个独特的视角。他们没有去畅想人机共生社会未来的美好或可怕，而是从政治、伦理、哲学和司法等多个角度探讨了机器人给我们带来的种种思考。我们如何抓住机器人发展的巨大机遇？我们如何负责任地进行创新？当机器人进入我们的生活，改变我们的社交方式时，我们又如何来和它们打交道？是把它们单纯地当作机器对待，还是当成一种有感情的生物？我们要对机器人产生感情吗？机器人如何影响人类彼此之间的情感？或许有太多文字在描绘美好的未来，让我们颇为期待机器人给我们带来更惬意的生活，却忽视了思考究竟未来要如何和机器人相处。机器人正在进入社会的各个层面，人工智能要获得更大的发展，就必须先解决这些机器人可能带来的问题，为发展奠定基础。

本书没有太多深奥的技术名词，也没有什么博人眼球的高谈阔论，而是从我们的生活出发，层层深入，带我们一一剖析五大领域的机器人技术将会或已经带来的种种问题。全文读下来，颇有种醍醐灌顶的感觉。

有机会深入解读该书内容，并努力向读者提供中文译本，我深感荣幸。在此衷心感谢粟华魁、肖梦兰、莫崇晟、粟之敦、余笑和晏俊等在翻译过程中给予的帮助和支持，使本书的翻译得以顺利完成。由于时间匆忙及译者水平有限，疏漏之处难免，敬请指正。

粟志敏

北京阅想时代文化发展有限责任公司为中国人民大学出版社有限公司下属的商业新知事业部，致力于经管类优秀出版物（外版书为主）的策划及出版，主要涉及经济管理、金融、投资理财、心理学、成功励志、生活等出版领域，下设“阅想•商业”“阅想•财富”“阅想•新知”“阅想•心理”“阅想•生活”以及“阅想•人文”等多条产品线。致力于为国内商业人士提供涵盖先进、前沿的管理理念和思想的专业类图书和趋势类图书，同时也为满足商业人士的内心诉求，打造一系列提倡心理和生活健康的心理学图书和生活管理类图书。

《AI：人工智能的本质与未来》

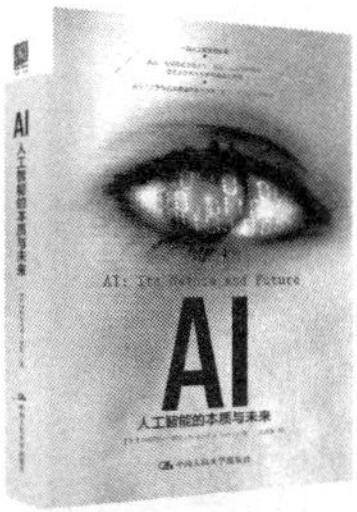

- 一部人工智能进化史。
- 集人工智能领域顶级大牛、思维与机器研究领域最杰出的哲学家多年研究之大成。
- 关于人工智能的本质和未来更清晰、简明、切合实际的论述。

《未来生机：自然、科技与人类的模拟与共生》

- 从 Google 到 Zoogle，关于自然、科技与人类“三体”博弈的超现实畅想和未来进化史。
- 中国科普作家协会科幻创作社群——未来事务管理局、北京科普作家协会副秘书长陈晓东、北师大教授、科幻作家吴岩倾情推荐。

《好奇心：保持对未知世界永不停息的热情》

- 《纽约时报》《华尔街日报》《赫芬顿邮报》《科学美国人》等众多媒体联合推荐。
- 一部关于成就人类强大适应力的好奇心简史。
- 理清人类第四驱动力——好奇心的发展脉络，激发人类不断探索未知世界的热情。

《共享经济商业模式：重新定义商业的未来》

- 本书作者是欧洲最大的共享企业 JustPark 的 CEO。
- 首次从共享经济各个层面的参与者角度、全方位深度解析了人人参与的协同消费，探究了共享经济商业你模式的发展历程及未来走向。

《基因泰克：生物技术王国的匠心传奇》

- 生物技术产业开山鼻祖与领跑者——基因泰克官方唯一授权传记。
- 精彩再现基因泰克从默默无闻到走上巅峰的跌宕起伏的神奇历程。
- 本书有很多精彩的访谈节选，与故事叙述相辅相成，相得益彰。写作收放自如，既有深入的描写，又有独到的总结，生动地描写了高新技术企业创业时期的困惑与愉悦。

《大数据产业革命：重构DT时代的企业数据解决方案》

（“商业与大数据”系列）

- IBM 集团副总裁、大数据业务掌门人亲自执笔的大数据产业宏篇巨著。
- 倾注了 IT 百年企业 IBM 对数据的精准认识与深刻洞悉。
- 助力企业从 IT 时代向 DT 时代成功升级转型。
- 互联网专家、大数据领域专业人士联袂推荐。

《管理的完美处方：向世界顶级医疗机构学习领导力》

- 《星巴克体验》的作者全新力作，医疗机构、服务行业以及管理界人士必读。
- 世界顶级医疗机构追求零缺陷的领导力和管理智慧，破解医疗企业管理困局，引领医疗管理深度变革，开启以患者为本的医患关系新时代。

《凿开公司间的隔栅：共享时代的联合办公》

- 随着科技和生活方式的改变，促使工作及创业正经历着工业革命以来前所未有的转型，联合办公空间在世界各国粲然崛起；
- 本书是中国联合办公领域第一家独角兽企业掌门人毛大庆倾心之作；
- 真格基金创始人徐小平、财经作家吴晓波、场景实验室创始人吴声、罗辑思维创始人罗振宇领衔推荐。

Just Ordinary Robots: Automation from Love to War 1st Edition / by Lambèr Royakkers and Rinie van Est / ISBN: 978-1-4822-6014-4

图书在版编目（CIP）数据

人机共生：当爱情、生活和战争都自动化了，人类该如何自处 /（荷）朗伯·鲁亚科斯，（荷）瑞尼·凡·伊斯特著；粟志敏译 .——北京：中国人民大学出版社，2017.7

书名原文：Just Ordinary Robots：Automation from Love to War

ISBN 978-7-300-24501-0

Ⅰ.①人… Ⅱ.①朗… ②瑞… ③粟… Ⅲ.①智能机器人－研究 Ⅳ.① TP242.6

中国版本图书馆 CIP 数据核字（2017）第 123959 号

人机共生：当爱情、生活和战争都自动化了，人类该如何自处

［荷］ 朗伯·鲁亚科斯 瑞尼·凡·伊斯特 著

粟志敏 译

Renji Gongsheng：Dang Aiqing、Shenghuo he Zhanzheng dou Zidonghua le，Renlei gai Ruhe Zichu

出版发行	中国人民大学出版社		
社　　址	北京中关村大街 31 号	**邮政编码**	100080
电　　话	010-62511242（总编室）		010-62511770（质管部）
	010-82501766（邮购部）		010-62514148（门市部）
	010-62515195（发行公司）		010-62515275（盗版举报）
网　　址	http://www.crup.com.cn		
	http://www.ttrnet.com（人大教研网）		
经　　销	新华书店		
印　　刷	北京联兴盛业印刷股份有限公司		
规　　格	170mm×230mm　16 开本	**版　　次**	2017 年 7 月第 1 版
印　　张	15.75　插页 2	**印　　次**	2018 年 3 月第 2 次印刷
字　　数	289 000	**定　　价**	65.00 元